WiSo-KURZLEHRBÜCHER

Caprano/Gierl, Finanzmathematik

Finanzmathematik

begründet
von
Eugen Caprano †

ab der 3. Auflage fortgeführt
von
Dr. Anton Gierl
Oberstudiendirektor
Lehrbeauftragter an der Universität München

4., überarbeitete Auflage

Verlag Franz Vahlen München

CIP-Titelaufnahme der Deutschen Bibliothek

Caprano, Eugen:
Finanzmathematik / begr. von Eugen Caprano.
Ab d. 3. Aufl. fortgef. von Anton Gierl. - 4., überarb.
Aufl. - München : Vahlen, 1990.
(WiSo-Kurzlehrbücher)
ISBN 3 8006 1469 3

NE: Gierl, Anton [Bearb.]

ISBN 38006 1469 3

Satz und Druck: Appl, Wemding

Vorwort zur vierten Auflage

Der gesamte Text wurde sorgfältig auf Druckfehler und andere Unzulänglichkeiten überprüft und verbessert. Hinweise in Form von Leserreaktionen fanden hier ihren Niederschlag.

Die gewählte Darstellungsart, die Theorie mit Beispielen verbindet, hat sich bewährt und fand durchwegs ein positives Echo. Reichhaltige Übungsaufgaben mit dazugehörigen Lösungen ermöglichen es, das Lehrbuch auch ohne weiteres zum Selbststudium zu verwenden.

Um weiterhin eine möglichst starke Orientierung an der Praxis zu gewährleisten, wurden einzelne Stellen des Lehrbuches ergänzt und wertvolle Anregungen berücksichtigt. Unter anderem sollten dadurch Einsatz und Anwendung von Programmen aus der rasch voranschreitenden EDV erleichtert werden.

Auf mehrfachen Wunsch wurde das Kapitel Tilgungen durch eine systematische Behandlung der Ratenkredite ergänzt.

München, Februar 1990 *Anton Gierl*

Vorwort zur dritten Auflage

Hauptsächliche Zielsetzung der vorliegenden Auflage war es, Aufgaben und Verfahrensweisen den heutigen Gegebenheiten anzupassen und die Darstellung finanzmathematischer Methoden auf die Bereiche unternehmerischer Investitionen und Finanzierungen auszuweiten. Die allgemeine Analyse finanzmathematischer Probleme war schon bisher stark an konkreten Einzelbeispielen orientiert. Dieses bewährte Prinzip wird in der dritten Auflage beibehalten und dabei ein besonderer Wert auf die zeitliche Fixierung der Bezugspunkte von Diskontierungsvorgängen gelegt. Bildliche Veranschaulichungen am „Zeitstrahl" sollen dazu beitragen, daß neben den rein formelmäßigen Berechnungen die sachlichen Inhalte noch besser erfaßt und durchdrungen werden können. Der Anschluß an das Wirtschaftsrechnen soll dadurch ebenfalls erleichtert werden. Um die Eignung des Lehrbuches zum Selbststudium zu erhöhen, sind Beispiele und Aufgaben eingefügt, die an die Ausbildung zum Bankkaufmann anknüpfen und auf den Anforderungen der Industrie- und Handelskammer basieren.

Die im Lehrbuch dargelegten Beispiele repräsentieren in sehr gedrängter Form den Lehrstoff. Ihre alleinige Durcharbeitung käme daher einem kurzem Repetitorium gleich. Die weiteren Aufgaben dienen der Einübung, Vertiefung und der Ergänzung. Lösungshinweise und Ergebnisse sind sowohl den Aufgaben als auch den Beispielen unmittelbar beigefügt.

Obwohl seit Einführung der Taschenrechner das Arbeiten mit finanzmathematischen Tabellen reduziert wurde, ist ihre Verwendung bei bestimmten Aufgaben, vor allem bei Näherungslösungen, weiterhin durchaus hilfreich. Dies wurde mir gerade von studentischer Seite des öfteren bestätigt. Im Anhang sind daher die üblichen Tabellen finanzmathematischer Faktoren abgedruckt.

Die außerordentliche Vielfalt der charakteristischen Rechengrößen hat eine gewisse Problematik der Bezeichnungsweisen zur Folge. Um eine verwirrende Vielfalt von Symbolen tunlichst zu vermeiden, wird im vorliegenden Buch des öfteren darauf verzichtet, für jede einzelne Spezialgröße eine eigene Bezeichnung einzuführen. Statt dessen werden abgeleitete Größen durch eine kurze Legende gekennzeichnet, die dem Symbol der zugrunde liegenden Größe in Klammer beigefügt wird. Für den Zinsfuß p wird zum Beispiel die Bezeichnung p *(nom)* gewählt, wenn in Sonderheit der nominelle Zinsfuß gemeint ist; a_{20} (7%) bedeutet analog, daß sich der Barwertfaktor a_{20} auf eine Verzinsung von 7% bezieht. Die Bedeutung der eingeführten Bezeichnungsweisen kann dem Symbolverzeichnis entnommen werden.

München, September 1985 *Anton Gierl*

Inhaltsverzeichnis

Symbolverzeichnis

a	Anfangsglied einer Folge
$\alpha\%$	Prozentsatz des Aufgeldes, Prozentsatz der Bearbeitungsgebühr
a_n	nachschüssiger Rentenbarwertfaktor
a_n'	vorschüssiger Rentenbarwertfaktor
A	Annuität
$\bar{A}$	Monatsrate
A_k	*Annuität für das* k-te Jahr
A'	*Annuität mit eingeschlossenem Aufgeld*
B	Barwert
B_a	Barwert der Ausgaben
B_e	Barwert der Einnahmen
C	Kurs
C_0	Begebungskurs, Emmissionskurs
d	Differenz zweier Folgenglieder
d_1, d_2	Differenzen bei Interpolation
e	Eulersche Zahl
E	laufende Einnahmen
E_0	Anfangskosten
E_n	Einnahmen zum Termin n
i	Zinssatz, Abschreibungsprozentsatz
j	Zinssatz bei vorschüssiger Verzinsung
k	fortlaufender Index
K	Kapital
K_0	Anfangskapital, Anfangsschuld, Anschaffungswert, Barwert, Nennwert, Kapitalwert
K_k	Endkapital, Restkapital, Nutzwert, Restwert nach k Jahren
$K_k'(x)$	erste Ableitung von K_k
$K''_k(x)$	zweite Ableitung von K_k
K_0'	fiktive Anfangsschuld, Ersatzkapital
K(real)	Realkapital
K(nom)	Nominalkapital
log	Logarithmus
L	letztes Glied einer Reihe
M	Laufzeit in Monaten (Tilgungsperioden)
m	Zahl der Bruchteile eines Jahres, restliche Laufzeit in Monaten
n	Laufzeit, Nutzungsdauer
N	ganzzahlige Zinsperioden in der Laufzeit n, Laufzeit in vollen Jahren

v	Abzinsungsfaktor, wobei $v = \frac{1}{q}$
p	Zinsfuß
p'	Ersatzzinsfuß
$p_1\%$	Prozentsatz für Gebühren
P_0	Barwert aller Gebühren
q	Aufzinsungsfaktor, Quotient bei geometrischer Reihe
$\bar{q}$	konformer Aufzinsungsfaktor für $\frac{1}{m}$ Jahr
Q_k	Abschreibungsquote für das k-te Jahr
R	Restzahlung
r	nachschüssige Jahresrentenrate
r_g	Gewinnannuität
r'	vorschüssige Jahresrentenrate
$\bar{r}$	Monatsrate, unterjährliche Rentenrate
R_0	Rentenbarwert bei nachschüssiger Rente
R_0'	Rentenbarwert bei vorschüssiger Rente
R_n	Rentenendwert bei nachschüssiger Rente
R_n'	Rentenendwert bei vorschüssiger Rente
s	Summe einer Reihe
s_n	nachschüssiger Rentenendwertfaktor
s_n'	vorschüssiger Rentenendwertfaktor
T_0	Barwert aller Tilgungen
t	Progressionsfaktor
τ	Laufzeit in Tagen
T	Tilgungsquote
T_k	Tilgungsquote am Ende des k-ten Jahres
T_k'	durch Gebühren oder Aufgeld erhöhte Tilgungsquote
$\ddot{U}_0$	Anschaffungskosten
$\ddot{U}_k$	Periodenüberschuß für das k-te Jahr
W	Abschwächungsbetrag einer Abschreibung
x, y	allgemeine Variable
Z_0	Barwert aller Zinsen
z	Zins
z_k	Zins für die k-te Zinsperiode

Bei Spezialgrößen ist den Symbolen in Klammer eine kurze Legende beigefügt; p (konf.) bedeutet zum Beispiel den konformen Zinsfuß.

1. Mathematische Grundlagen und Grundkenntnisse

Für die Behandlung finanzmathematischer Aufgaben sind einige, über die vier Grundrechnungsarten und die ersten Lehrsätze der Schulalgebra hinausreichende Kenntnisse erforderlich, auf die - ohne besondere Beweisführung - hingewiesen werden soll. Für die praktische Durchführung der Rechnungen wird man in aller Regel einen Taschenrechner benutzen. Im Handel sind, speziell für finanzmathematische Fragen, bereits vorprogrammierte Typen erhältlich, die den Rechenaufwand zum Teil ganz erheblich vereinfachen. Analoges gilt für frei programmierbare Rechner. Gewöhnliche Taschenrechner sind indes für den finanzmathematischen Rechenaufwand völlig ausreichend. Logarithmierung und allgemeine Potenzierung sollten allerdings in der Ausstattung enthalten sein, ein oder zwei Speicher sind für Klammerrechnungen und dergleichen empfehlenswert.

1.1 Logarithmische Gesetze

Für Produkte, Quotienten und Potenzen gelten folgende drei logarithmischen Gesetze:

$$log(x \cdot y) = log\, x + log\, y \quad \text{(Produkt)} \tag{1}$$

$$log\frac{x}{y} = log\, x - log\, y \quad \text{(Quotient)} \tag{2}$$

$$log\, x^n = n \cdot log\, x \quad \text{(Potenz)} \tag{3}$$

Für die praktische Ausführung von Rechnungen wird man Logarithmentafeln nicht mehr benötigen, sondern Taschenrechner benutzen. Einige Umformungen sind jedoch nur mit Hilfe der drei logarithmischen Gesetze durchführbar.

Beispiel 1: Die vorgegebene Gleichung $q^n = \frac{5 \cdot K_1}{K_0}$ soll nach der unbekannten Größe n aufgelöst werden!

Erster Schritt: Wegen der Gleichheit der beiden Seiten der Gleichung wird man auch eine Gleichheit der Logarithmen beider Seiten haben, also:

$$log\, q^n = log\frac{5 \cdot K_1}{K_0}$$

Zweiter Schritt: Gemäß (3) gilt für $log\ q^n = n \cdot log\ q$, gemäß (2) gilt für $log \frac{5 \cdot K_1}{K_0} = log\ (5 \cdot K_1) - log\ K_0$ und gemäß (1) gilt für $log\ (5 \cdot K_1) = log\ 5 + log\ K_1$.

Damit hat man:

$$n \cdot log\ q = log\ 5 + log\ K_1 - log\ K_0$$

Aufgelöst nach n ergibt sich:

$$n = \frac{log\ 5 + log\ K_1 - log\ K_0}{log\ q}$$

1.2 Arithmetische Folgen und Reihen

Eine arithmetische Folge ist eine Aufeinanderfolge von Zahlen, bei der die Differenz zwischen irgendeinem Glied der Folge und dem unmittelbar vorhergehenden Glied gleichbleibt.

Zahlenbeispiele: 2, 8, 14, 20, usw.: Differenz: +6
15, 9, 3, −3, −9: Differenz: −6

Bezeichnet man das erste Glied der Folge mit a und die gleichbleibende Differenz mit d, dann ist das allgemeine Bild der Folge:

$$a,\ a+d,\ a+2d,\ a+3d, \ldots\ldots\ldots$$

Ist d eine positive Zahl, dann ergibt sich eine steigende Folge, ist d eine negative Zahl, ergibt sich eine fallende Folge.

Hat die Folge insgesamt n Glieder, dann ist das letzte Glied

$$\boxed{L = a + (n-1) \cdot d} \quad (4)$$

Bildet man die (zunächst nicht ausgerechnete) Summe der n Glieder einer arithmetischen Folge, dann spricht man im herkömmlichen Sinn von einer arithmetischen Reihe.

Die Summe derselben ist:

$$s = a \quad + (a+d) \quad + \ldots\ldots\ldots + (a+(n-1)d)$$
$$s = a+(n-1)d \quad + a+(n-2)d \quad + \ldots\ldots\ldots + a$$

(Die gleiche Summe also in umgekehrter Reihenfolge geschrieben!)
Addiert man diese beiden Zeilen, dann erhält man

$2s = n$-mal die Summe zweier übereinander stehender Glieder, nämlich: n-mal: $2a + (n-1) \cdot d$

Diese Summe ist also: $s = \frac{n}{2} \cdot (2a + (n-1) \cdot d)$

Führt man $L = a + (n-1) \cdot d$ in diese Summenformel ein, dann erhält man

$$s = \frac{n}{2} \cdot (a + L) \tag{5}$$

Aufgabe 1: Eine arithmetische Reihe beginnt mit den Gliedern 5 und 9 und hat 12 Glieder. Wie groß ist das 12. Glied und die Summe der Reihe?

Anfangsglied $a = 5$, Differenz $d = 9 - 5 = 4$.

Das 12. Glied ist: $L = 5 + (12-1) \cdot 4 = 5 + 11 \cdot 4 = 49$

Die Summe ist: $s = 6 \cdot (5 + 49) = 324$.

Aufgabe 2: Eine arithmetische Reihe beginnt mit 2; ihr 10. Glied ist -25. Wie groß ist die Differenz d dieser Reihe und die Summe der ersten 10 Glieder? Erg.: $d = -3$, $s = -115$.

1.3 Geometrische Folgen und Reihen

Eine geometrische Folge ist eine Aufeinanderfolge von Zahlen, bei der der Quotient aus irgendeinem Glied und dem unmittelbar vorhergehenden Glied gleichbleibt.

Zahlenbeispiele: $2, 6, 18, 54, \ldots$ Quotient $= 3$

$1, -4, +16, -64, \ldots$ Quotient $= -4$

$4, 2, 1, \frac{1}{2} \ldots$ Quotient $= \frac{1}{2}$

Der Quotient sei allgemein q, das Anfangsglied a.

Das allgemeine Bild einer geometrischen Folge ist dann:

$a, a \cdot q, a \cdot q^2, a \cdot q^3 \ldots$ das n-te Glied $a \cdot q^{n-1}$

Aus den Zahlenbeispielen erkennt man:

$q > 1$ ergibt eine steigende geometrische Folge
$o < q < 1$ ergibt eine fallende geometrische Folge
Das Bild einer geometrischen Reihe ist

$$a + a \cdot q + a \cdot q^2 + a \cdot q^3 + \ldots\ldots + a \cdot q^{n-1}$$

Die Summe einer geometrischen Reihe findet man, wenn man das q-fache bildet, und davon die Summe der Reihe abzieht:

$$\begin{array}{ll} s \cdot q = & \quad a \cdot q + a \cdot q^2 + \qquad\qquad + a \cdot q^{n-1} + a \cdot q^n \\ s & = a + a \cdot q + a \cdot q^2 + \ldots\ldots + a \cdot q^{n-1} \\ \hline s \cdot q - s = & -a \ldots\ldots\ldots\ldots\ldots\ldots + a \cdot q^n \end{array}$$

Je zwei übereinanderstehende Glieder fallen bei der Subtraktion weg. Es bleibt:

$s \cdot q - s = a \cdot q^{n} - a$; oder

$s \cdot (q-1) = a \cdot (q^{n} - 1)$, also

$$s = a \cdot \frac{q^{n}-1}{q-1} \qquad (6)$$

Aufgabe 3: Eine geometrische Reihe beginnt mit den beiden ersten Gliedern 1 und 2. Die Reihe hat 10 Glieder.

Wie groß ist das 10. Glied? Wie groß ist die Summe der Reihe?

$L = 1 \cdot 2^{9} = 512,\ s = 1 \cdot \frac{2^{10}-1}{2-1} = 1023.$

Aufgabe 4: Eine geometrische Reihe von 5 Gliedern beginnt mit 1 und hat den Quotienten $\frac{1}{2}$. Wie groß ist das 5. Glied und die Summe der 5 Glieder?

Erg.: $L = \frac{1}{16},\ s = \frac{31}{16}.$

1.4 Zum Zinsbegriff

In den folgenden Ausführungen geht es darum, daß zunächst einige Größen verdeutlicht bzw. fixiert werden:

K_0 **Anfangskapital** bzw. Barwert
z **Zins**
n **Laufzeit** in **Zinsperioden**
τ Laufzeit in Tagen
N Anzahl der ganzzahligen Zinsperioden in der Laufzeit n
z_k Zins für die k-te Zinsperiode, mit $k = 1, \ldots, N$
p **Zinsfuß**
i **Zinssatz** mit $i = \frac{p}{100}$
K_k **Endkapital** nach k Zinsperioden, mit $k = 1, \ldots, N$
K_n **Endkapital** nach der Laufzeit n

Kapital im wirtschaftlichen Sinne kann ausgeliehen werden. Finanzmathematisch ist es ohne Bedeutung, ob es sich dabei um Bargeld, Kredit, Hypothek, Bankeinlage, Schuldverschreibung oder um andere Formen eines wirtschaftlich entsprechenden Begriffsinhaltes handelt. Lediglich der in Währungseinheiten zu messende Geldwert eines ausgeliehenen **Kapitals** geht in finanzmathematische Betrachtungen ein. Es bedeutet also keine Einschränkung finanzmathematischer Methoden, wenn als Anfangskapital K_0 jener Geldbetrag definiert wird, den ein ausgeliehenes Kapital zu Beginn der Ausleihzeit hat. Manchmal wird dieser Geldbetrag auch als **Barwert** bezeichnet. Der Einfachheit halber wird man den Geldbetrag in DM messen, obwohl selbstverständlich auch andere Währungseinheiten verwendet werden können.

z: **Zins**

In aller Regel wird für ein ausgeliehenes Kapital K_0 als Gegenleistung eine Gebühr verlangt, der Kapitalnehmer hat als Preis für das geliehene Kapital an den Kapitalgeber einen Zins z zu bezahlen. Sind Zinsen zu bezahlen, so bezeichnet man sie auch als Schuldzinsen oder **Sollzinsen,** werden Zinsen vereinnahmt, so bezeichnet man sie als **Habenzinsen.** Die Höhe der Zinsen wird zwar in aller Regel für den Einzelfall vereinbart, bestimmt sich aber, wie jeder Preis, nach Angebot und Nachfrage. Auch andere Umstände, wie Kreditwürdigkeit bzw. Sicherheit beeinflussen die Zinshöhe. Für einen Kreditnehmer wird die Bereitschaft zur Geldaufnahme spätestens dann enden, wenn der damit zu erzielende Ertrag nicht mehr zur Zinszahlung ausreicht. Es ist leicht zu folgern, daß die am Kapitalmarkt jeweils herrschende Zinshöhe die Wirtschaftstätigkeit erheblich beeinflußt. Niedere Zinsen fördern, hohe **Zinsen** hemmen die Investitionsbereitschaft. Schließlich sei noch darauf hingewiesen, daß sich die Zinshöhe in erheblichem Umfang auch am jeweils geltenden **Diskontsatz** orientiert. Dieser bildet die Basis für zahlreiche finanzielle Transaktionen. Mit der Festlegung des Diskontsatzes verfügen die Notenbanken institutionell über ein wirksames Mittel zur Steuerung der Zinshöhe auf dem Kapitalmarkt. Selbstverständlich können solche Anmerkungen über Zinshöhe nicht ohne weiteres auf planwirtschaftlich orientierte Wirtschaftsformen übertragen werden. Für die Finanzmathematik spielt dies indes keine Rolle. Sie befaßt sich mit den vorgegebenen Phänomenen und hinterfragt nicht deren Ursachen.

n: **Laufzeit**

Die Zeitdauer, für die der Gläubiger das Kapital ausleiht, wird als Laufzeit, gelegentlich auch als Beleihungszeit bezeichnet. n gibt die Anzahl der Jahre bzw. anderer Zinsperioden an. Bei einfachen Zinsen ist es durchwegs zulässig, daß n unmittelbar in die entsprechende Zinsrechnung einbezogen wird. Hier können also kleinere Zeiteinheiten, wie Monate oder Tage, in Jahre bzw. in andere Zinsperioden umgerechnet werden, so daß n auch die Form eines Bruches bzw. eines Dezimalbruches annehmen kann.

N: **Anzahl der ganzzahligen Zinsperioden in der Laufzeit** *n*

Bei Banken, Sparkassen und Kreditinstituten wird vielfach das Kalenderjahr als Zinsperiode gewählt. In diesem Fall ist N die Anzahl der vollen Kalenderjahre innerhalb der Laufzeit.

z_k: **Zins für die k-te Zinsperiode**
In der Regel wird als Zahlungsweise vereinbart, daß die Zinsen jeweils am Ende jeder einzelnen Zinsperiode zur Zahlung fällig werden. Man spricht in diesem Fall von **nachschüssiger** oder **dekursiver Verzinsung.** Die am Ende der Zinsperioden Nr. 1., Nr. 2., bis Nr. N. fälligen Zinsen werden der Reihe nach entsprechend mit z_1, z_2, bis z_N bezeichnet. Wird ausnahmsweise vereinbart, daß die Zinsen bereits zu Beginn jeder einzelnen Zinsperiode zur Zahlung fällig sein sollen, so spricht man von **vorschüssiger** oder **antizipativer** Verzinsung.

p: **Zinsfuß**
Durch den Zinsfuß p wird festgelegt, welcher Bruchteil des Anfangskapitals am Ende einer Zinsperiode für das Anfangskapital von 100,- DM zu zahlen ist. Von einem **Zinsfuß** p „p. a." bzw. einem **Zinssatz** i „p. a." (gelesen „per annum" oder „pro anno") spricht man dann, wenn die Zinsperiode ein Jahr beträgt. Dies soll hier stillschweigend vorausgesetzt werden, wenn eine davon abweichende Bedeutung nicht ausdrücklich angegeben wird.

i: **Zinssatz**
Wird der Zinsfuß p in Prozent ausgedrückt, so spricht man auch vom Zinssatz i, der sich demnach durch $i = \frac{p}{100} = p\,\%$ ergibt.

Auch wenn manchmal zwischen p und i nicht deutlich genug unterschieden wird, soll dies hier dennoch geschehen.

K_k: **Endkapital nach k Zinsperioden**
Bezeichnet man das zu Beginn einer ersten vollen Zinsperiode vorhandene Kapital mit K_0, und werden die im Ablauf einer vollen Zinsperiode fälligen Zinsen dem jeweils vorhandenen Kapital hinzugefügt, so erhöht sich das ursprünglich vorhandene Anfangskapital der Reihe nach auf K_1, K_2, ..., K_N.

K_n: **Endkapital nach einer Laufzeit n**
Zum Unterschied von K_N kann K_n auch Bruchteile von **Zinsperioden** umfassen.

1.5 Einfache Zinsen

Wird ein Anfangskapital K_0 auf n Jahre ausgeliehen, so bleiben, im Falle der einfachen Verzinsung, die jährlich fällig werdenden Zinsen immer gleich, denn sie sind stets vom ursprünglichen Kapital K_0 zu berechnen. Der Zins für das erste volle Jahr beträgt $z_1 = \frac{K_0 \cdot p}{100} = K_0 \cdot i$. Für die N vollen Jahre gilt $z_1 = z_2 = \ldots = z_N$.

In die Zinsrechnung können auch Jahresteile mit aufgenommen werden. Allgemein ergibt sich:

$$K_n = K_0 + n \cdot z_1 = K_0 + n \cdot K_o \cdot i$$

$$\boxed{K_n = K_0 \cdot (1 + n \cdot i)} \qquad (7)$$

Der Zinsanteil ist dabei

$$z = K_0 \cdot n \cdot i$$

So erhält man zum Beispiel für einen Monat $K_0 \cdot (1 + \frac{i}{12})$ als Endkapital bzw. $\frac{K_0 \cdot i}{12}$ als Zinsen. Mißt man die Laufzeit in Tagen und setzt für die Zahl der Verzinsungstage gleich τ, so geht die Gleichung (7) über in

$$K_n = K_0 \cdot (1 + \frac{\tau \cdot i}{360}) = K_0 \cdot (1 + \frac{\tau \cdot p}{100 \cdot 360})$$

Hierbei gilt für den Zinsanteil z:

$$z = \frac{\frac{K_0 \cdot \tau}{100}}{\frac{360}{p}} \qquad (8)$$

Der Zähler dieses Doppelbruches heißt Zinszahl, der Nenner **Zinsteiler**. Die allgemeine Formel (7) für einfache Verzinsung wird bei Banken und Sparkassen vielfach in der Abart (8) der letzten Doppelbruchgleichung, also mit **Zinszahl** im Zähler und Zinsteiler im Nenner, angewendet.

Dies bringt manchmal einige Vorteile im rechnerischen Aufwand mit sich und eignet sich besonders für häufig wechselnde Geldeinlagen. Bei der Ausbildung von Bankkaufleuten wird zudem ein tabellarisches Verfahren angewendet, das ebenfalls auf Zinszahl und Zinsteiler zurückgreift. Bei der zweiten Lösungsart des nachstehenden Beispiels soll dieses Verfahren näher verdeutlicht und der ersten Lösungsart gegenübergestellt werden.

Beispiel 2: Herr X zahlt bei einer Bank am 28. Juli 2800,- DM ein, am 13. September 3600,- DM, am 29. September 1200,- DM und am 18. November 3000,- DM. Die Beträge werden jeweils vom zweiten Tag nach der Einzahlung ab mit 3% verzinst.

Wie hoch ist das Guthaben des Herrn X am 31. Dezember?

Erste Lösungsart

Um das durch Zinsen bis zum 31. 12. angewachsene Kapital zu bestimmen, kann man den jeweils auf dem Konto stehenden Betrag für so viele Tage verzinsen, wie er sich nicht durch Einzahlung oder Auszahlung bzw. Gutschrift oder Lastschrift ändert. Geschieht dies, so wird ab diesem Zeitpunkt mit dem nunmehr am Konto ausgewiesenen Betrag in gleicher Weise verfahren, usw. Zinsen werden vom Tage der **Wertstellung** des Kapitals ab berechnet. Dieser Termin, den man abgekürzt auch mit „Wert" bezeichnet, ist auf Kontoauszügen und dergleichen stets angegeben.

Wert	Kapital (bis zur Änderung)	Tage
30.07.	2800,-	45
15.09.	6400,-	16
1.10.	7600,-	49
20.11.	10600,-	40

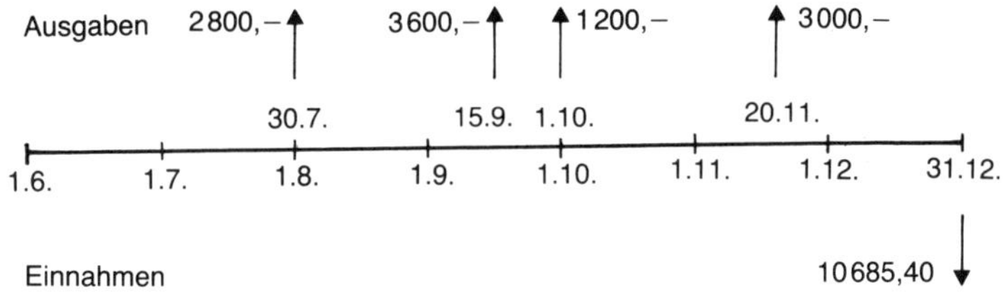

Für den Zinsanteil z des Endkapitals gemäß (7) erhält man:

$$z = 2800 \cdot \frac{45}{360} \cdot 0{,}03 + 6400 \cdot \frac{16}{360} \cdot 0{,}03 + 7600 \cdot \frac{49}{360} \cdot 0{,}03$$

$$+ 10600 \cdot \frac{40}{360} \cdot 0{,}03 = 85{,}40; \quad \text{Guthaben: } 10685{,}40\,\text{DM.}$$

Zweite Lösungsart

Wert	Kapital (bis Jahresende)	Tage (bis Jahresende)	Zinszahl
30.07.	2800,-	150	4200
15.09.	3600,-	105	3780
1.10.	1200,-	89	1068
20.11.	3000,-	40	1200
Summe der Zinszahlen			10248

Teilt man jetzt die Summe der Zinszahlen 10248 durch den Zinsteiler $\frac{360}{p}$ $= \frac{360}{3} = 120$, so erhält man für die Zinsen z:

$z = 85{,}40$; Guthaben: 10685,40 DM.

Allgemein kann bei Einfachverzinsung die Entwicklung des Kapitals in einer Skizze dargestellt werden. Der jährliche Zuwachs $z_1 = z_2 = \ldots = z_N = K_0 \cdot i$ bleibt konstant. Man spricht daher auch von **linearer Verzinsung**. Die Folge der Werte K_0, K_1, $K_2, \ldots$ ist eine arithmetische Folge.
Die Formel (7) ist für einfache Verzinsung fundamental. Sie gilt für eine beliebige Laufzeit n. Es muß lediglich geklärt sein, ob die geforderte Berechnung im Sinne des kaufmännischen oder im Sinne des amtlichen Rechnens durchgeführt werden soll. Beim **kaufmännischen Rechnen** wird das Jahr zu 12 Monaten und der Monat zu 30 Tagen gezählt. Hierbei wird in der Regel der erste bzw. Einzahlungstag nicht, der letzte bzw. Auszahlungstag schon mitgezählt. Dementsprechend ist zum Beispiel bei einer Laufzeit von einem halben Jahr für n der Wert $1/2$, bei einer Laufzeit von 17 Tagen für n der Wert $17/360$ einzusetzen. Beim **amtlichen Rechnen** werden die Tage nach dem Kalender ausgezählt. In der Praxis wird stets nach den Regeln des kaufmännischen Rechnens verfahren, wenn anderes nicht ausdrücklich vereinbart bzw. gefordert wird.

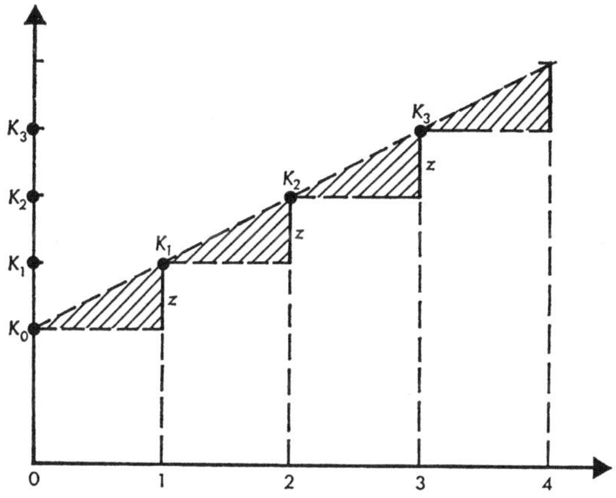

Aufgabe 5: Ein Kapital von 15000,- DM ist bei einem Zinssatz von 9% auf ein Jahr ausgeliehen. Wie hoch sind die Zinsen am Ende des Jahres? Die Zinsen betragen: $z_1 = \frac{K_0 \cdot p}{100} = 15000 \cdot 0{,}09 = 1350{,}-$

Aufgabe 6: Was muß an einfachen Zinsen für einen auf 3 Jahre und 25 Tage auszuleihenden Betrag von 30000,- DM aufgebracht werden, wenn ein Zinsfuß von $p = 9{,}5$ vereinbart wurde?

Mit Hilfe der Formel (7) kann errechnet werden, zu welchem Endkapital das vorgegebene Anfangskapital $K_0 = 30000{,}-$ DM anwächst.

$$3 \text{ Jahre} + 25 \text{ Tage} = \frac{1105}{360} \text{ Jahre.}$$

Man hat: $K_{1105/360} = 30\,000 \cdot (1 + \frac{1105}{360} \cdot 0{,}095)$

$= 38\,747{,}92.$

Die Gesamtzinsen ergeben sich als Differenz von $K_{1105/360}$ zum Anfangskapital K_0 zu $38\,747{,}92 - 30\,000 = 8\,747{,}92$.

Anmerkung: Bei der Berechnung von einfachen Zinsen kommt es nur auf die Laufzeit als solche und nicht auf die einzelnen Termine von Kreditaufnahme und Schuldrückzahlung an. In unserem Beispiel könnte die Kreditaufnahme etwa zum 5. November 1982 und die Tilgung zum 30. November 1985 festgelegt worden sein. Ebenso wäre eine Kreditaufnahme zum 30. Mai 1982 und eine Tilgung zum 25. Juni 1985 denkbar. In beiden Fällen errechnen sich im kaufmännischen Sinne dieselben Gesamtzinsen von 8747,92 DM, weil beidemale eine Laufzeit von 1105 Tagen vorliegt. Wie unter 2.1 auf Seite 16 näher ausgeführt, ist dies ein Sachverhalt, der nur im Fall von einfacher Verzinsung gilt und nicht ohne weiteres für die Berechnung von Zinseszinsen übernommen werden darf.

Aufgabe 7: Ein Kapital von 20000,- DM ist bei einem Zinsfuß von $p = 8$ auf ein Jahr und 38 Tage ausgeliehen. Wie hoch sind die einfachen Zinsen am Ende der Laufzeit? Erg.: 1768,89 DM.

Aufgabe 8: Ein am 11.11. eines Kalenderjahres ausgeliehenes Kapital ist bei einem Zinssatz von $i = 9\%$ bis 5.10. des nächsten Kalenderjahres ausgeliehen und erbringt in dieser Zeit 600,- DM einfache Zinsen. Welches Kapital wurde ausgeliehen?

Vom 11.11. bis 31.12. hat man 49 Tage,
vom 1.1. bis 5.10. hat man 275 Tage, also eine Laufzeit von insgesamt $n = \frac{324}{360}$ Jahren. Es gilt:

$$K_{324/360} = K_0 \cdot (1 + \frac{324}{360} \cdot 0{,}09).$$

Nun ist das Endkapital $K_{324/360}$ um 600,- DM größer als das Anfangskapital K_0. Somit gilt

$$K_0 + 600 = K_0 + \frac{324}{360} \cdot 0{,}09\, K_0 \quad \text{und hieraus}$$

$$K_0 = 7\,407{,}41$$

Aufgabe 9: Ein Kapital von 20000,- DM wird für 170 Tage ausgeliehen und erbringt in dieser Zeit 850,- DM einfache Zinsen. Mit welchem Zinssatz wird das Kapital verzinst? Erg.: $i = 9\%$.

Aufgabe 10: Wie lange müssen 50000,- DM ausgeliehen werden, damit sie bei $i = 8\%$ einfacher Verzinsung einen Zins von 1000,- DM erbringen? Erg.: 90 Tage.

Aufgabe 11: Eine Bank zahlt für ein Anlagekapital von 100000,- DM halbjährlich 5% Zinsen. Wie hoch sind die einfachen Zinsen, wenn das Kapital für 100 Tage angelegt wird? Erg.: 2777,77 DM.

1.6 Das Ratenkreditgeschäft

Die Konditionen verschiedener seriöser und weniger seriöser Kreditgeber können vom Durchschnittsbürger nicht ohne weiteres verglichen werden. Zwar sind seit 1973 alle Kreditgeber verpflichtet, die Kosten eines Kredites auch in Form eines effektiven Jahreszinses anzugeben, doch die Werbung bezieht vielfach auf den nominellen Zinssatz, der schwieriger zu durchschauen ist. Das Ratenkreditgeschäft im folgenden Beispiel soll den Zusammenhang zwischen **Nominalverzinsung** und **Effektivverzinsung** verdeutlichen.

Beispiel 3: Der Kaufpreis für ein Auto beträgt 22400,- DM. Als Anzahlung sind 2400,- DM zu begleichen. Für die **Restkaufsumme** (nicht Restschuld!) werden monatlich 0,5% Zinsen vereinbart. Tilgung und Zinszahlung sollen in 40 gleichen Monatsraten, am Ende jeden Monats, erfolgen.

Welche Effektivverzinsung liegt der vertraglichen Vereinbarung zugrunde?

Restkaufsumme:	$22400 - 2400$	$=$	20000,-
Monatl. Tilgung:	$20000 : 40$	$=$	500,-
Monatl. Zins:	$0{,}5\% \cdot 20000$	$=$	100,-
Monatl. Zahlung:	$500 + 100$	$=$	600,-

Tilgungsplan:

Monat	Restschuld am Anfang	Tilgung	Zinsen	Zahlung
1	20000	500	100	600
2	19500	500	100	600
⋮	⋮	⋮	⋮	⋮
40	500	500	100	600
Summe	410000	20000	4000	24000

Im ersten Monat werden 100,- DM Zinsen für eine Restschuld von 20000,- DM bezahlt, das sind 0,5% **Monatszinsen**; im vierzigsten Monat werden 100,- DM Zinsen für eine Restschuld von 500,- DM bezahlt, das sind 20% Monatszinsen.

Die Restschulden der Monate 1 bis 40 stellen eine arithmetische Folge mit 40 Gliedern dar, deren Anfangsglied $a = 500$ und deren Endglied $L = 20000$ ist. Die Summe s errechnet sich gemäß Gleichung (5)

$$s = \frac{n}{2}(a + L) = \frac{40}{2}(500 + 20000) = 410000,-.$$

Die Nominalverzinsung ist, wie oben angegeben, 0,5% pro Monat. Die monatliche Effektivverzinsung ergibt sich, wenn man die gesamten Zinsen, nämlich 4000,- DM auf den Gesamtbetrag der Restschulden, nämlich 410 000,- DM bezieht.

$$i\,(\text{monatl.}) = \frac{4000}{410\,000} = 0{,}009756, \text{ also } 0{,}9756\%.$$

Für die jährliche Effektivverzinsung hat man: $0{,}9756 \cdot 12 = 11{,}7072\%$. Zum effektiven Jahreszinssatz kann man auch dadurch gelangen, daß man vom Mittelwert der Restschuld, also von $\frac{20\,000 + 500}{2} = 10\,250$,- DM, ausgeht, und sodann gemäß Formel (7) den Zinssatz bestimmt. Aus

$K_n = K_0(1 + n \cdot i)$ hat man $i = \frac{K_n - K_0}{n \cdot K_0}$.

Erg.: $i = 11{,}707\%$

Aufgabe 12: Auf den Kaufpreis eines Gerätes von 6160,- DM wird eine Anzahlung von 160,- DM geleistet. Für die Restkaufsumme sind monatlich 0,5% Zinsen zu zahlen, die Tilgung erfolgt in 15 gleichen Monatsraten. Wie groß ist die jährliche effektive Verzinsung?
Erg.: $i = 11{,}25\%$.

1.7 Wechseldiskontierung

Der Wechsel ist ein schriftliches Zahlungsversprechen, das einem eigenen, im Wechselgesetz festgelegten Recht unterliegt. Der Besitzer eines Wechsels hat stets die Möglichkeit, den Wechsel von einer Bank diskontieren zu lassen. Die Bank stellt hierbei den **Barwert** des Wechsels fest und zahlt diesen gegen Übergabe des Wechsels aus. Bei der Barwertfeststellung unterscheidet man zwischen **kaufmännischer Diskontierung** und **amtlicher Diskontierung.**

Beispiel 4: Ein Wechsel über 30 000,- DM wird 9 Monate vor seiner Fälligkeit zur Diskontierung eingereicht. Eine Bank nimmt den Wechsel an, verlangt aber 8% des nominellen Wechselbetrages von 30 000,- DM als Diskont. Dieses Verfahren heißt kaufmännische Diskontierung. Hierbei wird der Barwert K_0 dadurch festgestellt, daß man vom nominellen Endwert K_n des Wechsels 8% an Zinsen für 9 Monate abzieht. Man hat also:

$$\boxed{K_0 = K_n - K_n \cdot n \cdot i = K_n \cdot (1 - n \cdot i)} \tag{9}$$

$$K_0 = 30\,000\,(1 - \frac{9}{12} \cdot 0{,}08) = 28\,200,-.$$

Dieses Verfahren, dessen sich die Banken bedienen, steht im Widerspruch zur finanzmathematisch richtigen Methode, wie sie durch Formel (7) festgelegt wird. Durch sie ergibt sich der nominelle Endwert K_n des Wechsels dadurch, daß zum Barwert K_0 des Wechsels 8% des Barwertes an Zinsen hinzugefügt werden. Man nennt dieses Verfahren **amtliche Diskontierung.** Aus $K_n = K_0 \cdot (1 + n \cdot i)$ ergibt sich:

$$\boxed{K_0 = \frac{Kn}{1 + n \cdot i}} \tag{10}$$

$$K_0 = \frac{30000}{1 + \frac{9}{12} \cdot 0{,}08} = 28301{,}89$$

In unserem Beispiel ergibt sich als Differenz zwischen beiden Diskontierungsverfahren ein Betrag von 101,89 DM. Würde allgemein der durch kaufmännische Diskontierung festgestellte Barwert $K_0 = K_n \cdot (1 - n \cdot i)$ wieder aufgezinst werden, so ergäbe sich nicht der nominelle Endwert K_n, sondern

$K_n \cdot (1 - n \cdot i)(1 + n \cdot i) = K_n - K_n \cdot n^2 \cdot i^2$, also ein um $K_n \cdot n^2 \cdot i^2$ zu kleiner Betrag. Man kann leicht erkennen, daß der Fehler zwar nicht groß, aber immerhin beachtenswert ist.

Aufgabe 13: Ein Wechsel über 3000,- DM wird 4 Monate vor seiner Fälligkeit bei einer Bank, die mit 8% diskontiert, zur Diskontierung eingereicht.

(a) Welcher Betrag gelangt bei kaufmännischer Diskontierung zur Auszahlung?

(b) Welchen Betrag würde der Einreicher des Wechsels erhalten, wenn das amtliche Diskontierungsverfahren zur Anwendung käme? Erg. zu (a): 2920,- DM; zu (b): 2922,08 DM.

Aufgabe 14: Beim Diskontieren mit 9% erbringt ein Wechsel 7 Monate vor Fälligkeit 12000,- DM. Wie lautet die Wechselsumme

(a) bei kaufmännischer Diskontierung?

(b) bei amtlicher Diskontierung?

Erg. zu (a): 12664,91 DM; zu (b): 12630,- DM.

1.8 Interpolationsverfahren

In der Finanzmathematik treten oft Gleichungen auf, die in geschlossener Form nicht lösbar sind, bei denen man also auf **Näherungslösungen** angewiesen ist. Näherungslösungen können durch Interpolation gefunden werden.

Aufgabe 15: Für die Gleichung $1000 \cdot q^5 + 60 \cdot q = 1500$ ist eine Näherungslösung zu ermitteln.

Oft wird man durch Sachkenntnis des zugrunde liegenden finanzmathematischen Problems bereits eine Vorgabe haben, in welchem Bereich die gesuchte Lösung liegen dürfte. Ist dies nicht der Fall, so muß man durch mehrmaliges Einsetzen in die Nähe der Lösung gelangen.

Für $q=1{,}07: 1000 \cdot 1{,}07^5 + 60 \cdot 1{,}07 = 1466{,}75$

für $q=1{,}08: 1000 \cdot 1{,}08^5 + 60 \cdot 1{,}08 = 1534{,}13; \quad d_1 = 67{,}38$

für $q \qquad : 1000 \cdot q^5 \quad + 60 \cdot q \quad = 1500; \quad d_2 = 33{,}25$

Man hat folgenden Sachverhalt:

1. Durch Zunahme um $d_1 = 67{,}38$ steigt der Wert für q von 1,07 auf 1,08, also um 0,01 (Gegebenheit!),
2. Durch Zunahme um $d_2 = 33{,}25$ steigt der Wert für q um wieviel bzw. von 1,07 auf $1{,}07 + x$ (Frage!),
3. $x = \dfrac{0{,}01 \cdot d_2}{d_1} = \dfrac{0{,}01 \cdot 33{,}25}{67{,}38} = 0{,}00493$, also $q = 1{,}07493$ (Antwort!)

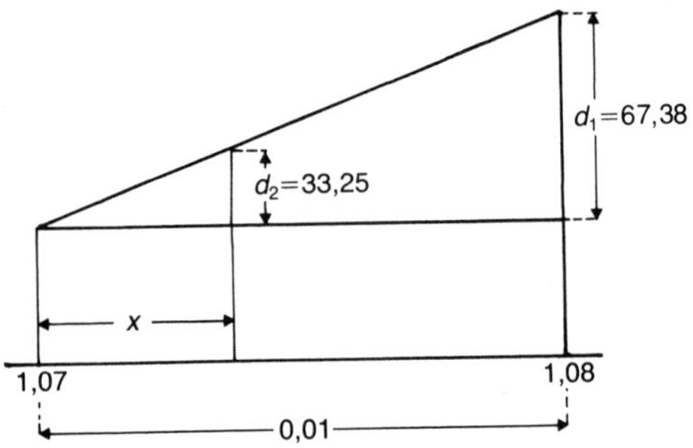

Das Prinzip des Dreisatzes im Schema:

$d_1 \triangleq 0{,}01$ (Gegebenheit!)
$d_2 \triangleq x$ (Frage!)

$x = \dfrac{0{,}01 \cdot d_2}{d_1}$ (Antwort!)

Setzt man den für q gefundenen Wert in die Ausgangsgleichung ein, so erhält man:
$1000 \cdot 1{,}07493^5 + 60 \cdot 1{,}07493 = 1499{,}66$, also einen um 0,34 zu kleinen Wert. Durch eine zweite Interpolation zwischen den Werten 1,07493 und 1,08 kann eine Verbesserung erzielt werden. Bei wiederholter Anwendung ist eine beliebig feine Annäherung möglich. Hinreichende Voraussetzung für Interpolation ist die **Stetigkeit** und Monotonie der jeweiligen Funktion. Diese Voraussetzung ist bei den Funktionen der Finanzmathematik in der Regel erfüllt.

2. Zins und Zinseszinsen

2.1 Begriff

Außer den in 1.4 bereits eingeführten Größen werden in den folgenden Ausführungen weitere drei benötigt.

j: **Zinssatz bei vorschüssiger Verzinsung**
Eine eigene Bezeichnung des Zinssatzes bei vorschüssiger Verzinsung erweist sich als vorteilhaft. Die vorschüssige Verzinsung nennt man auch antizipative Verzinsung.

q: **Aufzinsungsfaktor**

Es gilt $q = 1 + i = 1 + \frac{p}{100}$

v: **Abzinsungsfaktor**

Es gilt $v = \frac{1}{q} = \frac{1}{1+i} = \frac{100}{100+p}$

Gebräuchliche Potenzen sowohl des Aufzinsungsfaktors q als auch des Abzinsungsfaktors v sind im Anhang und in vielen anderen Tabellenwerken für verschiedene Zinssätze aufgeführt. Der Abzinsungsfaktor v wird manchmal auch als **Diskontierungsfaktor** bezeichnet.

Wie bereits unter 1.4 erwähnt, wird die Laufzeit n in **Zinsperioden** gemessen. Bei Sparkassen, Kreditinstituten und Banken ist es vielfach zur Regel geworden, daß die Zinsperioden zeitlich fixiert vorgegeben werden. Bei Verzinsung „p. a." ist es das Kalenderjahr, bei halbjähriger Verzinsung ist der 31. 12. bis 30. 6. bzw. der 30. 6. bis 31. 12. eines Kalenderjahres als Zinsperiode die Regel. Analog wird bei vierteljähriger Verzinsung und anderen Zinsperioden verfahren.

Bei dekursiver Verzinsung werden dem Gläubiger jeweils am Ende einer Zinsperiode Zinsen gutgeschrieben, ein Schuldner bzw. Darlehensnehmer wird zu denselben Terminen entsprechend belastet. Den Termin einer Gutschrift bzw. Lastschrift bezeichnet man als **Wertstellung** oder **Wert** derselben.

Die Fixierung der Zinsperioden bleibt nicht ohne Auswirkung auf den Kapitalverkehr, insbesonders nicht auf seine finanzmathematische Behandlung.

Werden zum Beispiel 1000,- DM bei 6% Verzinsung für 8 Monate auf ein Sparbuch eingezahlt, so ist es durchaus von Belang, wie der 31.12. als Zinsperiodengrenze zu der Laufzeit von 8 Monaten gelegen ist. Erfolgt die Einzahlung von Jahresbeginn bis Ende August, so wird die Laufzeit keinen 31.12. als Zinsperiodengrenze umfassen. Das Endkapital $K_{8/12}$ errechnet sich dann gemäß Formel (7) zu $K_{8/12} = K_0 \cdot (1 + \frac{8}{12} \cdot 0{,}06) = 1040{,}-$ DM. Erfolgt die Einzahlung der 1000,- DM hingegen am 30.9. eines Jahres, und die Abhebung am 30.5. des nächsten Jahres, so ist der Jahresendtermin als Zinsperiodengrenze innerhalb der Laufzeit gelegen.

Es ergibt sich nachstehende Entwicklung:

30.9. bis 31.12.: $K_{3/12} = 1000 \cdot (1 + \frac{3}{12} \cdot 0{,}06) = 1015{,}-$

Stand am 31.12.: 1015,- DM, also 15,- DM Zinsgutschrift.

31.12. bis 30.5.: $K_{5/12} = 1015 \cdot (1 + \frac{5}{12} \cdot 0{,}06) = 1040{,}38$

Wegen Zinsperiodengrenze am 31.12. werden zu diesem Termin Zinsen gutgeschrieben, die sich anschließend bis 30.5. nochmals verzinsen.

Würde man andere Einzahlungstage wählen, so kämen, wenn auch nur geringfügig, voneinander abweichende Endkapitalien zustande. In unserem Beispiel und bei ähnlich gelagerten Situationen erreicht man den größten Kapitalzuwachs dann, wenn die Zinsperiodengrenze genau in der Mitte der Laufzeit liegt. Dieser Sachverhalt läßt sich mit einfachen, allerdings infinitesimalrechnerischen Mitteln, leicht nachweisen.

Hinweis: Die Durcharbeitung der folgenden Beweisführung ist für das weitere Verständnis nicht erforderlich!

Im gegebenen Beispiel hat man für die Verzinsungszeit $n = 8$ Monate, wobei der Jahresschluß bzw. die Zinsperiodengrenze zunächst beliebig innerhalb der 8 Monate gelegen sein kann.

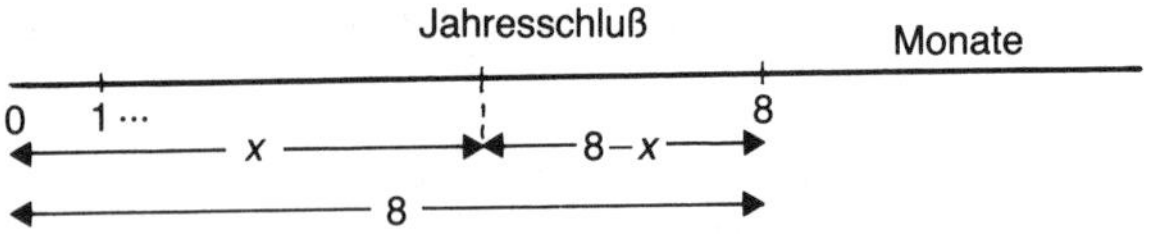

Bezeichnen wir die Zeit vor Jahresabschluß mit x, so hat man für die Verzinsungszeit nach Jahresabschluß $8 - x$ Monate. Zum Jahresende bzw. nach x Monaten werden Zinsen gutgeschrieben und man hat gemäß (7):

$$K_x = K_0 \cdot \left(1 + \frac{x \cdot i}{12}\right)$$

Nach weiteren $8-x$ Monaten, also nach insgesamt 8 Monaten, ergibt sich:

$$K_8 = K_x \cdot \left(1 + \frac{(8-x)\cdot i}{12}\right) = K_0 \cdot \left(1 + \frac{x \cdot i}{12}\right) \cdot \left(1 + \frac{(8-x)\cdot i}{12}\right)$$

$$K_8 = K_0 \cdot \left(1 + \frac{2i}{3} + \frac{i^2}{18} \cdot x - \frac{i^2}{144} \cdot x^2\right)$$

Da der Zinssatz i ebenso wie das Anfangskapital K_0 konstant ist, hat man K_8 als Funktion von x.

Für ihre erste Ableitung $K_8'(x)$ erhält man:

$$K_8'(x) = K_0 \cdot \left(\frac{i^2}{18} - \frac{i^2}{72} \cdot x\right)$$

Zweite Ableitung:

$$K_8''(x) = -\frac{K_0 \cdot i^2}{72} < 0$$

Setzen wir $K_8'(x) = 0$, so hat man:

$$K_0 \cdot \left(\frac{i^2}{18} - \frac{i^2}{72} \cdot x\right) = 0$$

$$\frac{1}{72} \cdot x = \frac{1}{18}$$

$x = 4$ Monate

Da an der Stelle $x = 4$ für die zweite Ableitung $K_8''(x) < 0$ gilt, ist K_8 an der Stelle $x = 4$ maximal.

In unserem Beispiel hätte man demnach den 30.8. eines Jahres bis 30.4. des folgenden Jahres als Laufzeit zu wählen. In diesem Fall hat man

zum 31.12.: $K_{4/12} = 1000 \cdot \left(1 + \frac{4}{12} \cdot 0{,}06\right) = 1020{,}\text{-}$ DM,

zum 30.4.: $K_{8/12} = 1020 \cdot \left(1 + \frac{4}{12} \cdot 0{,}06\right) = 1040{,}40$ DM.

Während die Zinsformel (7) nur einfache Zinsen für das Anfangskapital K_0 gelten läßt, berücksichtigt die Zinseszinsrechnung auch Zinsen, die sich aus Zinsgutschriften bzw. aus Zinsbelastungen am Ende einer Zinsperiode ergeben. Banken, Sparkassen und Kreditinstitute können gemäß § 248 **BGB** Zinseszinsen berechnen. Ebenso dürfen Kaufleute bei Verrechnung gegenseitiger Forderungen nach § 355 **HGB** Zinseszinsen in Ansatz bringen. Die Erhebung von Zinseszinsen unter Privatpersonen ist nicht statthaft.

2.2 Zinseszinsformel

Geht man davon aus, daß die Belastungszeit n genau N ganze Zinsperioden umfaßt, also in der Regel auch am 1.1. eines Kalenderjahres beginnt, so ergibt sich bei einem Zinssatz i folgende Übersicht:

Anfang des ersten Jahres:	K_0
Ende des ersten Jahres:	$K_1 = K_0 + K_0 \cdot i = K_0 \cdot (1+i)$,
Ende des zweiten Jahres:	$K_2 = K_1 \cdot (1+i) = K_0 \cdot (1+i)^2$
	$\dots \qquad \dots$
Ende des n-ten Jahres:	$K_n = K_0 \cdot (1+i)^n$

Ersetzt man den Ausdruck $1 + i = 1 + \frac{p}{100}$ durch den Aufzinsungsfaktor $q = 1 + i$, so lautet die allgemeine Zinseszinsformel:

$$K_n = K_0 \cdot q^n \qquad (11)$$

Die Bedeutung dieser Formel (11) ist für die **Zinseszinsrechnung** ebenso fundamental wie die Formel (7) für **einfache Verzinsung.**

Es sei jedoch nochmals darauf hingewiesen, daß Formel (7) für beliebige Laufzeiten gilt, Formel (11) hingegen nur auf ganzzahlige Vielfache einer Zinsperiode angewendet werden darf. Dabei wird zusätzlich vorausgesetzt, oftmals stillschweigend, daß Zinsperiode und Beleihungszeit gleichzeitig beginnen müssen. Diese Einschränkungen mußten bereits bei der Entwicklung der Zinseszinsformel gemacht werden.

Der Aufzinsungsvorgang kann, ähnlich wie bei einfachen Zinsen, graphisch dargestellt werden.

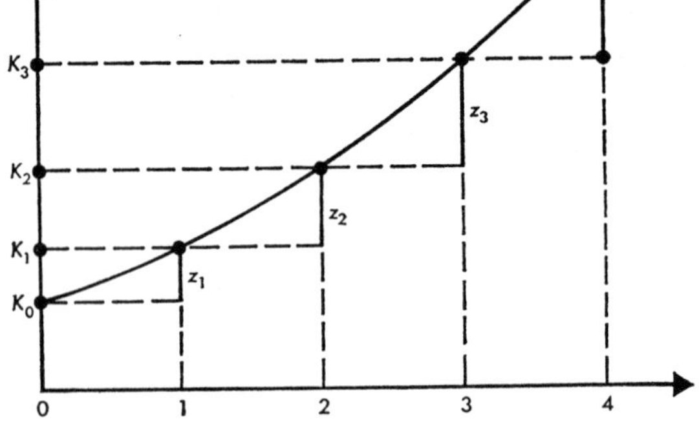

Die Zinsstufen werden von Jahr zu Jahr größer:

$z_1 = K_0 \cdot i$

$z_2 = K_1 \cdot i = K_0 \cdot q \cdot i$

$z_3 = K_2 \cdot i = K_0 \cdot q^2 \cdot i$ usw.

Die der Veranschaulichung dienende Kurve entspricht dem Bild einer Exponentialfunktion.

Nachstehende tabellarische Zusammenstellung soll die Entwicklung von **Zins** und **Kapital** bei Einfachverzinsung gemäß Formel (7) gegenüber **Zinseszinsen** gemäß Formel (11) an einem Beispiel verdeutlichen. Dabei wird ein Anfangskapital $K_0 = 1000$,- DM gewählt, das mit 8% verzinst wird.

Jahr	K_n gem. (7)	z_n gem. (7)	K_n gem. (11)	z_n gem. (11)
1	1080,-	80,-	1080,-	80,-
2	1160,-	80,-	1166,40	86,40
3	1240,-	80,-	1259,71	93,31
4	1320,-	80,-	1360,49	100,78
5	1400,-	80,-	1469,33	108,84
6	1480,-	80,-	1586,87	117,54
7	1560,-	80,-	1713,82	126,95
8	1640,-	80,-	1850,93	137,11
9	1720,-	80,-	1999,00	148,07
10	1800,-	80,-	2158,93	159,93

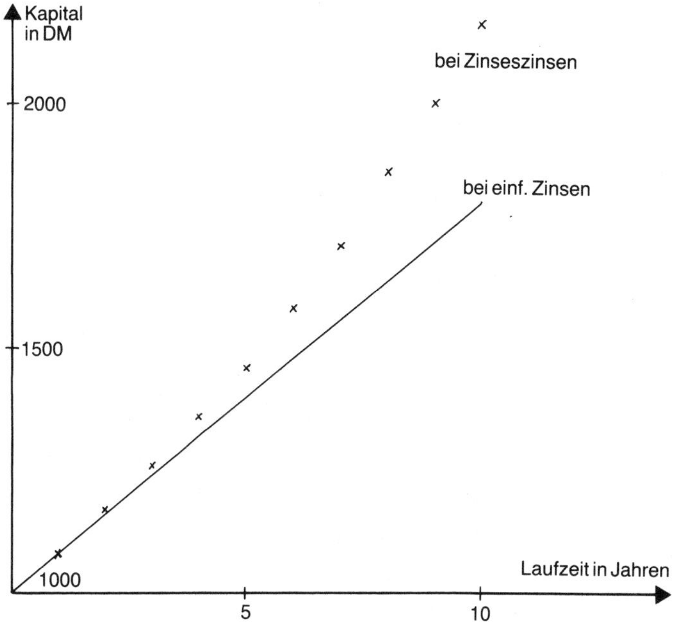

Obwohl es für die praktische Handhabung kaum merkliche Vorteile bringt, wird in der Zinseszinsformel vielfach auch der Abzinsungsfaktor v anstelle des **Aufzinsungsfaktors** q verwendet. Aus $K_n = K_0 \cdot q^n$ und $\frac{1}{q^n} = v^n$ ergibt sich:

$$K_0 = K_n \cdot v^n \tag{12}$$

Als gesuchte Größen kommen bei der Zinseszinsformel das Endkapital K_n, das Anfangskapital K_0, der Zinsfuß p und die Laufzeit n in Frage. Im folgenden Beispiel sollen durch (a), (b), (c) und (d) die vier Arten von Fragestellungen gekennzeichnet und behandelt werden.

Beispiel 5: Ein Anfangskapital von 8000,- DM wird bei einer Bank angelegt, die Zinseszinsen berechnet.

(a) Welches Endkapital ergibt sich nach 18 Jahren, wenn die Bank mit 5,5% verzinst?

(b) Welches Anfangskapital hätte anstelle der 8000,- DM angelegt werden müssen, damit man bei 5,5% Verzinsung in 18 Jahren 25 000,- DM als Endkapital erhalten würde?

(c) Mit welchem Zinsfuß verzinst die Bank, wenn sich nach 12 Jahren ein Endkapital von 18 000,- DM ergibt?

(d) Wieviele Jahre muß das Anfangskapital angelegt werden, damit es bei 5% Verzinsung auf 15 085,20 DM anwächst?

Anmerkung: Bei Aufgabenstellungen dieser Art wird Verzinsung „p.a.", dekursive Verzinsung, sowie terminliche Übereinstimmung von Anlagezeitpunkt mit Beginn einer Zinsperiode meist stillschweigend vorausgesetzt. Weiter sei vermerkt, daß in der Fragestellung (d) die Vorgabedaten so gewählt sind, daß sich eine ganzzahlige Jahreszahl n ergibt. Für den Fall, daß genannte Voraussetzungen nicht vorliegen, sei auf 2.3 verwiesen.

Zu (a): $K_0 = 8000,-$ DM; $p = 5,5$ und damit $q = 1,055$; $n = 18$

$$K_{18} = 8000 \cdot 1,055^{18} = 20971,73$$

Zu (b): $K_{18} = 25000,-$ DM; $p = 5,5$; $n = 18$

$$K_0 = 25000 \cdot \left(\frac{1}{1,055}\right)^{18} = 9536,65$$

Zu (c): $K_0 = 8000,-$ DM; $K_{12} = 18000,-$ DM; $n = 12$

Aus $K_n = K_0 \cdot q^n$ folgt:

$$q^n = \frac{K_n}{K_0}$$

$$n \cdot lg\, q = lg\, K_n - lg\, K_0$$

$$lg\, q = \frac{lg\, K_n - lg\, K_0}{n}$$

$$lg\, q = \frac{lg\, 18000 - lg\, 8000}{12} = 0,029348.$$

$$q = 1,06991 \text{ und damit } p = 6,99$$

Zu (d): $K_0 = 8000,\text{-}$ DM; $q = 1{,}05$; $K_n = 15\,085{,}20$ DM

Aus $K_n = K_0 \cdot q^n$ folgt:

$$n \cdot lg\, q = lg\, K_n - lg\, K_0$$

$$n = \frac{lg\, K_n - lg\, K_0}{lg\, q}$$

$$n = \frac{lg\; 15\,085{,}20 - lg\; 8000}{lg\; 1{,}05} = 13;$$

also 13 Jahre.

Ist bei festgelegtem Zinssatz ein Kapital zu einem Zeitpunkt vorgegeben, so bezeichnet man ein zu einem späteren Zeitpunkt durch die Zinseszinsformel zugeordnetes Kapital als aufgezinst, ein zu einem früheren Zeitpunkt entsprechend zugeordnetes Kapital als abgezinst oder **diskontiert.**

Wir wollen jedoch fortan den erweiterten Diskontierungsbegriff verwenden und festlegen: Wird der Betrag eines zu einem ersten Zeitpunkt gegebenen Kapitals für einen zweiten Zeitpunkt ermittelt, so nennt man diesen Vorgang **diskontieren.**

Nachstehende graphische Darstellung veranschaulicht die Aufzinsung bzw. Abzinsung eines zum Zeitpunkt „5“ fest vorgegebenen Kapitals von 1000,- DM bei einem Zinssatz von 8%.

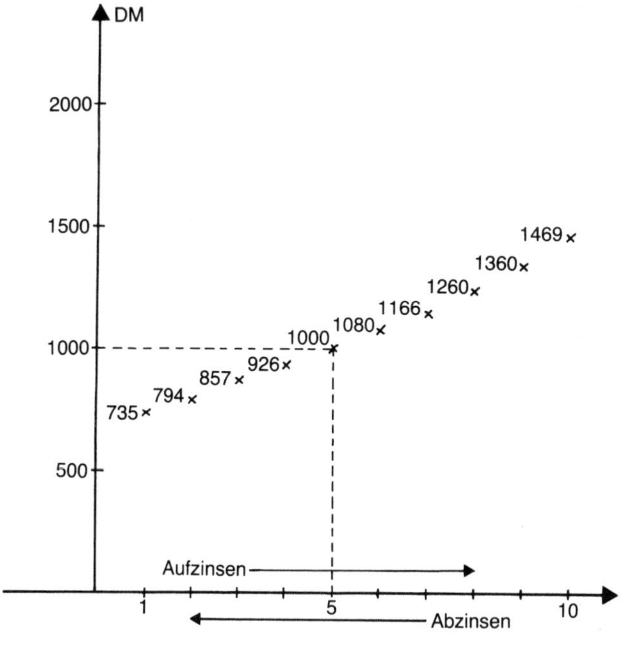

Die aus der Darstellung ersichtlichen Werte sind einander gleichwertig, man bezeichnet sie auch als äquivalent. Werden etwa 1360,- DM vom Zeitpunkt „9“ auf den Zeitpunkt „1“ abgezinst, so ergeben sich 733,- DM; werden umgekehrt 857,- DM vom Zeitpunkt „3“ auf den Zeitpunkt „7“ aufgezinst, so ergeben sich 1166,- DM. Voraussetzung für den Vergleich von Kapitalien ist, daß sie in ihrer Wertstellung übereinstimmen, also zum selben Zeitpunkt hin diskontiert werden.

Aufgabe 16: Jemand legt 40000,- DM zu 5,5% Zinseszinsen bei einer Bank an. Über welches Guthaben verfügt er nach 12 Jahren? Erg.: $K_{12} = 40000 \cdot 1{,}055^{12} = 76048{,}40$.

Aufgabe 17: Ein Erbnehmer erhält aus einer Erbschaft ein Kapital von 50120,- DM, das bei 6,2% Zinseszinsen 14 Jahre lang angelegt war. Wie groß war das vor 14 Jahren angelegte Anfangskapital?

Erg.: $K_0 = 50120 \cdot \dfrac{1}{1{,}062^{14}} = 21590{,}79.$

Aufgabe 18: Ein Anfangskapital von 15000,- DM wächst durch Zinseszinsen im Laufe von 15 Jahren auf 40000,- DM an. Welcher Zinsfuß liegt der Kapitalentwicklung zugrunde?

Erg.: $q = \sqrt[15]{\dfrac{40000}{15000}} = 1{,}06757$, also $p = 6{,}757$.

Aufgabe 19: Ein Anfangskapital von 10000,- DM ist durch 4,5% Zinseszinsen auf 14221,- DM angewachsen. Nach wieviel Jahren wurde dieser Endwert erreicht?

Erg.: $n = \dfrac{lg\ 14221 - lg\ 10000}{lg\ 1{,}045} = 8$, also 8 Jahre.

Aufgabe 20: Ein Anfangskapital von 30000,- DM wird 12 Jahre lang auf Zinseszinsen angelegt und wächst dadurch auf 70000,- DM an. Die für die ersten 3 Jahre gewährte Verzinsung wurde für die folgenden 5 Jahre um 0,5% gesenkt und anschließend für die letzten 4 Jahre um 1% erhöht. Mit welchem Zinsfuß wurde das Kapital in den ersten 3 Jahren verzinst?

Man hat für die ersten 3 Jahre den Zinsfuß p, für die folgenden 5 Jahre den Zinsfuß $p - 0{,}5$ und für die letzten 4 Jahre den Zinsfuß $p + 0{,}5$.

Den verschiedenen Zinsfüßen p, $p - 0{,}5$, und $p + 0{,}5$ werden der Reihe nach die Zinsfaktoren q_1, q_2 und q_3 zugeordnet.

Dann ergibt sich:

$$K_3 = 30000 \cdot q_1^3 = 30000 \cdot \left(1 + \frac{p}{100}\right)^3$$

$$K_8 = K_3 \cdot q_2^5 = 30000 \cdot \left(1 + \frac{p}{100}\right)^3 \cdot \left(1 + \frac{p - 0{,}5}{100}\right)^5$$

$$70\,000 = K_{12} = K_8 \cdot q_3^4 = 30\,000 \cdot \left(1+\frac{p}{100}\right)^3 \cdot \left(1+\frac{p-0{,}5}{100}\right)^5 \cdot \left(1+\frac{p+0{,}5}{100}\right)^4$$

Mit $7 = 3 \cdot \left(1+\frac{p}{100}\right)^3 \cdot \left(1+\frac{p-0{,}5}{100}\right)^5 \cdot \left(1+\frac{p+0{,}5}{100}\right)^4$

hat man eine Gleichung zwölften Grades, deren unmittelbare Lösung nicht möglich ist. Durch Interpolation gemäß 1.8 kann die fragliche Verzinsung dennoch ermittelt werden. Um zu den beiden notwendigen Ausgangswerten zu gelangen, kann behelfsweise die folgende Fragestellung dienen: Welcher einheitliche Zinsfuß p bzw. Zinsfaktor q führt zu der vorgegebenen Kapitalerhöhung?

Hierzu hat man

$q^{12} \cdot 30\,000 = 70\,000$

$q = \sqrt[12]{\frac{7}{3}} = 1{,}0732$, also $p = 7{,}32$

Nimmt man $p = 7{,}32$ als erste Abschätzung, so erhält man für die zugehörige erste Kapitalentwicklung $K_{12}(1)$: $K_{12}(1) = 30\,000 \cdot 1{,}0732^3 \cdot 1{,}0682^5 \cdot 1{,}0782^4 = 69\,698{,}38$, also einen um 301,62 DM zu kleinen Betrag.

Nimmt man zu dem so gefundenen ersten Abschätzungswert $p = 7{,}32$ einen nur geringfügig erhöhten, etwa 7,37, so ergibt sich für die zugehörige zweite Kapitalentwicklung $K_{12}(2)$: $K_{12}(2) = 30\,000 \cdot 1{,}0737^3 \cdot 1{,}0687^5 \cdot 1{,}0787^4 = 70\,089{,}43$, also ein um 89,45 DM zu hoher Betrag.

Mit $K_{12}(1) = 69\,698{,}38$ DM und $K_{12}(2) = 70\,089{,}45$ DM hat man geeignete Ausgangswerte für eine Interpolationslösung gefunden.

Gegebene erste Kapitaldifferenz $K(d,1) = 391{,}07$,
gegebene zweite Kapitaldifferenz $K(d,2) = 301{,}62$,
gegebene erste Zinsfußdifferenz $p(d,1) = 0{,}05$,
gesuchte zweite Zinsfußdifferenz $p(d,2) = x$.

Hieraus hat man: $x = \frac{0{,}05 \cdot 301{,}62}{391{,}07} = 0{,}0386$

und damit als erste Näherungslösung
$p = 7{,}32 + 0{,}0386 = 7{,}3586$.

Die Genauigkeitskontrolle ergibt für K_{12}:

$K_{12} = 30\,000 \cdot 1{,}073586^3 \cdot 1{,}068586^5 \cdot 1{,}078586^4 = 70\,000{,}13$.

Der Zinsfuß $p = 7{,}3586$ dürfte damit bereits den üblichen Genauigkeitsansprüchen genügen.

Anmerkung: Da K_{12} als Funktion von p stetig und darüber hinaus auch streng monoton ist, sind die Voraussetzungen für eine lineare Interpolation gemäß 1.8 gegeben. Wenn das Lösungsverfahren mittels Interpolation als aufwendig erscheint, so möge man bedenken, daß der große Rechenaufwand bereits durch die Problemstellung bedingt wird. Bei der Aufgabe handelt es sich immerhin um eine Näherungslösung einer Gleichung zwölften Grades.

Aufgabe 21: Ein Vertrag regelt die Tilgung einer Schuld von 300000,- DM folgendermaßen: 100000,- DM sind sofort fällig, 100000,- DM sind nach zwei Jahren zu zahlen, der Restbetrag ist nach 4 Jahren zu tilgen. Ermitteln Sie die Restschuld bei 8% Zinseszinsen!

Erg.: 155458,- DM Restschuld.

Aufgabe 22: Für einen Hausverkauf werden zwei Angebote gemacht.

Angebot A: 80000,- DM sofort, 100000,- DM nach 2 Jahren. 40000,- DM nach 5 Jahren.

Angebot B: 96600,- DM sofort, 75000,- DM nach 3 Jahren, 50000,- DM nach 4 Jahren.

Welches Angebot ist für den Käufer günstiger, wenn (a) mit 7%, (b) mit 9% Zinseszinsen gerechnet wird?

Erg.: Bei 7% ist Angebot A um 103,76 DM
günstiger; bei 9% ist das Angebot B um 230,27 DM günstiger.

Aufgabe 23: Bei welchem Zinsfuß verdoppelt sich ein Kapital in 12 Jahren?

Erg.: $2K_0 = K_0\, q^{12}$; $q = 1{,}05946$; also $p = 5{,}946$.

2.3 Gemischte Verzinsung

In der Mehrzahl der praktisch vorkommenden Fälle wird die Laufzeit n einer Kapitalverleihung kein ganzzahliges Vielfaches einer Zinsperiode ausmachen. Auch wird in der Regel die Laufzeit n nicht gleichzeitig mit einer Zinsperiode beginnen. Da andererseits die Zinseszinsformel (11) nur für ganzzahlige Zinsperioden N zuständig ist, muß die finanzmathematische Handhabung von Zinseszinsen für $n \neq N$ noch geklärt werden. An einem Zeitstrahl sei nachstehend die Lage einer Laufzeit n allgemein dargestellt:

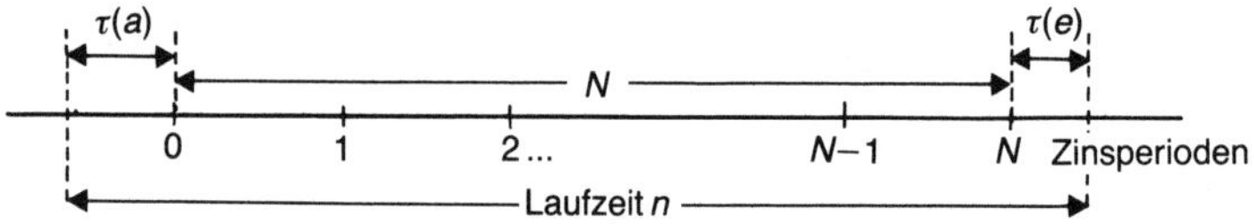

$\tau(a)$ bedeutet dabei jenen Bruchteil einer Zinsperiode, der vor der nächst gelegenen Zinsperiodengrenze „0" liegt, $\tau(e)$ bedeutet jenen Bruchteil einer Zinsperiode, der nach der zuletzt auftretenden Zinsperiodengrenze liegt. Die Laufzeit n setzt sich somit zusammen aus

$$n = \tau(a) + N + \tau(e).$$

Die Entwicklung eines Anfangskapitals K_0 innerhalb der Laufzeit n zum Kapital K_n kann nun in drei Schritten dargestellt werden.

Für die Zeit $\tau(a)$: Nach einfacher Verzinsung gem. Formel (7); von 0 bis N: Nach Zinseszinsformel (11); für die Zeit $\tau(e)$: Nach einfacher Verzinsung gem. Formel (7). Eine Verzinsung dieser Art nennt man gemischte Verzinsung. Bei einer solchen Verzinsung könnte die tatsächliche Kapitalentwicklung ebenso erfaßt werden, wenn man dekursiv für die $N+2$ Zeiträume $\tau(a)$, 0 bis 1, 1 bis 2, ..., $N-1$ bis N, $\tau(e)$ jeweils die Zinsformel für einfache Zinsen anwenden würde.

Die Zinseszinsformel (11) gestattet lediglich eine zusammengefaßte und erheblich vereinfachte Behandlung der N ganzen Zinsperioden, die in der Laufzeit n enthalten sind. Ändert sich zu irgendeinem Zeitpunkt eine Verzinsungsbedingung, wie dies etwa durch Festlegung eines neuen Zinsfußes p_2, statt p_1 der Fall sein kann, so wird dadurch die Zusammenfaßbarkeit mittels Zinseszinsformel unterbrochen. In diesem Fall ist bei der betroffenen Zinsperiode in zwei Schritten zu verfahren:

Von Zinsperiodenbeginn bis zum Unterbrechungszeitpunkt nach einfacher Verzinsung gem. Formel (7) mit dem Zinsfuß p_1, vom Unterbrechungszeitpunkt bis zum Zinsperiodenende nach einfacher Verzinsung gem. Formel (7) mit dem Zinsfuß p_2.

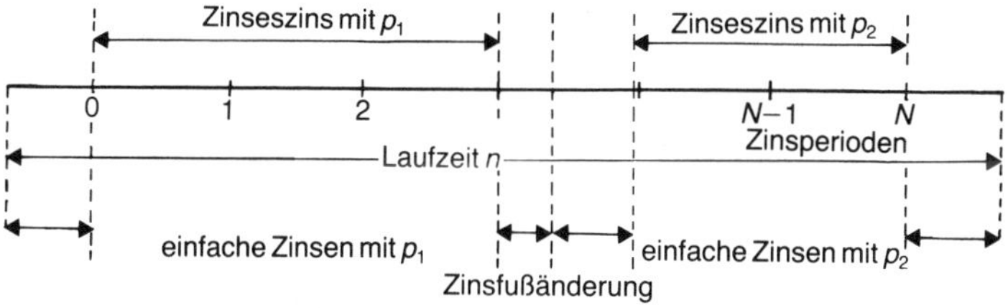

Zusammenfassend ist zu sagen, daß die Zinseszinsformel (11) hauptsächlich bei Kapitalverträgen, Anleihen und dergleichen angewendet wird. Für Teilaspekte innerhalb einer Zinsperiode ist die Zinsformel (7) für einfache Zinsen zuständig. Bei Girokonten, Sparbüchern und dergleichen wird man ohnehin das Rechnen mit Tageszinsformel und Zinszahl anwenden, wie dies bereits unter 1.5 aufgezeigt wurde.

Aufgabe 24: Jemand legt am 10.10. 1981 bei einer Bank $K_0 = 20000$,- DM zu 5,75% Zinsen an. Auf welchen Betrag wird das Kapital angewachsen sein, wenn der Anleger am 2.10. 1988 sein Bankguthaben auflöst?

Man hat:

Vom 10.10. 1981 bis Ende 1981: 80 Tage,
von Anfang 1982 bis Ende 1987: 6 Zinsperioden,
von Anfang 1988 bis 20.10. 1988: 290 Tage.

$$K(20.10.88) = 20000\left(1+\frac{80\cdot 0{,}0575}{360}\right)\cdot 1{,}0575^6\cdot\left(1+\frac{290\cdot 0{,}0575}{360}\right)$$
$$= 29640{,}80.$$

Aufgabe 25: Welches Kapital wächst in 12 Jahren, 8 Monaten bei einer Verzinsung zu 5% auf 15000,- DM an? (Erg.: 8083,20)

Aufgabe 26: In welcher Zeit wächst ein Kapital von 10000,- DM bei einer Verzinsung zu 4% auf 15000,- DM an?

$$K_n - K_0 \cdot q^N = 15000 - 10000 \cdot 1{,}04^{10} = 197{,}60$$
$$K_0 \cdot 1{,}04^N \cdot i = 592{,}10$$
$$t = 197{,}60 : 592{,}10 \text{ (Jahre)} =$$
$$= (197{,}60 : 592{,}10) \cdot 12 \text{ (Monate)} = 4 \text{ (Monate)}$$

Ergebnis: 10 Jahre 4 Monate

Aufgabe 27: Ein Kapital von 10000,- DM ist bei einem Zinssatz von 6% durch Zinsen und Zinseszinsen auf 20000,- DM angewachsen. Wie lang war das Kapital angelegt?

Ansatz: $K_n = K_0 \cdot q^n$; $20000 = 10000 \cdot 1{,}06^n$; $1{,}06^n = 2$

Aus der Tabelle der Aufzinsungsfaktoren findet man bei 6%, daß die Zahl n zwischen 11 und 12 liegt. Es werden also 11 Jahre lang Zinseszinsen und im anschließenden Teil des 12. Jahres einfache Zinsen berechnet.

Bis zum Ende des 11. Jahres sind die ursprünglichen 10000,- DM angewachsen auf $K_{11} = 10000 \cdot 1{,}06^{11} = 18983$,- DM.

Die Differenz $(20000 - 18983) = 1017$,- DM wird durch einfache Zinsen erreicht werden, wobei als Grundwert für die Berechnung einfacher Zinsen der zu Beginn des 12. Jahres vorhandene Wert von 18983,- DM zu sehen ist.

Geht man vom Zinsanteil $z = K \cdot n \cdot i$ der Formel (7) aus oder wendet man unmittelbar die Tageszinsformel an, so erhält man $\tau = \dfrac{360 \cdot z}{K_0 \cdot i}$

In Zahlen: $\tau = \dfrac{1017 \cdot 360}{18983 \cdot 0{,}06} = 0{,}891 \cdot 360.$

Die ganze Verzinsungszeit beträgt also 11 Jahre, 321 Tage.

Aufgabe 28: Eine Sparkasse gewährt für Sparbuchguthaben 6% Zinseszinsen. Welche Beleihungszeit ist nötig, damit sich ein Guthaben verdoppelt

(a) wenn die Geldanlage mit Beginn eines Kalenderjahres,

(b) am 30.6. eines Kalenderjahres erfolgt?

Erg. (a): 11 Jahre und 321 Tage (b): 11 Jahre und 317 Tage.

2.4 Mittlerer Zahlungstermin

Sind mehrere Kapitalien $K(n_1)$, $K(n_2)$, $K(n_3)$, zu verschiedenen Terminen $n_1, n_2, n_3, \ldots$ zur Zahlung fällig, so kann die Frage gestellt werden, zu welchem Termin n die Gesamtschuld durch die Summe der Teilbeträge

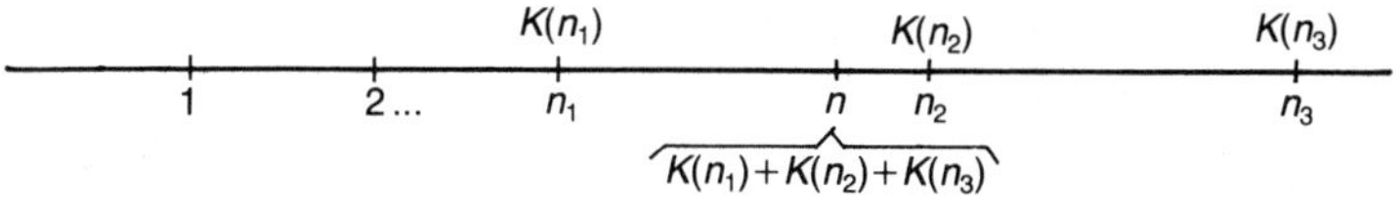

$K(n_1)+K(n_2)+\ldots$ beglichen werden kann. Diesen Termin n bezeichnet man als **mittleren Zinstermin** bzw. mittleren Zahlungstermin.

Bei einfachen Zinsen

Durch die Abzinsung der Teilbeträge auf den Termin „0" erhält man deren Barwert K_0. Dieser Barwert ist für die gesuchte Zeit n so aufzuzinsen, daß der Endwert nach der Zeit n gerade den Wert $K(n_1)+K(n_2)+K(n_3)+\ldots$ ergibt.

$$K_0=\frac{K(n_1)}{1+i\cdot n_1}+\frac{K(n_2)}{1+i\cdot n_2}+\frac{K(n_3)}{1+i\cdot n_3}+\ldots$$

$$K_0\cdot(1+i\cdot n) = K(n_1)+K(n_2)+K(n_3)+\ldots$$

$$1+i\cdot n = \frac{K(n_1)+K(n_2)+K(n_3)+\ldots}{K_0}$$

$$i\cdot n = \frac{K(n_1)+K(n_2)+K(n_3)+\ldots}{K_0}-1$$

$$i\cdot n = \frac{K(n_1)+K(n_2)+\ldots-K_0}{K_0}$$

$$n = \frac{1}{i}\cdot\frac{K(n_1)+K(n_2)+\ldots-K_0}{K_0}.$$

Bei Zinseszinsen

Im folgenden wird davon ausgegangen, daß die Termine n_1, n_2, n_3, ... jeweils ein Jahresende bzw. eine Zinsperiodengrenze darstellen. Soweit anders vorgegeben, müßten die Kapitalien $K(n_1)$, $K(n_2)$, ... zunächst auf das jeweilige Jahresende bzw. Zinsperiodenende aufgezinst werden.

Durch Abzinsung der Kapitalien $K(n_1)$, $K(n_2)$, ... auf den Termin „0" ergibt sich deren Barwert K_0 zu:

$$K_0=K(n_1)\cdot v^{n_1}+K(n_2)\cdot v^{n_2}+\ldots$$

Der Barwert K_0 ist sodann im Sinne der gemischten Verzinsung für eine gesuchte Laufzeit n so aufzuzinsen, daß genau $K(n_1)+K(n_2)+\ldots$ als Endkapital entsteht. Der Mittlere Zinstermin stellt damit lediglich einen Sonderfall dafür dar, daß bei zu diskontierenden Kapitalien die Zeit gesucht wird.

Beispiel 6: Ein Schuldner hat 4000,- DM zum 1. Januar eines Jahres, 2000,- DM nach 8 Jahren, 2500,- DM nach 10 Jahren und 3000,- DM nach 15 Jahren zu zahlen.

(a) Nach welcher Zeit könnte der Schuldner die Gesamtschuld bei 4% Zinsen zum Nennbetrag entrichten?
(b) Zu welchem Zeitpunkt kann die Gesamtschuld bei 5% Zinsen mit 11 000,- DM beglichen werden?

Zu (a) hat man für den Barwert K_0:

$$K_0 = 4000 + 2000 \cdot v^8 + 2500 \cdot v^{10} + 3000 \cdot v^{15}$$
$$= 8816{,}06.$$

$$K_n = 8816{,}06 \cdot 1{,}04^n = 11\,500,-$$

$$n = \frac{lg\ 11\,500 - lg\ 8816{,}06}{lg\ 1{,}04} = 6{,}77 \text{ und damit}$$

$N = 6$ volle Jahre.

Die Schlußfolgerung von $n = 6{,}77$ auf $N = 6$ volle Jahre ist deshalb zulässig, weil die Funktion $K_n = K_0 \cdot {}_q n$ überall stetig und streng monoton steigend ist.

Für K_6 hat man:

$$K_6 = 8816{,}06 \cdot 1{,}04^6 = 11\,155{,}14 \text{ DM}$$

Aus $K_n = K_0 i (1 + n \cdot i)$ ergibt sich:

$$11\,500 = 11\,155{,}14\,(1 + 0{,}04n)$$
$n = 0{,}77287$; also $0{,}77287 \cdot 360 = 278$ Tage.

Mittlerer Zahlungstermin: Nach 6 Jahren und 278 Tagen.

Zu (b) hat man für den Barwert K_0 analog
$K_0 = 8330{,}795$.

Für n ergibt sich:

$n = 5{,}70$ und damit $N = 5$ volle Jahre.

$$K_5 = 8330{,}795 \cdot 1{,}05^5 = 10\,632{,}427 \text{ DM.}$$

Aus $11\,000 = 10\,632{,}427\ (1 + 0{,}05n)$ erhält man $n = 0{,}69141$ und damit 249 Tage. Die Gesamtschuld könnte damit nach 5 Jahren und 249 Tagen mit 11 000,- DM beglichen werden.

Aufgabe 29: Beim Verkauf eines Hauses werden zu Beginn eines Kalenderjahres zwei Angebote gemacht:

A bietet eine sofortige Anzahlung von 100 000,- DM und 172 528,10 DM in 5 Jahren.

B bietet eine sofortige Anzahlung von 50 000,- DM und in Abständen von je zwei Jahren anschließende dreimalige Ratenzahlungen von je 70 000,- DM. Es wird mit 4,5% Verzinsung kalkuliert.

(a) Welches Angebot ist rechnerisch für den Verkäufer günstiger?
(b) Nach welcher Zeit, vom Angebotsdatum aus gerechnet, könnten die Teilbeträge des Angebots *B* durch einmalige Zahlung ihrer Summe beglichen werden?

Erg. (a): Angebot A mit 238445,35 DM Barwert, B mit 226553,09 DM Barwert, (b): 3 Jahre und 45 Tage.

Aufgabe 30: Ein Anfangskapital K_0 wächst in 18 Jahren zum selben Endkapital an, wie ein um 20000,- DM höheres Anfangskapital in 9 Jahren. Werden nach 9 Jahren zu dem höheren Anfangskapital nochmals 10000,- DM eingezahlt, so erzielt man dadurch, nach insgesamt 18 Jahren, das Fünffache des ursprünglichen Endkapitals.

(a) Wie groß ist das ursprüngliche Anfangskapital?
(b) Mit welchem Zinsfuß wird verzinst?

Zu (a)

I. $K_0 \cdot q^{18} = (K_0 + 20000) \cdot q^9$

II. $[(K_0 + 20000) \cdot q^9 + 10000] \cdot q^9 = 5 \cdot K_0 \cdot q^{18}$

$q^9 = \frac{K_0 + 20000}{K_0}$ in II:

$$\frac{(K_0 + 20000)^2}{K_0} + 10000 = 5 \cdot (K_0 + 20000)$$

$$K_0^2 + 12500\ K_0 - 100000000 = 0$$

$$K_0 = -6250 + \sqrt{6250^2 + 100000000} = 5542{,}48.$$

Die zweite Lösung der quadratischen Gleichung ist finanzmathematisch ohne Belang.

Zu (b)

$$q^9 = \frac{5542{,}48 + 20000}{5542{,}48} = 4{,}6084929$$

$q = 1{,}18503; \quad p = 18{,}5.$

Aufgabe 31: Jemand hat folgende Zahlungen zu leisten:
2000,- DM sofort, 4000,- DM nach 3 Jahren und 3000,- DM nach weiteren 5 Jahren.

(a) Er wäre in der Lage die ganze Zahlungsverpflichtung nach 4 Jahren durch eine einmalige Zahlung abzulösen. Wie groß wäre diese, wenn Zinseszinsen zu 6% berechnet werden?
(b) Zu welchem mittleren Termin könnte die Ablösung erfolgen?

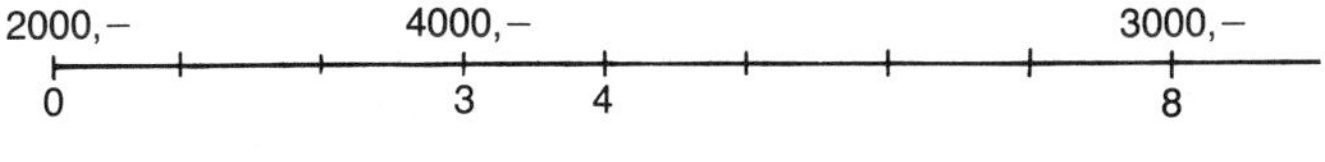

(a) Der Gegenwert der Teilzahlungsbeträge, bezogen auf den Termin „4“, ist:

$$K_4 = 2000 \cdot q^4 + 4000 \cdot q^1 + 3000 \cdot v^4 \left(v = \frac{1}{q}\right) \text{(Erg.: 9141,-)}$$

(b) Für die Berechnung des mittleren Zinstermins gilt aber:

$$K_0 = 2000 + 4000 \cdot v^3 + 3000 \cdot v^8 = 7240{,}70$$

Die Ablösung soll mit der **Summe der Teilbeträge** erfolgen. Daraus ergibt sich:

$K_0 \cdot q^x = 9000;\ q^x = 9000 : K_0 = 9000 : 7240{,}70$

Durch Logarithmieren:

$$\begin{aligned} x \cdot \log 1{,}06 &= \log 9000 - \log 7240{,}70 \\ &= 3{,}95424 - 3{,}85978 = 0{,}09446 \\ x &= 0{,}09446 : \log 1{,}06 \\ &= 0{,}09446 : 0{,}02531 = 3{,}73 \text{ (Jahre!)} \end{aligned}$$

Die genaue Auswertung dieses Ergebnisses (3,73 Jahre) ist im Sinn der „gemischten Verzinsung" durchzuführen.

$K_0 = 7240{,}70$ muß zunächst auf den Termin „3" aufgezinst werden.

$7240{,}70 \cdot 1{,}06^3 = 8623{,}50$

Dieser Wert soll jetzt durch einfache Zinsen zu 6% auf 9000,-, also um 376,50 anwachsen.

Aus der Formel $z = \frac{K \cdot i \cdot t}{360}$ folgt $t = \frac{z \cdot 360}{K \cdot i} = \frac{376{,}50 \cdot 360}{8623{,}5 \cdot 0{,}06} = 261{,}96$ (Tage)

Der mittlere Termin ist also: 3 Jahre 262 Tage (von „0" aus gerechnet).

Aufgabe 32: Jemand hat nachstehende Zahlungen zu leisten: 4000,- DM sofort, 8000,- DM nach 3 Jahren und 6000,- DM nach weiteren 6 Jahren.

(a) Durch welchen Betrag könnte er nach 4 Jahren die ganze Zahlungsverpflichtung ablösen, wenn 6% Zinseszinsen berechnet werden?

(b) Zu welchem mittleren Zinstermin könnte bei 6% Zinseszinsen die Ablösung erfolgen?

(c) Welcher mittlere Zahlungstermin ergibt sich, wenn für die Schulden lediglich einfache Zinsen von 6%, also keine Zinseszinsen, vereinbart waren?

Erg. (a): 18013,47 DM, (b): 3 Jahre und 355 Tage, (c): 3 Jahre und 279 Tage.

2.5 Unterjährliche Verzinsung

Die bisherigen Betrachtungen zur Zinsrechnung setzten voraus, daß jeweils eine bestimmte Zinsperiode fest vorgegeben ist. Mit der Verzinsung „p. a." stand dabei das Kalenderjahr als Zinsperiode im Mittelpunkt. Werden Teile eines Jahres als Zinsperiode festgelegt, so spricht man von unterjährlicher Verzinsung. Halbjahresverzinsung, Vierteljahresverzinsung, Monatsverzinsung und Tagesverzinsung sind dafür kennzeichnende Beispiele.

Für den jeweils geltenden **Zinsfuß** sind folgende vier Unterscheidungen zu beachten:

(1) **Nomineller Jahreszinsfuß** p kennzeichnet die Verzinsung „p. a.", also das Jahr als Zinsperiode.
(2) **Relativer Zinsfuß** ist der auf einen Teil des Jahres bezogene Zinsfuß; der Halbjahreszinsfuß $p/2$ kennzeichnet zum Beispiel ½ Jahr als Zinsperiode.
(3) **Effektiver Zinsfuß** wird durch die Fragestellung festgelegt: Welcher Jahreszinsfuß ersetzt einen vorgegebenen relativen Zinsfuß?
(4) **Konformer Zinsfuß** wird durch die Fragestellung festgelegt: Welcher, auf einen Teil des Jahres bezogene, Zinsfuß ersetzt einen vorgegebenen effektiven Zinsfuß?

Für den Zinssatz i und den Zinsfaktor q gelten die analogen Unterscheidungen.

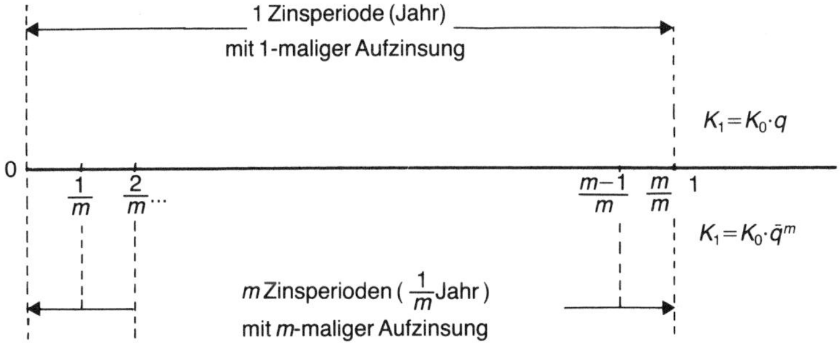

Ist q der effektive Zinsfaktor und $\bar{q}$ der dazugehörige relative Zinsfaktor, der für $1/m$ Jahre als Zinsperioden gilt, so müssen beide Aufzinsungen eines gegebenen Anfangskapitals K_0 zum gleichen Kapital K_1 führen. Es muß also $K_0 \cdot q = K_0 \cdot \bar{q}^m$ gelten und damit

$$q = \bar{q}^m \quad \text{bzw.} \quad \boxed{\bar{q} = \sqrt[m]{q}} \qquad (13)$$

Aufgabe 33: Welche Effektivverzinsung ergibt sich, wenn vierteljährlich mit 1,5% verzinst wird?

Erg.: Aus $K_0 \cdot q = K_0 \cdot 1{,}015^4$ ergibt sich: $p = 6{,}136$.

Aufgabe 34: Welcher Halbjahreszinsfuß muß gewählt werden, um einer Effektivverzinsung von 9% zu entsprechen?

Erg.: Aus $1{,}09 = \bar{q}^2$ folgt $\bar{q} = 1{,}044$. Damit sind 4,4% Halbjahreszinsen zu einer Effektivverzinsung von 9% konform.

Aufgabe 35: Ein Kapital von 50000,- DM wird mit 8% nominell verzinst. Die Zinseszinsen werden jedoch vierteljährlich berechnet.

(a) Auf welchen Endwert ist das Kapital nach 20 Jahren angewachsen?
(b) Mit welchem Zinsfuß wird das Kapital effektiv verzinst?
(c) Welcher relative Monatszinsfuß müßte gewählt werden, um der Effektivverzinsung unter (b) zu entsprechen?

Zu (a): Bei vierteljährlicher Berechnung ergeben sich $4 \cdot 20 = 80$ Zinsperioden mit einem Zinsfuß von $8/4 = 2$. $K_{80} = 50\,000 \cdot 1{,}02^{80} = 243\,772{,}00$.

Zu (b): Aus $q = 1{,}02^4 = 1{,}08243$ ergibt sich $p = 8{,}243$.

Zu (c): Aus $\overline{q}^3 = 1{,}02$ ergibt sich 0,662 als Monatszinsfuß.

2.6 Stetige Verzinsung

Die Verzinsung eines Kapitals erfolgt, so lange Verzinsungsperioden bestimmter Dauer (Jahr, Halbjahr, Quartal ...) vorgegeben sind, jeweils am Ende (oder auch am Anfang!) der Zinsperiode. Während einer Zinsperiode tritt keine Veränderung ein.

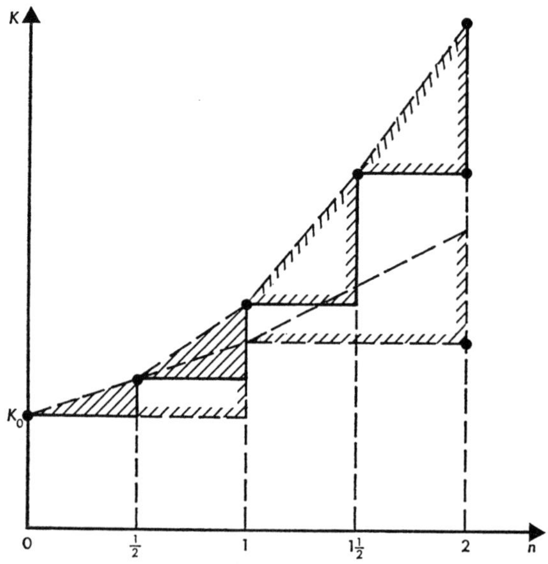

Die graphische Darstellung des zeitlichen Ablaufs eines Verzinsungsvorgangs zeigt bei endlicher Dauer der einzelnen Zinsperiode Stufen (Sprünge), kurz gesagt: **die Verzinsung erfolgt unstetig** oder diskontinuierlich. Mit zunehmender Aufteilung eines Jahres in immer kleiner werdende Zinsperioden wird sich die Unstetigkeit des Verzinsungsvorgangs immer weniger bemerkbar machen, d.h. der unstetige Vorgang wird sich einem **stetigen** Vorgang nähern.

Die **stetige** Verzinsung wird auch als **kontinuierliche** Verzinsung bezeichnet.

Bereits aus 2.5 kann entnommen werden, daß bei vorgegebenem nominellen Zinsfuß p die Effektivverzinsung umso größer wird, je kleiner die Zinsperiode gewählt wird. Teilt man das Jahr in m Teile, so hat man i/m als relativen Zinssatz, und bei n vorgegebenen Jahren, $n \cdot m$ Zinsperioden. Die Zinseszinsformel $K_n = K_0 \cdot q^n$ geht dann über in

$$K_n = K_0 \cdot q^{n \cdot m} = K_0 \left(1 + \frac{i}{m}\right)^{n \cdot m} = K_0 \left(\left(1 + \frac{i}{m}\right)^m \right)^n$$

Setzt man für $i/m = 1/x$ bzw. für $m = i \cdot x$, so hat man:

$$K_n = K_0 \left[\left(1 + \frac{1}{x}\right)^{i \cdot x} \right]^n = K_0 \left[\left(1 + \frac{1}{x}\right)^x \right]^{i \cdot n}.$$

Je feiner die Einteilung des Jahres in m Teile erfolgt, desto größer wird m und damit auch x. Der Ausdruck $\left(1 + \frac{1}{x}\right)^x$ strebt für immer größer werdende x einem Grenzwert e zu: Es gilt $\lim_{x \to \infty} \left(1 + \frac{1}{x}\right)^x = e$ mit $e = 2{,}71828$ als fünfstelliger Näherungswert. Die Zahl e wird nach dem Mathematiker *Euler* als **„Eulersche Zahl"** bezeichnet. Für K_n ergibt sich:

$$\boxed{K_n = K_0 \cdot e^{i \cdot n}} \qquad (14)$$

Formel (14) nennt man stetige Verzinsungsformel. Sie ist als Formel für stetiges Wachstum in der Naturwissenschaft von erheblicher Bedeutung.

Aufgabe 36: Welchen effektiven Zinssatz i muß man wählen, um einer stetigen Verzinsung von 5% zu entsprechen?

Wegen $K_0 \cdot q = K_0 \cdot e^{0,05}$ hat man:

$q = e^{0,05} = 1{,}05127$, also $p = 5{,}127$.

Aufgabe 37: Welche stetige Verzinsung ist einer Effektivverzinsung von 8% zugeordnet?

Erg.: $i = 7{,}696\%$.

Anmerkung: Den Zinssatz der stetigen Verzinsung, der einer vorgegebenen Jahresverzinsung entspricht, bezeichnet man auch als deren **Zinsintensität.**

2.7 Vorschüssige Verzinsung

Bei dekursiver Verzinsung werden am Ende der Zinsperiode die Zinsen vom Anfangskapital gutgeschrieben. Es ist also:

Endkapital = Anfangskapital + Zinsen vom Anfangskapital.

Bei vorschüssiger bzw. antizipativer Verzinsung werden die Zinsen bereits zu Beginn des Jahres einbehalten. Hier gilt:

Anfangskapital = Endkapital – Zinsen vom Endkapital.

Entsprechend hat man:

$$K_0 = K_1 - K_1 i = K_1(1-i) \text{ bzw. } K_1 = \frac{K_0}{1-i}$$

$$K_1 = K_2 - K_2 i = K_2(1-i) \text{ bzw. } K_2 = \frac{K_1}{1-i} = \frac{K_0}{(1-i)^2}$$

und schließlich die allgemeine Formel:

$$\boxed{K_n = \frac{K_0}{(1-i)^n}} \tag{15}$$

Da $\frac{1}{1-i} > 1+i$, weil $1 < (1+i)(1-i) = 1 - i^2$, führt die vorschüssige Aufzinsung zu einem höheren Endwert als die nachschüssige Aufzinsung.

Aufgabe 38: Welches Darlehen K_0 gelangt bei einer Bank zur Auszahlung, wenn die Bank 8% vorschüssige Zinsen abzieht und nach 10 Jahren 50000,- DM zur Tilgung fällig sind?

Erg.: Aus $50000 = \frac{K_0}{(1-0{,}08)^{10}}$ hat man $K_0 = 21719{,}45$.

Aufgabe 39: Welcher effektive Zinssatz i entspricht der in Aufgabe 38 beschriebenen Kapitalentwicklung?

Erg.: $q = \sqrt[10]{\frac{50000}{21719{,}45}} = 1{,}08696$ und damit $i = 8{,}696\%$.

Bezeichnen wir jenen **vorschüssigen Zinssatz** mit j, der einer dekursiven Verzinsung i entspricht, so hat man $1 + i = \frac{1}{1-j}$ oder

$$\boxed{i = \frac{j}{1-j}} \tag{16}$$

Aufgabe 40: Mit welchem vorschüssigen Zinssatz j erreicht man zum Ende eines Jahres den gleichen Endwert, wie er sich durch eine stetige Verzinsung von 6% ergibt?

Es soll also sein: $\frac{K_0}{1-j} = K_0 \cdot e^{0{,}06}$

Hieraus errechnet man $j = 5{,}82\%$.

3. Abschreibungen

3.1 Zum Begriff Abschreibungen

Unter Abschreibungen versteht man die buchmäßige Erfassung der (technischen und wirtschaftlichen) Wertminderung, die bei Gütern des Anlagevermögens durch Abnutzung oder Alterung in der Nutzungszeit entsteht.

Werden die Anschaffungs- oder Herstellungskosten des Anlagevermögens auf die Jahre der wirtschaftlichen **Nutzungsdauer** verteilt, so spricht man von einer **Zeitabschreibung,** erfolgt die Abschreibung entsprechend der Nutzungsintensität, so handelt es sich um eine **Leistungsabschreibung.** Letztere soll hier nicht weiter behandelt werden.

Die Abschreibungsbeträge sollen in erster Linie die Wiederbeschaffung (Ersatzbeschaffung) der in der betriebsgewöhnlichen Nutzungszeit abgenutzten oder unwirtschaftlich gewordenen Güter ermöglichen. Sie sind dem Gewinn des Betriebs zu entnehmen und beeinflussen damit unmittelbar die Besteuerung des Betriebs.

Damit wird die Abschreibung zum Gegenstand der Steuerpolitik, wie es auch in § 7 des Einkommensteuergesetzes zum Ausdruck kommt.

Bei den weiteren Betrachtungen werden wir folgende Größen benötigen:

K_0 **Nennwert** bzw. Anschaffungswert,
n wirtschaftliche Nutzungsdauer,
K_k **Buchwert** bzw. **Bilanzwert** nach k Jahren (mit $k = 1, \ldots, n$),
Q_k **Abschreibungsrate,** Abschreibungsquote bzw. Abschreibung, also jenen Betrag, um den der Bilanzwert im k-ten Jahr vermindert wird; Abschreibung wird vielfach mit **AfA** (Absetzung für Anschaffung) abgekürzt,
K_n **Restwert** (Altwert, **Schrottwert;** gegebenenfalls **Erinnerungswert** 1,– DM)

Die Abschreibung kann erfolgen

- in gleichen Jahresbeträgen (**lineare** Abschreibung),
- in fallenden Jahresbeträgen **(degressive** Abschreibung), wobei zu unterscheiden ist zwischen der **geometrisch-degressiven** Form (Abschreibung vom Buchwert) und der **arithmetisch-degressiven** Form (z. B. **digitale** Abschreibung).

Eine Abschreibungsart progressiver Form, also mit steigenden Jahresbeträgen, ist zwar rechnerisch durchführbar, aber im Einkommensteuergesetz derzeit nicht vorgesehen.

3.2 Lineare Abschreibung (AfA in gleichen Jahresbeträgen)

Die jährlichen Abschreibungsbeträge bleiben konstant. Abzuschreiben ist in einer bestimmten Zahl von Jahren n der Unterschied zwischen dem Neuwert K_0 und dem Restwert K_n nach n Jahren.

Insgesamt ist abzuschreiben der Unterschied $K_0 - K_n$.

Für die jährlichen Abschreibungsquoten $Q_1, Q_2, \ldots, Q_n$ gilt dann:

$$Q_1 = Q_2 = \ldots = Q_n = \frac{K_0 - K_n}{n} \tag{17}$$

Dieser Abschreibungsbetrag kann prozentual auf den Neuwert bezogen werden.

Aufgabe 41: Ein Neuwert $K_0 = 100\,000,-$ DM soll im Laufe von 20 Jahren linear auf den Restwert 5000,– DM abgeschrieben werden.

$$Q_1 = \frac{100\,000 - 5000}{20} = 4750$$

Prozentual bezogen auf den Neuwert K_0 ergibt sich:

$$K_n = K_0 \cdot (1 - n \cdot i)$$

hieraus: $i = \dfrac{K_0 - K_n}{n \cdot K_0} = 0{,}0475$; also: $= 4{,}75\%$

Der Verlauf der ganzen Abschreibung ist im **Abschreibungsplan** festzuhalten!

Jahr	Wert zu Anfang	Abschreibung	Restwert
1	100000,–	4750,–	95250,–
2	95250,–	4750,–	90500,–
usw.			

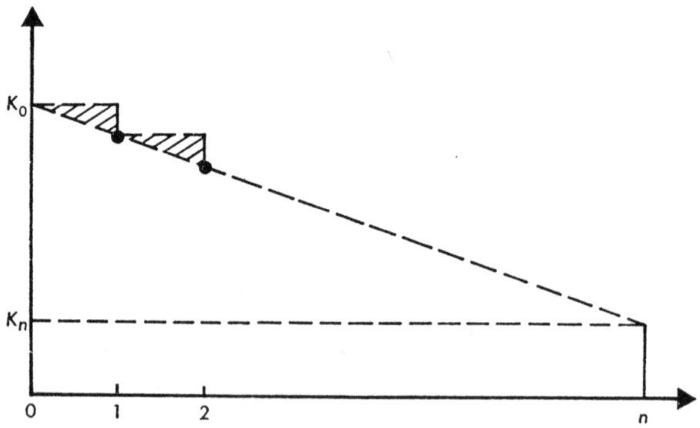

Die bildliche Darstellung der Abschreibung läßt erkennen, warum die Abschreibung in gleichen Jahresbeträgen auch lineare Abschreibung genannt wird.

Die Werte für K_1, K_2, K_3, ..., liegen auf der Geraden durch K_0 und K_n.

Der Restwert nach der k-ten Abschreibung ist

$$K_k = K_0 - k \cdot Q_1 = K_0 - k \cdot \frac{K_0 - K_n}{n}$$

$$K_k = \frac{K_0 \cdot (n-k) + k \cdot K_n}{n}$$

In § 7 (1) des **Einkommensteuergesetzes (EStG)** wird die Abschreibung definiert:

„Bei Wirtschaftsgütern, deren Verwendung oder Nutzung durch den Steuerpflichtigen zur Erzielung von Einkünften sich erfahrungsgemäß auf einen Zeitraum von mehr als einem Jahr erstreckt, ist jeweils für ein Jahr der Teil der Anschaffungskosten oder Herstellungskosten abzusetzen, der bei gleichmäßiger Verteilung dieser Kosten auf die Gesamtdauer der Verwendung oder Nutzung auf ein Jahr entfällt (Absetzung für Abnutzung in gleichen Jahresbeträgen)."

Für die Leistungsabschreibung ist zu entnehmen:

„Bei beweglichen Wirtschaftsgütern des Anlagevermögens, bei denen es wirtschaftlich begründet ist, die Absetzung für Abnutzung nach Maßgabe der Leistung des Wirtschaftsgutes vorzunehmen, kann der Steuerpflichtige dieses Verfahren statt der Absetzung für Abnutzung in gleichen Jahresbeträgen anwenden, wenn er den auf das einzelne Jahr entfallenden Umfang der Leistung nachweist ..."

Die noch zu behandelnden degressiven Abschreibungsformen sind in § 7 (2) EStG geregelt. Dieser bezieht sich nur auf bewegliche Wirtschaftsgüter. Gebäude und andere nicht bewegliche Wirtschaftsgüter können daher gemäß § 7 (1) EStG nur linear abgeschrieben werden.

3.3 Arithmetisch-degressive Abschreibung

Die Abschreibungsbeträge verringern sich von Jahr zu Jahr um d.

1. Abschreibung: $Q_1 = Q_1$
2. Abschreibung: $Q_2 = Q_1 - d$
3. Abschreibung: $Q_3 = Q_1 - 2d$

$\vdots \qquad \vdots$

n. Abschreibung: $Q_n = Q_1 - (n-1)d$

Die Gesamtabschreibung besteht aus der Summe aller jährlichen Einzelabschreibungen und muß demnach $K_0 - K_n$ ergeben.

$$\begin{aligned} K_0 - K_n &= Q_1 + Q_2 + \ldots + Q_n \\ &= Q_1 + (Q_1 - d) + \ldots + Q_1 - (n-1)d \\ &= n \cdot Q_1 - \frac{n-1}{2} \cdot n \cdot d \text{ (Summenformel für arithm. Reihe!)} \end{aligned}$$

$$\frac{n-1}{2} \cdot n \cdot d = n \cdot Q_1 - (K_0 - K_n)$$

$$\boxed{d = \frac{2 \cdot [n \cdot Q_1 - (K_0 - K_n)]}{n \cdot (n-1)}} \qquad (18)$$

Damit die Größe d positiv wird, muß sein: $n \cdot Q_1 \geqslant (K_0 - K_n)$ oder

$$Q_1 \geqslant \frac{K_0 - K_n}{n}$$

Dieser Bruch gibt aber gerade den Abschreibungsbetrag für die lineare Abschreibung, d. h.

Bei der arithmetisch-degressiven Methode muß der erste Abschreibungsbetrag mindestens so groß sein, wie bei der linearen Methode.

Es soll aber auch der letzte Abschreibungsbetrag Q_n noch positiv sein!

$$Q_1 - (n-1) \cdot d \geqslant 0$$

$$Q_1 \geqslant (n-1) \cdot d$$

Setzt man jetzt den für d gefundenen Ausdruck ein, dann ergibt sich

$$Q_1 \geqslant (n-1) \cdot \frac{2 \cdot [n \cdot Q_1 - (K_0 - K_n)]}{n \cdot (n-1)}$$

$$Q_1 \geqslant \frac{2 \cdot [n \cdot Q_1 - (K_0 - K_n)]}{n} = 2\,Q_1 - \frac{2 \cdot (K_0 - K_n)}{n}$$

hieraus folgt $Q_1 \leqslant 2 \cdot \dfrac{K_0 - K_n}{n}$

d. h. **Der erste Abschreibungsbetrag** darf höchstens so groß wie der **doppelte lineare Abschreibungsbetrag** sein.

Hat man also den ersten Abschreibungsbetrag innerhalb dieses Spielraums

$$\frac{K_0 - K_n}{n} \leqslant Q_1 \leqslant 2 \cdot \frac{K_0 - K_n}{n}$$

gewählt, so kann d aus Formel (18) gefunden werden.

Aufgabe 42: Ein Neuwert $K_0 = 65\,000,-$ DM soll in 5 Jahren arithmetisch-degressiv auf 20000,– DM abgeschrieben werden. Der 1. Abschreibungsbetrag soll 10000,– DM sein. Wie lautet der Abschreibungsplan?

$K_0 - K_n = 45\,000$; $(K_0 - K_n) : n = 9000$

Die einschränkende Bedingung für Q_1 ist erfüllt!

$9000 < 10\,000 < 18\,000$

Zu dem vorgegebenen $Q_1 = 10\,000$ ist das dazugehörige d zu bestimmen.

$$d = \frac{2 \cdot (5 \cdot 10000 - 45\,000)}{5 \cdot 4} = 500$$

Der Abschreibungsplan lautet:

Jahr	Wert zu Anfang	Abschreibungsbetrag
1	65000,–	10000,– Q_1
2	55000,–	9500,– $Q_2 = Q_1 - d$
3	45500,–	9000,– $Q_3 = Q_1 - 2d$
4	36500,–	8500,– $Q_4 = Q_1 - 3d$
5	28000,–	8000,– $Q_5 = Q_1 - 4d$
	20000,–	

Sowohl für die arithmetisch degressive als auch für die noch zu behandelnde geometrisch degressive Abschreibung sind im Einkommensteuergesetz einschränkende Regelungen getroffen. Im § 7 (3) EStG heißt es:

„Der Übertragung von der Absetzung für Abnutzung in fallenden Jahresbeträgen zur Absetzung für Abnutzung in gleichen Jahresbeträgen ist zulässig. In diesem Fall bemißt sich die Absetzung für Abnutzung vom Zeitpunkt des Übergangs an nach dem noch vorhandenen Restwert und der Restnutzungsdauer des einzelnen Wirtschaftsgutes. Der Übergang von der Absetzung für Abnutzung in gleichen Jahresbeträgen zur Absetzung für Abnutzung in fallenden Jahresbeträgen ist nicht zulässig".

Darüber hinaus ist die arithmetisch degressive Abschreibung gemäß EStG § 7 (2) Satz 2 (Fassung 1980) erst ab Nutzungsdauern von 9 Jahren möglich.

Weiter ist für Absetzung in fallenden Jahresbeträgen in § 7 (2) EStG folgendes geregelt:

„Bei beweglichen Wirtschaftsgütern des Anlagevermögens kann der Steuerpflichtige statt der Absetzung für Abnutzung in gleichen Jahresbeträgen die Absetzung für Abnutzung in fallenden Jahresbeträgen bemessen. Die Absetzung für Abnutzung in fallenden Jahresbeträgen kann nach einem unveränderlichen Hundertsatz vom jeweiligen Buchwert (Restwert) vorgenommen werden; der dabei anzuwendende Hundertsatz darf höchstens das Zweieinhalbfache des bei der Absetzung für Abnutzung in gleichen Jahresbeträgen in Betracht kommenden Hundertsatzes betragen und 25 von 100 nicht übersteigen ..."
Bei Anschaffung oder Herstellung von beweglichen Wirtschaftsgütern nach dem 29.07. 1981 gilt zur Zeit für die Abschreibung § 7. Abs. 2 Satz 2 EStG i.d.F. des 2. HStruktG vom 22.12.1981 (BGBl. I S. 1523): „Der anzuwendende Hundertsatz darf max. das Dreifache (bisher: Zweieinhalbfache) des linearen AfA-Satzes betragen und 30 v.H. (bisher: 25 v.H.) nicht übersteigen."

3.4 Digitale Abschreibung

Die sogenannte digitale Abschreibung ist eine Sonderform der arithmetisch-degressiven Methode. Sie geht aus dieser hervor, wenn die letzte Abschreibungsquote Q_n und der jährliche Minderungsbetrag d zur Übereinstimmung gebracht werden, wenn also $Q_n = d$ gesetzt wird. Als Abschreibungsquoten ergeben sich dann:

n. Abschreibung: $Q_n = d$
$(n-1)$. Abschreibung: $Q_{n-1} = d + d = 2d$

. .
. .
. .

2. Abschreibung: $Q_2 = d + (n-2) \cdot d = (n-1) \cdot d$
1. Abschreibung: $Q_1 = d + (n-1) \cdot d = n \cdot d$

Für die gesamte Abschreibungssumme $K_0 - K_n$ gilt also:

$$K_0 - K_n = d + 2d + \ldots + n \cdot d$$

$$K_0 - K_n = d \cdot (1 + 2 + \ldots + n)$$

oder

$$d = \frac{K_0 - K_n}{1 + 2 + \ldots + n} \tag{19}$$

Formel (19) erhält man auch, wenn in (18) für $Q_1 = n \cdot d$ gesetzt wird.

Aufgabe 43: Ein Neuwert $K_0 = 65000,-$ soll in 5 Jahren digital auf den Restwert $K_n = K_5 = 20000,-$ abgeschrieben werden (s.o.!)

$K_0 - K_n = 45000,-$; $1+2+3+4+5 = 15$; $d = 3000,-$

Der Abschreibungsplan lautet jetzt:

Jahr	Wert zu Anfang	Abschreibungsbetrag	
1	65000,–	15000,–	$Q_1 = 5 \cdot d$
2	50000,–	12000,–	$Q_2 = 4 \cdot d$
3	38000,–	9000,–	$Q_3 = 3 \cdot d$
4	29000,–	6000,–	$Q_4 = 2 \cdot d$
5	23000,–	3000,–	$Q_5 = 1 \cdot d$
	20000,–		

3.5 Geometrisch-degressive Abschreibung

Diese Abschreibungsform wird allgemein als **degressive Abschreibung** oder auch Abschreibung vom **Buchwert** bezeichnet. Bei ihr wird die Abschreibung nach einem unveränderlichen **Prozentsatz vom Buchwert** (Restwert) vorgenommen.

Wie sich die unter 3.2 genannten einschränkenden Bedingungen des § 7 (2) EStG auswirken, sieht man in folgender Übersicht:

Nutzungsdauer (Jahre)	lineare Abschreibung	maximal bei geom.-degressiver Abschreibung
20	5%	12,5%
10	10%	25%
5	20%	25%

Der Übergang von der degressiven Abschreibung zur linearen Abschreibung ist im Laufe der Abschreibungszeit zulässig.

Ist ein Neuwert (Anschaffungswert) K_0 im Laufe von n Jahren mit einem Prozentsatz i degressiv abzuschreiben, so ergibt sich folgende Entwicklung:

Anfang des 1. Jahres: K_0
Ende des 1. Jahres: $K_1 = K_0 - K_0 \cdot i = K_0 \cdot (1-i)$
Ende des 2. Jahres: $K_2 = K_1 - K_1 \cdot i = K_1 \cdot (1-i) = K_0 \cdot (1-i)^2$
Ende des 3. Jahres: $K_3 = K_2 - K_2 \cdot i = K_2 \cdot (1-i) = K_0 \cdot (1-i)^3$
usw.

Allgemein ergibt sich so für das Ende des n Jahres:

$$K_n = K_0 \cdot (1-i)^n \tag{20}$$

Die Werte K_0, K_1, K_2, usw. bilden eine fallende geometrische Folge, weil immer wieder der gleiche Faktor $(1-i) < 1$ hinzutritt. Die jährlichen Abschreibungsbeträge bilden ebenfalls eine fallende geometrische Folge.

$$\begin{aligned} Q_1 &= K_0 \cdot i = K_0 \cdot i &&= K_0 \cdot i \\ Q_2 &= K_1 \cdot i = K_0 \cdot (1-i) \cdot i &&= K_0 \cdot i \cdot (1-i) \\ Q_3 &= K_2 \cdot i = K_0 \cdot (1-i)^2 \cdot i &&= K_0 \cdot i \cdot (1-i)^2 \\ &\vdots && \vdots \end{aligned}$$

$$Q_n = K_0 \cdot i \cdot (1-i)^{n-1} \tag{21}$$

Mit der degressiven Methode kann nicht auf den Restwert Null abgeschrieben werden, weil nach der Abschreibung mit $p\%$ immer wieder $(100-p)\%$ des Restwertes bleiben.

Die Entwicklung für die Werte Q_1, Q_2, Q_3 zeigt, daß $Q_1 > Q_2 > Q_3$ usw., d. h. am Ende des 1. Jahres hat der Abschreibungsbetrag den größten Wert. Alle folgenden Abschreibungsbeträge werden von Jahr zu Jahr kleiner.

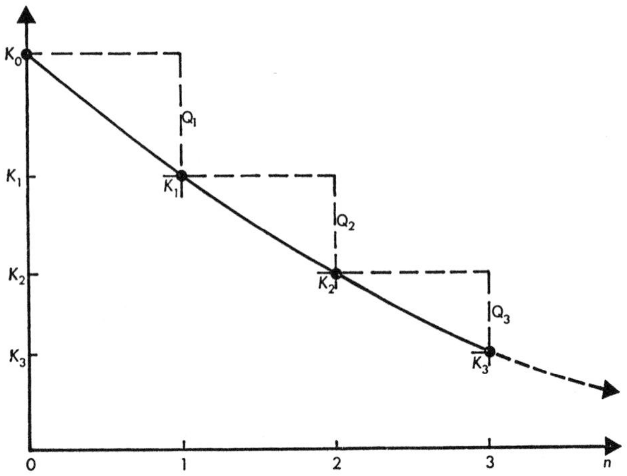

Verbindet man die Punkte K miteinander, so erhält man eine fallende Kurve, die sich asymptotisch der Zeitgeraden nähert.

Aufgabe 44: Eine Maschine (Neuwert DM 100000,–) soll jährlich mit 10% vom Restwert abgeschrieben werden.

(a) Wie groß ist der Restwert nach der 10. Abschreibung?

(b) Wie lang kann abgeschrieben werden, wenn mit einem Schrottwert von 20000,– gerechnet wird?

zu (a) $K_{10} = K_0 \cdot (1-i)^{10} = 100000 \cdot (1-0{,}1)^{10} = 100000 \cdot 0{,}9^{10}$

Erg.: $K_{10} = 34867{,}84$ DM

zu (b) Es muß sein: $100000 \cdot (1-i)^n = 20000$

hieraus:

$$0{,}9^n = 0{,}2$$

$$n \cdot log\, 0{,}9 = log\, 0{,}2$$

$$n = \frac{log\ 0{,}2}{log\ 0{,}9} = 15{,}2$$

d.h. es kann 15 Jahre lang mit 10% vom Restwert abgeschrieben werden. K_{15} ist dann 20589,– (DM 589,– könnten ggf. der letzten Abschreibungsquote zugefügt werden).

Abschreibungsplan:

Jahr	Wert zu Anfang des Jahres	Abschreibung am Ende des Jahres (10%)
1	100000,–	10000,–
2	90000,–	9000,–
3	81000,–	8100,–
usw.		

3.6 Abgeschwächte degressive Abschreibung

Die einfache (geometrisch-)degressive Abschreibungsmethode ist zwar rechnerisch ohne Schwierigkeiten zu handhaben, kann aber, je nach den gegebenen Werten, auf hohe Prozentsätze führen, die nicht zugelassen sind. Auch zu große Unterschiede zwischen den jährlichen Abschreibungsbeträgen können unerwünscht sein.

Durch eine einfache Abänderung der Grundformel kann dem begegnet werden.

Man ersetzt $K_n = K_0 \cdot (1-i)^n$ durch $(K_n + W) = (K_0 + W) \cdot (1-i)^n$, hebt also K_n und K_0 um die gleiche Größe W.

Dieses W könnte etwa der Wert des Grundstückes sein, das zur (abzuschreibenden) Betriebsanlage gehört.

Der Wert W wird in die Berechnung des prozentualen Abschreibungsbetrages mit einbezogen, aber vom Restwert wieder abgezogen.

Es ist dann:

$$\boxed{K_n = (K_0 + W) \cdot (1-i)^n - W} \tag{22}$$

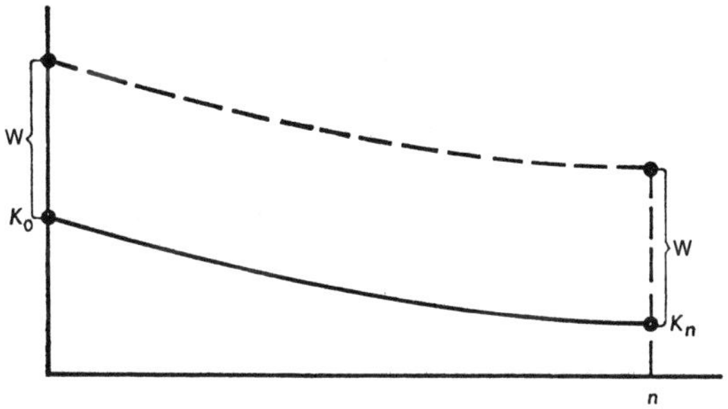

Die folgenden Beispiele lassen die Wirkung der Hilfsgröße W erkennen. Es werde ausgegangen von $K_0 = 100\,000,-$, $K_n = 10\,000,-$, $n = 10$

Fall (a) $W = 0$

dann ist: $(1-i)^{10} = \frac{K_n}{K_0} = \frac{10\,000}{100\,000} = 0{,}1$

hieraus $i = 20{,}56\%$

Fall (b) $W = 50\,000,-$

$$(1-i)^{10} = \frac{K_n + W}{K_0 + W} = \frac{60\,000}{150\,000} = 0{,}4$$

hieraus: $i = 8{,}76\%$

Fall (c) $W = 100\,000,-$

$$(1-i)^{10} = \frac{K_n + W}{K_0 + W} = \frac{110\,000}{200\,000} = 0{,}55$$

hieraus: $i = 5{,}8\%$

Die beiden ersten Zeilen der zugehörigen Abschreibungspläne sind:

Jahr	K	W	$K+W$	Abschreibung	
1	100000,–	0	100000,–	20560,–	20,56%
2	79440,–	0	79440,–	16333,–	
1	100000,–	50000,–	150000,–	13140,–	8,76%
2	86860,–	50000,–	136860,–	11989,–	
1	100000,–	100000,–	200000,–	11600,–	5,8%
2	88400,–	100000,–	188400,–	10927,–	

Die abgeschwächte degressive Abschreibung ist ein rein rechnerischer Vorgang. Die Größe W hat keinen betriebsbedingten Inhalt. Nach der Wahl eines Wertes für W kann der entsprechende Abschreibungsprozentsatz ermittelt werden.

Umgekehrt kann ein Wert für W berechnet werden, wenn ein Abschreibungsprozentsatz vorgegeben ist.

3.7 Übungsbeispiele und Aufgaben

Beispiel 7: Ein Wirtschaftsgut, das für 850000,– DM angeschafft wurde, soll bei einer Nutzungsdauer von 10 Jahren auf einen Restwert von 100000,– DM abgeschrieben werden. Alle 10 Abschreibungsraten können auf den Termin „0", den Beginn des 1. Abschreibungsjahres, diskontiert werden. Die Betriebsleitung hält es für wünschenswert, daß die Summe der so diskontierten Abschreibungsbeträge, also deren **Barwert,** möglichst groß wird.

Stellen Sie die vollständigen Abschreibungspläne auf und bestimmen Sie den Barwert der 10 Abschreibungsraten bei einem Zinssatz von 5%

(a) für lineare Abschreibung,
(b) für degressive Abschreibung,
(c) für arithmetisch degressive Abschreibung, wenn die erste Abschreibungsrate doppelt so groß wie bei linearer Abschreibung sein soll,
(d) für degressive Abschreibung von 25% in den ersten 5 Jahren und Übergang zur linearen Abschreibung ab dem 6. Jahr!

Zu (a)
Bei linearer Abschreibung hat man die Abschreibungsquoten:

$$Q_1 = Q_2 = \ldots = Q_{10} = \frac{K_0 - K_{10}}{10} = \frac{850\,000 - 100\,000}{10} = 75\,000,-$$

Abschreibungsplan:

Jahr	Wert am Anfang	Abschreibung
1	850 000,–	75 000,–
2	775 000,–	75 000,–
⋮	⋮	⋮
10	175 000,–	75 000,–

Für den Barwert B ergibt sich:

$$B = 75\,000 \cdot (v + v^2 + v^3 + \ldots + v^{10})$$

$$= 75\,000 \cdot v \cdot \frac{1 - v^{10}}{1 - v} = 75\,000 \cdot 0{,}952381 \cdot \frac{1 - 0{,}613913}{0{,}047619}$$

$$= 579\,131{,}10 \text{ DM.}$$

Zu (b)
Aus $K_n = K_0 \cdot (1 - i)^n$ ergibt sich:

$$1 - i = \sqrt[n]{\frac{K_n}{K_0}}$$

$$i = 1 - \sqrt[n]{\frac{K_n}{K_0}}$$

$$= 1 - \sqrt[10]{\frac{2}{17}} = 0{,}19266 = 19{,}266\%.$$

Abschreibungsplan:

Jahr	Wert am Anfang	Abschreibung
1	850 000,–	163 761,–
2	686 239,–	132 210,80
3	554 028,20	106 739,06
4	447 289,14	86 174,71
5	361 114,43	69 572,29
6	291 542,14	56 168,49
7	235 373,65	45 347,07
8	190 026,58	36 610,50
9	153 416,08	29 557,12
10	123 858,96	23 862,65

Der Barwert B der 10 Abschreibungswerte errechnet sich zu:

$$B = K_0 \cdot i \cdot v + K_0 \cdot i \cdot (1-i) \cdot v^2 + K_0 \cdot i \cdot (1-i)^2 \cdot v^3 + \ldots + K_0 \cdot i \cdot (1-i)^9 \cdot v^{10}$$
$$= K_0 \cdot i \cdot v[1 + (1-i) \cdot v + (1-i)^2 \cdot v^2 + \ldots + (1-i)^9 \cdot v^9]$$
$$= K_0 \cdot i \cdot \frac{1-(1-i)^{10} \cdot v^{10}}{1-(1-i) \cdot v} = 850\,000 \cdot 0{,}19266 \cdot 0{,}952381 \cdot \frac{1-0{,}072222}{1-0{,}76889}$$
$$= 626\,104{,}06$$

Zu (c)

Wegen $Q_1 = 150\,000$ ergibt sich:

$$d = \frac{2 \cdot (n \cdot Q_1 - (K_0 - K_n))}{n \cdot (n-1)} = \frac{2 \cdot (1\,500\,000 - 750\,000)}{90} = 16\,666{,}67$$

Abschreibungsplan:

Jahr	Wert am Anfang	Abschreibung	auf den Termin „0“ diskontierte Abschreibung
1	850000,–	150000,–	142857,15
2	700000,–	133333,33	120937,19
3	566666,67	116666,67	100781,10
4	450000,–	100000,–	82270,20
5	350000,–	83333,33	65293,83
6	266666,67	66666,67	49747,67
7	200000,–	50000,–	35534,05
8	150000,–	33333,33	22561,30
9	116666,67	16666,67	10743,49
10	100000,–	0,–	0,–
		Summe:	630725,98

Der Barwert wird hier durch die Summe der auf den Termin „0“ diskontierten Einzelabschreibungen gebildet. Man hat:

$B = 630\,725{,}98$ DM

Zu (d)

Nach 5 Abschreibungen hat man den Buchwert

$K_5 = K_0 \cdot (1-i)^5 = 850\,000 \cdot 0{,}75^5 = 201\,708{,}98.$

Ab dem 6. Jahr ergibt sich damit die lineare Abschreibungsrate

$$Q_6 = \frac{201\,708{,}98 - 100\,000}{5} = 20\,341{,}80.$$

Abschreibungsplan:

Jahr	Wert am Anfang	Abschreibung	auf den Termin „0“ diskontierte Abschreibung
1	850000,–	212500,–	202380,96
2	637500,–	159375,–	144557,74
3	478125,–	119531,25	103255,63
4	358593,75	89648,44	73753,95
5	268945,31	67236,33	52681,41
6	201708,98	20341,80	15179,36
7	181367,18	20341,80	14456,53
8	161025,38	20341,80	13768,12
9	140683,58	20341,80	13112,51
10	120341,78	20341,78	12488,08
		Summe:	645634,29

Der Barwert ergibt sich wiederum als Summe der auf den Termin „0“ diskontierten Einzelabschreibungen. Man hat:

$B = 645\,634{,}29$ DM.

Anmerkung: Ein Vergleich der vier Abschreibungsformen zeigt, daß zwischen den Barwerten durchaus beachtliche Unterschiede bestehen; die unter (c) aufgeführte arithmetisch-degressive Abschreibung erreicht hier den höchsten Barwert. Ein Wirtschaftsunternehmen wird in aller Regel eine Abschreibungsform anstreben, die einen möglichst hohen Barwert hat.

Aufgabe 45: Ein Wirtschaftsgut im Werte von 8300,– DM soll in 8 Jahren auf den Buchwert 3000,– DM degressiv abgeschrieben werden.

(a) Mit welchem Prozentsatz wird abgeschrieben?
(b) Wie groß ist der Buchwert nach 4 Jahren?
(c) Wie groß ist der lineare Abschreibungsbetrag, wenn nach 4 Jahren von der degressiven zur linearen Abschreibungsform gewechselt wird?

Zu (a)

$$(1-i)^n = \frac{K_n}{K_0}$$

$$1-i = \sqrt[8]{\frac{3000}{8300}} = \sqrt[8]{0{,}36144}\,;\ \text{Erg.: } i = 11{,}944\%.$$

Zu (b)

$K_4 = 8300 \cdot 0{,}8805^4 = 4990$

Zu (c) $(4990-3000):4 = 497{,}50$

Aufgabe 46: Ein Wirtschaftsgut von 120000,– DM Neuwert hat nach einer Nutzungsdauer von 10 Jahren einen Restwert von 8000,– DM.

(a) Stellen Sie die 1., 2. und 6. Zeile des Abschreibungsplanes auf, wenn die Abschreibung in geometrisch-degressiver Form erfolgen soll.
(b) Erstellen Sie die 1., 2. und 6. Zeile des Abschreibungsplanes, wenn in digitaler Form abgeschrieben wird.
(c) Im wievielten Jahr hat man von der digitalen zur linearen Abschreibungsform zu wechseln, wenn dies geschehen soll, nachdem bereits 80% des Neuwertes abgeschrieben sind?

Zu (a)
Aus $8000 = 120000 \cdot (1-i)^{10}$ folgt: $i = 23{,}724\%$.

Jahr	Wert am Anfang	AfA
1	120000,–	28468,80
2	91531,20	21714,86
.	....	....
6	30982,81	7350,36

Zu (b)
$$d = \frac{120000 - 8000}{1 + 2 + \ldots + 10} = 2036{,}36.$$

Jahr	Wert am Anfang	AfA
1	120000,–	20363,64
2	99636,36	18327,24
.	....	....
6	38545,60	10181,80

Zu (c)
Abschreibungssumme bei 80%: $0{,}8 \cdot 120000 = 96000$,–
digitale Gesamtabschreibung: $(10 + 9 + \ldots + 1) \cdot d$
$96000 = x \cdot d$ ergibt $x = 47{,}14$.

Damit 80% abgeschrieben sind, muß mindestens der Betrag $47{,}14 \cdot d$ abgeschrieben sein. Dies ist erstmals nach den Abschreibungsquoten $10d$, $9d$, $8d$, $7d$, $6d$, $5d$, $4\,d$ der Fall, weil $10 + 9 + 8 + 7 + 6 + 5 + 4 = 49$.

Aufgabe 47: Ein Wirtschaftsgut von 800000,– DM Neuwert wird nach einer betriebsgewöhnlichen Nutzungsdauer von 20 Jahren einen Restwert von 20000,– DM haben. Die Abschreibung soll so viele Jahre degressiv mit 15% vom Buchwert durchgeführt werden, wie dadurch ein jährlicher Abschreibungsbetrag von mindestens 20000,– DM erzielt werden kann.

(a) Wieviel Jahre wird in degressiver Form abgeschrieben?
(b) Welcher Buchwert ergibt sich nach 12 Abschreibungsjahren?
(c) Welcher jährlicher Abschreibungsbetrag ergibt sich nach der letzten degressiven Abschreibung, wenn vom Buchwert in den verbleibenden Abschreibungsjahren linear auf den Restwert abgeschrieben wird?
(d) Stellen Sie den Abschreibungsplan für die beiden ersten Jahre, sowie für das zwölfte und dreizehnte Jahr auf!

Zu (a) Aus $Q_n = K_0 \cdot i \cdot (1-i)^{n-1}$ hat man:

$$(n-1) \cdot lg\,0{,}85 = lg\,1 - lg\,6$$

$$n-1 = \frac{-lg\,6}{lg\,0{,}85} = 11{,}02492$$

$$n = 12{,}02492, \text{ also } N = 12 \text{ volle Jahre}$$

für die degressive Abschreibung.

Zu (b) $K_{12} = 800\,000 \cdot 0{,}85^{12} = 113\,793{,}60$

Zu (c) $(113\,793{,}60 - 20\,000) : 8 = 11\,724{,}18$

Zu (d)

Jahr	Wert am Anfang	AfA
1	800 000,–	120 000,–
2	680 000,–	102 000,–
..	....	....
13	113 793,42	11 724,18

Aufgabe 48: Der Maschinenpark eines Unternehmens mit einem Neuwert von 415 000,– DM wird geometrisch-degressiv auf einen Schrottwert von 44 000,– DM abgeschrieben; und zwar, je nach Beanspruchung, in den ersten Jahren mit 12%, anschließend doppelt so lange mit 15% und danach noch dreimal so lang wie in der ersten Abschreibungsperiode mit 20%.

Wieviel Jahre dauert die Abschreibung insgesamt?

Wenn man mit n die Zeit der ersten Abschreibungsperiode bezeichnet, so hat man insgesamt die Zeitdauer $n + 2n + 3n = 6n$.

Aus $K_n = K_0(1-i)^n$ ergibt sich:

$$K_{6n} = K_0 \cdot 0{,}88^n \cdot 0{,}85^{2n} \cdot 0{,}80^{3n}$$

$$44\,000 = 415\,000 \cdot 0{,}88^n \cdot 0{,}85^{2n} \cdot 0{,}80^{3n}$$

$$lg\,44 = lg\,415 + n \cdot lg\,0{,}88 + 2n \cdot lg\,0{,}85 + 3n \cdot lg\,0{,}80$$

$$n = \frac{lg\,44 - lg\,415}{lg\,0{,}88 + 2 \cdot lg\,0{,}85 + 3 \cdot lg\,0{,}80} = 2 \text{ Jahre.}$$

Aufgabe 49: Ein Vermögenswert von 64 800,– DM soll in 9 Jahren auf einen Restwert von 6000,– DM abgeschrieben werden.

(a) Mit welchem Prozentsatz muß abgeschrieben werden, wenn dies in geometrisch-degressiver Form erfolgen soll?

(b) Die Abschreibung unter (a) soll nun so abgeschwächt werden, daß sich ein Abschreibungssatz von 8,74% ergibt.
Welchen Abschwächungsbetrag muß man einsetzen, damit man diesen Prozentsatz erreicht?

(c) Als weitere alternative Abschreibungsmöglichkeit wird für das erste Jahr ein Abschreibungsbetrag von 20% des Vermögenswertes vorgegeben und verlangt, daß sich die Abschreibung jährlich um einen konstanten Betrag verringert. Wie groß ist dann dieser jährliche Verringerungsbetrag?

(d) Der Abschreibungsplan für die ersten drei Jahre ist aufzustellen und zwar für den Fall (a), für den Fall (b) und für den Fall (c).

Zu (a) Aus $6000 = 64800 \cdot (1-i)^9$ errechnet sich $i = 23{,}233\%$.

Zu (b)

$$K_n + W = (K_0 + W) \cdot (1-i)^n$$

$$6000 + W = (64800 + W) \cdot (1 - 0{,}0874)^9$$

$$\text{Erg.: } W = 40024{,}05$$

Zu (c) 20% vom Vermögenswert: $Q_1 = 12960,-$

$$d = \frac{2 \cdot (116640 - 58800)}{9 \cdot 8} = 1606{,}67$$

Zu (d)

Jahr	*K* am Anfang	AfA gem. (a)	*K* am Anfang	*K* + *W* am Anfang	AfA gem. (b)
1	64800,–	15054,98	64800,–	104824,04	9161,62
2	49745,02	11557,26	55638,38	95662,42	8360,90
3	38187,76	8872,16	47277,48	87301,53	7630,15

Jahr	*K* am Anfang	AfA gem. (c)
1	64800,–	12960,–
2	51840,–	11353,33
3	40486,67	9746,66

4. Renten

4.1 Rentenbegriff

Werden in gleichen Zeitabständen wiederkehrende Zahlungen geleistet, so sprechen wir von einer Rente. Im allgemeinen Sprachgebrauch kann das Wort Rente sowohl den Einzelbetrag einer Zahlung als auch den Gesamtwert wiederkehrender Zahlungen bedeuten. Den Gesamtwert regelmäßiger Zahlungen auf einen vorgegebenen Zeitpunkt hin zu diskontieren, dies ist eine fundamentale und charakteristische Aufgabenstellung der Rentenrechnung. Grundsätzlich kann man mit den Methoden der Zinsrechnung an die Lösung dieses Problems herangehen. Hierbei hätte man jedoch jede einzelne Zahlung für sich zu betrachten, eine Zusammenfassung mehrerer Diskontierungen zu einem einzigen Rechenvorgang ist mit den Mitteln der Zinsrechnung nicht möglich. Verfahrensweisen für eine zusammengefaßte Betrachtung werden der Rentenrechnung zugeordnet. Jede Rentenzahlung ist auf den dazugehörigen Zeitabschnitt zu beziehen. Werden die einzelnen Zahlungen jeweils zu Beginn des dazugehörigen Zeitabschnittes geleistet, so spricht man von einer **vorschüssigen (Pränumerando)** Rente, erfolgen die Zahlungen am Ende des jeweiligen Zeitabschnittes, so spricht man von einer **nachschüssigen (Postnumerando)** Rente. Als Zeitabschnitt wird bei Renten vielfach auf das Kalenderjahr bezogen, wie dies ja auch bei der Zinsrechnung die Regel ist. Die Behandlung der Jahresrente mit übereinstimmender Zinsperiode steht damit im Mittelpunkt einer systematischen Betrachtung. Dies gilt umso mehr, als die außerordentliche Vielfalt anderweitiger Problemstellungen stets auf Jahresrenten zurückgeführt bzw. umgerechnet werden kann.

Nachstehend ist der Verlauf von n gleichen Ratenzahlungen r bzw. r' graphisch an Zeitgeraden veranschaulicht.

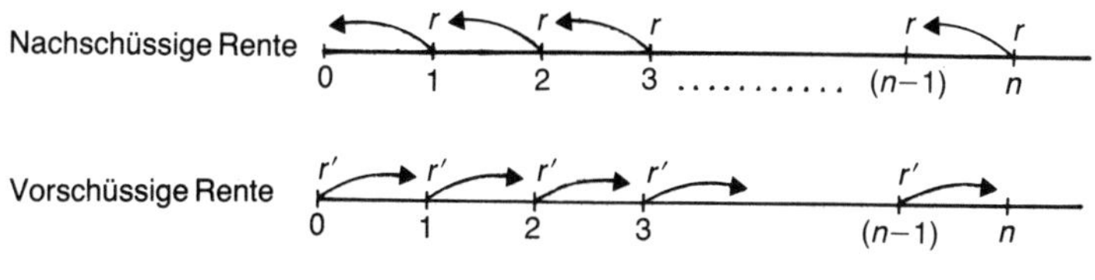

Zur deutlichen Unterscheidung werden forthin alle bei einer vorschüssigen Rente auftretenden Größen mit einem Strich (′) versehen; im Fall einer nachschüssigen Rente wird der Strich weggelassen.

Bei einer nachschüssigen Rente bedeuten:

R_0 : **Rentenbarwert,**
R_n : **Rentenendwert,**
r : regelmäßig gezahlte Rate (Rente),
a_n : **Rentenbarwertfaktor,**
s_n : **Rentenendwertfaktor.**

Im Falle einer vorschüssigen Rente werden die einzelnen Größen der Reihe nach mit R'_0, R'_n, r', a'_n, s'_n bezeichnet. Für Zinsfuß, Zinssatz, Zinsfaktor und Laufzeit wird man die aus der Zinsrechnung bekannten Bezeichnungen p, i, q und n beibehalten, da diese Größen ohne unmittelbarem Zusammenhang mit vorschüssiger oder nachschüssiger Zahlungsweise stehen. Darüber hinaus werden wir für das nach k Jahren vorhandene Kapital die Bezeichnungsweise K_k verwenden. Um Irreführungen möglichst zu vermeiden, wird wiederum im Bedarfsfall den einzelnen Größen in Klammer eine Legende beigefügt; so soll etwa a_{17} (4%) den nachschüssigen Rentenbarwertfaktor bei 4% kennzeichnen.

4.2 Nachschüssige Jahresrente

Für die in der Praxis auftretenden Rentenberechnungen hat man es meist nicht mit Jahresrenten, sondern mit Monatsrenten oder regelmäßig wiederkehrenden Zahlungen anderer Zeitabstände zu tun. Die grundlegende Bedeutung der Jahresrentenberechnung wird dadurch kaum geschmälert, kann doch die Behandlung von praktischen Problemen, etwa bei unterjährlichen Zins- und Rententerminen, stets darauf zurückgeführt werden.

Den **Endwert** R_n von n Raten r, die jeweils an den Jahresenden 1, 2, . . ., n zur Zahlung fällig werden, erhält man, indem man alle n Raten r auf das Jahresende des letzten Jahres, also auf den Termin „n“ hin diskontiert. Jeder einzelne Betrag r muß für sich auf den Termin „n“ aufgezinst werden.

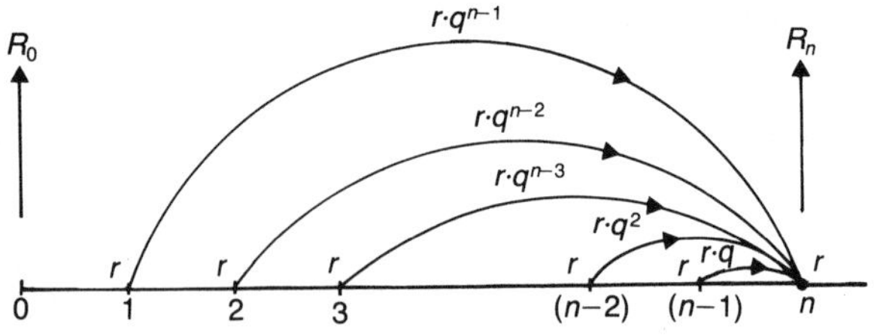

Der Gesamtwert am Ende des n-ten Jahres, d. h. der Rentenendwert R_n, ergibt sich aus der Summe aller auf den Termin „n“ aufgezinsten Einzelrenten:

$$R_n = r + r \cdot q + r \cdot q^2 + \ldots\ldots r \cdot q^{n-2} + r \cdot q^{n-1}$$
$$= r \cdot (1 + q + q^2 + \ldots\ldots q^{n-2} + q^{n-1})$$

Der Klammerausdruck ist eine geometrische Reihe mit dem Anfangsglied 1 und dem Quotienten q. Aufgrund der Summenformel (6) für die geometrische Reihe erhält man den Rentenendwert

$$R_n = r \cdot \frac{q^n - 1}{q - 1} = r \cdot s_n \qquad (23)$$

wobei $s_n = \dfrac{q^n - 1}{q - 1}$

als **nachschüssiger Rentenendwertfaktor** bezeichnet wird. Außer von der Zahl der Jahre n hängt dieser nur vom Zinsfaktor q bzw. Zinsfuß p ab. Die Rentenendwertfaktoren können den im Anhang abgedruckten üblichen Tabellen zur Finanzmathematik entnommen werden. Andererseits bereitet es mit dem Taschenrechner nur wenig Mühe, den Rentenendwertfaktor aufgrund seiner Definition unmittelbar zu berechnen.

Wird der Rentenendwert R_n auf den Beginn des ersten Jahres, also auf den Termin „0" hin diskontiert, so erhält man den Barwert R_0 der Rente. Es ist also $R_0 = \dfrac{1}{q^n} \cdot R_n$ und, falls für R_n gemäß Gleichung (23) eingesetzt wird,

$$R_0 = r \cdot \frac{1}{q^n} \cdot \frac{q^n - 1}{q - 1} = r \cdot a_n, \qquad (24)$$

wobei $a_n = \dfrac{1}{q^n} \cdot \dfrac{q^n - 1}{q - 1}$

als **nachschüssiger Rentenbarwertfaktor** oder **Kapitalisierungsfaktor** bezeichnet wird. Er kann wiederum aus den üblichen Tabellen zur Finanzmathematik entnommen oder aufgrund seiner Definition unmittelbar berechnet werden.

4.3 Vorschüssige Jahresrente

Gegenüber der nachschüssigen Zahlungsweise ist die vorschüssige Jahresrente dadurch gekennzeichnet, daß die Zahlungen der einzelnen Raten r' jeweils zu Beginn des dazugehörigen Jahres erfolgen. Wie bei der nachschüssigen Zahlungsweise, wird man beim Rentenendwert R'_n alle n Raten r' auf den Termin „n" hin diskontieren, was wiederum bedeutet, daß jeder einzelne Betrag r' für sich auf den Termin „n" aufzuzinsen ist.

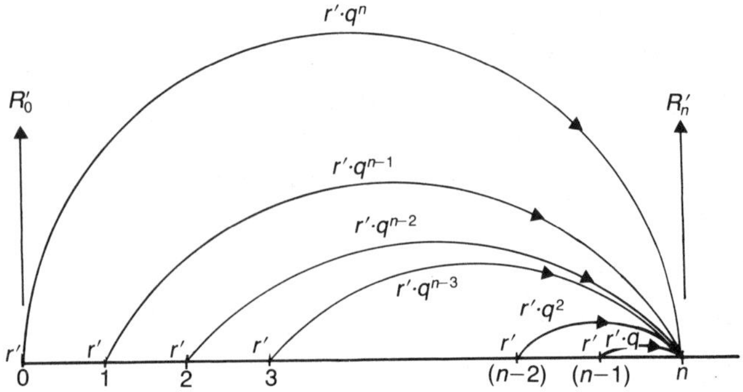

Der erste Betrag erscheint zum Termin „0“, der letzte zum Termin $(n-1)$; also **keine** Zahlung zum Termin „n“.

Man hat jetzt:

$$R'_n = r' \cdot q + r' \cdot q^2 + \ldots\ldots + r' \cdot q^{n-1} + r' \cdot q^n$$
$$= r' \cdot (q + q^2 + \ldots\ldots + q^{n-1} + q^n)$$

Nach der Summenformel (6) für geometrische Reihe erhält man den Rentenendwert

$$\boxed{R'_n = r' \cdot q \cdot \frac{q^n - 1}{q - 1} = r' \cdot s'_n} \qquad (25)$$

wobei $s'_n = q \cdot \dfrac{q^n - 1}{q - 1} = q \cdot s_n$

als **vorschüssiger Rentenendwertfaktor** bezeichnet wird. Vergleicht man den nachschüssigen Rentenendwertfaktor s_n mit dem vorschüssigen Rentenbarwertfaktor s'_{n-1} in ihren ausführlichen Schreibweisen, so kann aus

$s_n = 1 + q + q^2 + \ldots + q^{n-1}$ und aus
$s'_{n-1} = q + q^2 + \ldots + q^{n-1}$

unmittelbar entnommen werden, daß die Beziehung (26) gilt:

$$s_n = s'_{n-1} + 1 \qquad (26)$$

Analog zur nachschüssigen Rente hat man für den vorschüssigen Rentenbarwert

$$\boxed{R'_0 = r' \cdot \frac{1}{q^n} \cdot q \cdot \frac{q^n - 1}{q - 1} = r' \cdot a'_n} \qquad (27)$$

wobei $a'_n = \dfrac{1}{q^n} \cdot q \cdot \dfrac{q^n - 1}{q - 1}$

als vorschüssiger Rentenbarwertfaktor oder Kapitalisierungsfaktor bezeichnet wird.

Dieser kann wiederum aus dem Tabellenwerk im Anhang entnommen oder unmittelbar berechnet werden.

Weil für a'_n und a_{n-1} die Gleichungen

$$a'_n = \frac{1}{q^n} \cdot q \cdot \frac{q^n - 1}{q - 1} \quad \text{und} \quad a_{n-1} = \frac{1}{q^{n-1}} \cdot \frac{q^{n-1} - 1}{q - 1} \text{ gelten,}$$

kann daraus die Richtigkeit von

$$a'_n = a_{n-1} + 1 \tag{28}$$

leicht abgeleitet werden. Man hat

$$\frac{1}{q^{n-1}} \cdot \frac{q^n - 1}{q - 1} = \frac{1}{q^{n-1}} \cdot \frac{q^{n-1} - 1}{q - 1} + 1.$$

Multipliziert man beide Seiten der Gleichung mit $q^{n-1} \cdot (q - 1)$, so ergibt sich:

$$q^n - 1 = q^{n-1} - 1 + q^n - q^{n-1}$$

und damit die Richtigkeit von (28).

Anmerkung: Jede **vorschüssige** Rente kann in eine **nachschüssige** Rente dadurch umgewandelt werden, daß man die zu Beginn eines Jahres gezahlte Rate r' auf das Ende des gleichen Jahres aufzinst. Aus jedem r' wird dann ein $r \cdot q$, das dann in die Formel für nachschüssige Rente eingesetzt werden kann. Selbstverständlich ist umgekehrt auch die Umrechnung einer nachschüssigen Rente in eine vorschüssige möglich.

Unabhängig von vorschüssiger oder nachschüssiger Zahlungsweise kommen bei Renten als gesuchte Größen vier Möglichkeiten in Frage:

- **Gesamtwert der Rente in Form des Barwertes R_0 oder R'_0 bzw. in Form des Endwertes R_n oder R'_n,**
- **Rentenrate r bzw. r',**
- **Zinsfaktor q bzw. Zinsfuß p** und schließlich
- **Laufzeit** n.

Im nachfolgenden Beispiel 8 sollen die vier verschiedenen Grundaufgaben für Jahresrenten näher verdeutlicht werden. Die daran anschließenden Aufgaben 50 bis 62 behandeln ebenfalls solche Fragen. Die Aufgaben 63 bis 69 beziehen sich sodann auf gemischte Fragestellungen, bei denen auch auf **aufgeschobene** und **unterbrochene Jahresrenten,** sowie auf **Rentenumwandlungen** eingegangen wird.

Renten heißen aufgeschoben, wenn die erste Rentenzahlung durch eine Wartezeit, auch **Karenzzeit** genannt, auf einen späteren Zeitpunkt verlegt wird. Von einer **unterbrochenen Rente** spricht man, wenn zwischen den Rentenzahlungen Wartezeiten eingelegt werden. In der Literatur werden unterbrochene Renten manchmal auch als intermittierende Renten bezeichnet. Die Behandlung diesbezüglicher Aufgaben erfordert keine zusätzlichen finanzmathematischen Methoden, eine entsprechende Kombination der Diskontierungsverfahren aus Zinsrechnung und Rentenrechnung reicht völlig aus.

Beispiel 8: Bei einer Rentenanstalt besteht Anspruch auf eine Jahresrente von 30000,– DM, die jeweils zum Jahreswechsel zur Auszahlung fällig ist.

(a) Welchen Barwert hat die gesamte Rente zum Termin der ersten Rentenzahlung, falls mit 9,5% Zinseszinsen kalkuliert wird und die Rente 20mal zu zahlen ist?

(b) Welchen Endwert hat die Rente unter den Bedingungen bei a) zum Termin der letzten Rentenzahlung?

(c) Wie groß müßte anstelle von 30000,– DM der jährliche Rentenanspruch sein, wenn bei einer Verzinsung von 7% und bei einer Laufzeit von 20 Jahren der gesamte Rentenanspruch zum Zeitpunkt der ersten Rentenauszahlung mit 150000,– DM beglichen werden könnte?

(d) Zu welchem Zinsfuß verzinst die Rentenanstalt, wenn der Anspruch auf 20malige Auszahlung der Jahresrente von 30000,– DM lautet und dieser Anspruch mit 300000,– DM, ein Jahr vor der ersten Rentenauszahlung, abgegolten werden kann?

(e) Wieviele Jahre dauert der Rentenanspruch für die Auszahlung von jährlich 30000,– DM, wenn der Barwert der gesamten Rente zum Zeitpunkt der ersten Rentenzahlung 300000,– DM beträgt und die Rentenanstalt mit einer Verzinsung von 8% kalkuliert?

Zu (a) $R'_0 = r' \cdot a'_n = 30000 \cdot a'_{20}(9{,}5\%)$
$= 30000 \cdot 9{,}64956 = 289486{,}80$

Zu (b)

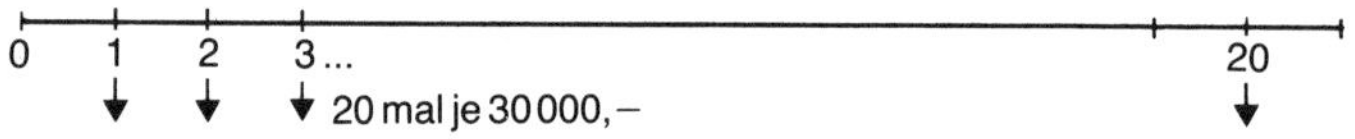

Falls die erste Auszahlung zum Termin „1" und die zwanzigste Auszahlung zum Termin „20" erfolgt, handelt es sich, vom Termin „1" aus gesehen, um eine vorschüssige Jahresrente. Für deren Endwert zum Termin „21" gilt:

$$R'_{20} = r' \cdot s_{20} = 30000 \cdot s'_{20}\,(9{,}5\%)$$
$$= 30000 \cdot 59{,}2628 = 1\,777\,914{,}60.$$

Da die letzte Rentenzahlung jedoch bereits zum Termin „20" erfolgt, muß der für R'_{20} errechnete Wert noch um ein Jahr abgezinst werden.

$$1\,777\,914{,}60 \cdot v(9{,}5\%) = 1\,777\,914{,}60 \cdot 0{,}913242$$
$$= 1\,623\,666{,}30.$$

Vom Termin „0" aus gesehen, hat man es offenbar mit einer nachschüssigen Rente zu tun. Es ist leicht zu erkennen, daß man mit dem Ansatz $R_{20} = 289\,486{,}80 \cdot q^{19}\,(9{,}5\%)$ dasselbe Ergebnis erzielen wird.

Zu (c) $R'_0 = r' \cdot a'_{20}\,(7\%)$
$r' = R'_0 : a'_{20} = 150000 : 11{,}33560 = 13\,232{,}65.$

Zu (d) Die Aufgabenstellung führt zu dem Gleichungsansatz

$$R_0 = r \cdot a_n = 30000 \cdot \frac{1}{q^{20}} \cdot \frac{q^{20}-1}{q-1} = 300000.$$

Multipliziert man beide Seiten der Gleichung mit $\frac{q^{20} \cdot (q-1)}{30\,000}$, so ergibt sich:

$$10 \cdot q^{20}(q-1) = q^{20} - 1 \quad \text{oder}$$
$$10 \cdot q^{21} - 11 \cdot q^{20} + 1 = 0.$$

Die Lösung dieser Gleichung von der Gradzahl 21 wird über ein Näherungsverfahren, wie etwa das unter 1.8 behandelte lineare Interpolationsverfahren, angestrebt. Es sei an dieser Stelle nochmals darauf hingewiesen, daß durch das Interpolationsverfahren stets eine hinreichend genaue Näherungslösung erzielt werden kann. Zunächst nimmt man für den Aufzinsungsfaktor q einen in Frage kommenden Wert, etwa $q = 1{,}08$, und setzt diesen in die Gleichung ein. Man erhält:

$$10 \cdot 1{,}08^{21} - 11 \cdot 1{,}08^{20} + 1 = 0{,}06774.$$

Zwar ergibt sich für die rechte Seite der Gleichung noch nicht der gewünschte Wert 0. Wegen der kleinen, positiven Abweichung von nur 0,06774 ist man mit 8% Verzinsung schon in Nähe der Gleichungslösung gelegen. Setzt man $q = 1{,}075$ als weiteren Wert in die Ausgangsgleichung ein, so erhalten wir:

$$10 \cdot 1{,}075^{21} - 11 \cdot 1{,}075^{20} + 1 = -0{,}06195.$$

Die negative Abweichung von 0 zeigt, daß die Lösung für q zwischen 1,075 und 1,080 liegt.

Für die Interpolation ergibt sich:

$$d_1 = 0{,}12969 \mathrel{\hat{=}} 0{,}5\%$$
$$d_2 = 0{,}06774 \mathrel{\hat{=}} x\%$$

$$x = \frac{0{,}5 \cdot 0{,}06774}{0{,}12969} = 0{,}26116$$

und damit als erste Näherung:

$$8{,}0000\% - 0{,}2612\% = 7{,}7388\%$$

Um über die Genauigkeit dieser Näherungslösung zu erfahren, setzen wir $q = 1{,}077388$ in die Ausgangsgleichung ein.

Man hat:
$10 \cdot 1{,}077388^{21} - 11 \cdot 1{,}077388^{20} + 1 = -0{,}00411$ und damit eine nur noch verschwindend kleine Abweichung von der rechten Seite der Ausgangsgleichung. In der Praxis wird man in den meisten Fällen mit einem zweistellig genauen Zinsfuß zufrieden sein. Durch eine zweite Interpolation kann für p der Wert $p = 7{,}755$ ermittelt werden. Auf eine letzte Feinabstimmung des Diskontierungsvorganges, der der Aufgabenstellung zugrunde liegt, wird oftmals verzichtet. Statt dessen wird der ursprüngliche Ablösungsbetrag geringfügig geändert bzw. korrigiert. In unserem Fall hätte man bei einer ermittelten Verzinsung von 7,76% den Barwert

$$R_0 = 30000 \cdot \frac{1{,}07755^{20} - 1}{1{,}07755^{20} \cdot 0{,}07755} = 299992{,}92 \text{ DM}$$

und damit eine notwendige Korrektur des ursprünglichen Ablösungsbetrages von 300000,– DM um 7,08 DM.

Zu (e) $R'_0 = r' \cdot a'_n$

$a'_n = 300000 : 30000 = 10.$

Da im Anhang für a'_{17} (8%) = 9,85137 und für a'_{18} (8%) = 10,12164 abzulesen ist, wird die volle Jahresrente 17mal ausgezahlt werden können. Für den verbleibenden Restbetrag wird oftmals eine Sondervereinbarung getroffen. Für den Fall, daß der verbleibende Restbetrag ein Jahr nach der letzten Rentenzahlung fällig werden soll, ergibt sich folgendes:

$R'_0 = 30000 \cdot a'_{17}(8\%) = 30000 \cdot 9{,}85137 = 295541{,}10.$

Damit besteht zum Termin „1" ein Restguthaben von
$300000 - 295541{,}10 = 4458{,}90$. Zum Termin „18" hat man also
$4458{,}90 \cdot q^{17} = 4458{,}90 \cdot 3{,}70002 = 16498{,}02.$

Bestimmung des Gesamtwertes einer Rente

Aufgabe 50: Welches Kapital muß man zu Beginn eines Jahres auf Zinseszinsen zu 6% anlegen, damit man 20 Jahre lang, jeweils zum Jahresende, eine Rente von 10000,– DM beziehen kann?

$R_0 = 10000 \cdot a_{20}(6\%)$
$= 10000 \cdot 11{,}46992 = 114699{,}20.$

Aufgabe 51: (Ergänzung zur vorhergehenden Aufgabe)
Wie groß ist das Restguthaben nach der 10. Abhebung?

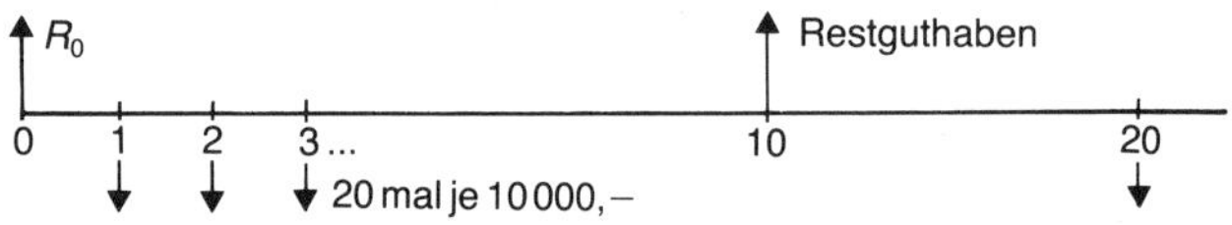

Wert der gesamten Rente zum Termin „10": $R_0 \cdot q^{10} = 205409{,}06$
Wert der ersten 10 Rentenraten zum Termin „10":

$r \cdot s_{10} = 10000 \cdot 13{,}18079 = 131807{,}90.$

Restguthaben: $205409{,}06 - 131807{,}90 = 73601{,}16$. Es ist ersichtlich, daß $10000 \cdot a_{10}(6\%)$ ebenso zum Restguthaben führt.

Aufgabe 52: Jemand legt 20000,– DM zu 7% Zinseszinsen an und spart jährlich nachschüssig 4000,– DM dazu. Über welchen Endbetrag kann er nach Ablauf von 7 Jahren verfügen?

$K_7 = 20000 \cdot q^7 + 4000 \cdot s_7 = 20000 \cdot 1{,}60578 + 4000 \cdot 8{,}65402$
$= 66731{,}88.$

Aufgabe 53: (Abänderung der vorhergehenden Aufgabe)
Auf welchen Endwert wachsen die Einzahlungen an, wenn in den ersten vier Jahren der Zinssatz nur 5% beträgt?

$$K_7 = [20000 \cdot q^4(5\%) + 4000 \cdot s_4(5\%)] \cdot q^3(7\%) + 4000 \cdot s_3(7\%)$$
$$= 63\,760{,}89.$$

Aufgabe 54: Aufgrund eines Vertrages hat jemand Anspruch auf eine nachschüssige Rente, die in den ersten 6 Jahren je 20000,– DM und in den darauffolgenden 9 Jahren je 30000,– DM betragen soll. Dieser Rentenanspruch wird durch eine einmalige Zahlung zu Beginn des ersten Jahres abgefunden. Wie hoch ist diese Abfindung, wenn mit Zinseszinsen von 7,5% gerechnet wird?

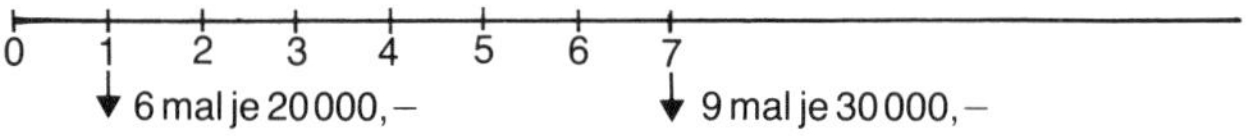

$$R_0 = 20000 \cdot a_6 + 30000 \cdot a_9 \cdot v^6$$
$$= 20000 \cdot 4{,}69385 + 30000 \cdot 6{,}37889 \cdot 0{,}647961 = 217\,875{,}15.$$

Aufgabe 55: Ein Sparer schließt einen Vertrag, mit dem er sich verpflichtet, zum Anfang des ersten Vertragsjahres 6000,– DM und vom Ende dieses Jahres an, in Jahresabständen, fünfmal je 3000,– DM zu zahlen. Es werden 6,5% Zinseszinsen gewährt.

(a) Welches Guthaben hat der Sparer zum Zeitpunkt der letzten Einzahlung?
(b) Auf welchen Betrag wächst das Guthaben bis zum Ende des 10. Jahres nach Vertragsabschluß an?

Zu (a)

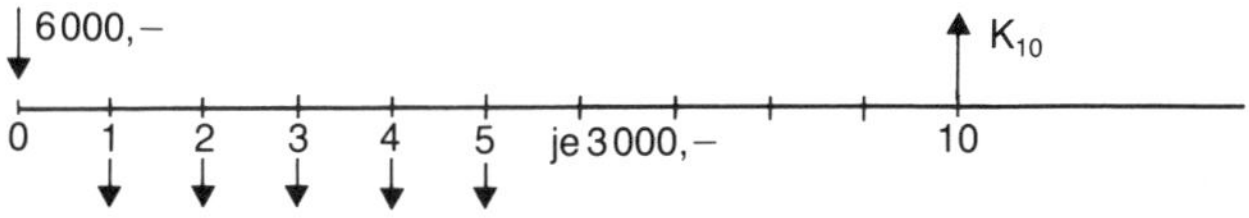

$$K_5 = 6000 \cdot q^5 + 3000 \cdot s_5$$
$$= 6000 \cdot 1{,}37009 + 3000 \cdot 5{,}69364 = 25\,301{,}46.$$

Zu (b)

$$K_{10} = K_5 \cdot q^5 = 25\,301{,}46 \cdot 1{,}37009 = 34\,665{,}28.$$

Bestimmung der Rentenrate

Die Rentenrate r bzw. r' wird manchmal auch als Rentenhöhe bezeichnet.

Aufgabe 56: Ein Lottogewinn von 100000,– DM wird auf Zinseszinsen zu 6% angelegt. Der Gewinner möchte davon 20 Jahre lang die gleiche Rentenrate abheben, so daß nach der letzten Abhebung das Kapital aufgebraucht ist. Wie hoch ist die jährliche Rentenrate, wenn die Abhebung der ersten ein Jahr nach Einzahlung des Lottogewinns erfolgt?

$$r = 100000 : a_{20} = 100000 : 11{,}46992 = 8718{,}46.$$

Aufgabe 57: Jemand will 15 Jahre lang jeweils zu Anfang eines Jahres einen gleichbleibenden Betrag einzahlen, um am Ende dieser 15 Jahre 50000,– DM zur Verfügung zu haben. Wie hoch muß der Einzahlungsbetrag sein, wenn 5,5% Zinseszinsen berechnet werden?

$r' = 50000 : s'_{15} = 50000 : 23{,}64114 = 2114{,}96.$

Aufgabe 58: Jemand legt zu Beginn eines Jahres 20000,– DM auf Zinseszinsen zu 5% an. Er will vom Ende des ersten Jahres an 10 Jahre lang sein Guthaben jährlich um einen gleichbleibenden Betrag ergänzen, damit er später 15 Jahre lang eine Jahresrente von 10000,– DM beziehen kann.

Welchen Ergänzungsbetrag muß er jährlich einzahlen, wenn die erste Rentenzahlung 4 Jahre nach der letzten Einzahlung erfolgen soll?

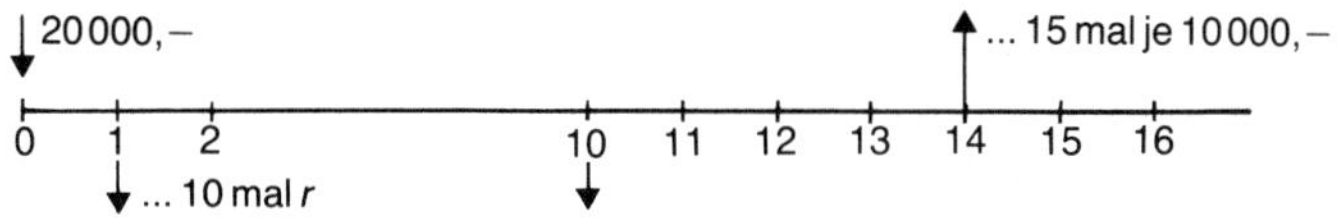

$20000 \cdot q^{14} + r \cdot s_{10} \cdot q^{4} = 10000 \cdot a'_{15}$

$20000 \cdot 1{,}97993 + r \cdot 12{,}57789 \cdot 1{,}21551 = 10000 \cdot 10{,}89864$

Ergebnis: $r = 4538{,}55.$

Aufgabe 59: Durch jährlich vorschüssige Zahlungen von 2000,– DM werden bis zum Ende des 15. Jahres einschließlich Zinseszinsen 46000,– DM angespart. Welche durchschnittliche Verzinsung liegt dieser Ersparnis zugrunde?

Da $2000 \cdot s'_{15} = 46000$ gilt, hat man $s'_{15} = 23$.

Aus der Tabelle für die vorschüssigen Endwertfaktoren entnimmt man $s'_{15}(5\%) = 22{,}65749$ und $s'_{15}(5{,}5\%) = 23{,}64114$. Durch einmalige lineare Interpolation erhält man 5,17% als Ergebnis. Setzt man diesen Wert in die Definitionsgleichung für s'_{15} ein, so erhält man

$$s'_{15}(5{,}17\%) = 1{,}0517 \cdot \frac{1{,}0517^{15} - 1}{0{,}0517} = 22{,}99.$$

Falls nötig, kann durch nochmalige Interpolation eine weitere Annäherung erzielt werden.

Aufgabe 60: Eine auf 20 Jahre festgelegte jährliche Rente von 6000,– DM wurde ein Jahr vor Auszahlung der ersten Rentenrate mit 70000,– DM abgelöst. Welcher Zinsfuß liegt hier zugrunde?

Aus $70000 = 6000 \cdot a_{20}$ hat man $a_{20} = 11{,}66667$.

Aus der Tabelle für Barwertfaktoren ist zu entnehmen:

$a_{20}(6\%) = 11{,}46992$ und $a_{20}(5{,}5\%) = 11{,}95038$.

Ergebnis bei einmaliger linearer Interpolation: 5,79%.

Berechnung der Laufzeit

Aufgabe 61: Wie lange kann aus einem Barkapital von 100000,– DM eine vorschüssige Jahresrente von 10000,– DM bezogen werden, wenn 4,5% Zinseszinsen berechnet werden?

Wegen $10000 \cdot a'_n\ (4{,}5\%) = 100000$ und damit $a'_n(4{,}5\%) = 10$ findet man aus der Tabelle für vorschüssige Barwertfaktoren: $12 < n < 13$. Die Rente von 10000,– DM kann damit 12 Jahre lang bezogen werden. Das Restguthaben K_{11} zu Beginn des 12. Jahres findet man, wenn man sowohl das anfängliche Rentenkapital als auch die laufende Rente auf den Termin „11", den Beginn des 12. Jahres, aufzinst und die Differenz bildet.

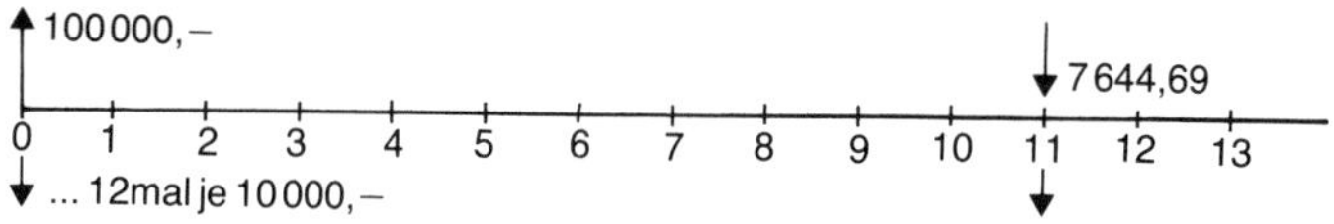

$$\begin{aligned} K_{11} &= 100000 \cdot q^{11} - 10000 \cdot s'_{12} \cdot v \\ &= 100000 \cdot 1{,}622850 - 10000 \cdot 16{,}15991 \cdot 0{,}956938 \\ &= 7644{,}69. \end{aligned}$$

Aufgabe 62: Jemand möchte ein Kapital von 200000,– DM ansparen. Er legt zu diesem Zweck jährlich 6000,– DM auf Zinseszinsen zu 5% an. Nach wieviel Jahren, von der ersten Einzahlung aus gerechnet, wird er sein Ziel erreicht haben?

Aus $6000 \cdot s_n(5\%) = 200000$ hat man $s_{20}(5\%) = 33{,}06595$. Mit Ende des 20. Jahres wird bei nachschüssiger Zahlungsweise der Endwert $R_{20} = 6000 \cdot 33{,}06595 = 198\,395{,}70$ erreicht. Seit der ersten Einzahlung sind bis dahin 19 Jahre vergangen. Um zur gewünschten Sparsumme von 200000,– DM zu kommen, sind noch zusätzlich 58 Verzinsungstage nötig.

Vermischte Aufgaben

Aufgabe 63: Herr S. verhandelt mit Herrn G. wegen der Gewährung eines Darlehens in Höhe von 50000,– DM mit folgendem Ergebnis: Herr S. wird die Zinsen zu 5,5% jährlich nachschüssig und die volle Schuld von 50000,– DM nach 10 Jahren zahlen;

Herr G. stellt zu Jahresbeginn das Darlehen zur Verfügung, wird aber den Darlehensbetrag so reduzieren, daß die künftigen Zahlungen des Herrn S. eine tatsächliche Verzinsung des Darlehens von 7% erbringen.

(a) In welcher Höhe wird Herr G. das Darlehen auszahlen?
(b) Wieviel Prozent des nominellen Darlehensbetrages von 50000,– DM beträgt die Auszahlung?
(c) Welchen Darlehensbetrag wird Herr G. auszahlen, wenn die Erhöhung des Zinsfußes auf 7 erst mit Beginn des 6. Jahres wirksam werden soll?

Erg.: (a): 44732,30 DM; (b): 89,46%; (c): 47647,07 DM.

Aufgabe 64: Zur Sicherung einer späteren Rente zahlt jemand jährlich, 10 Jahre lang, 12000,– DM bei einer Bank ein, die 5% Zinseszinsen berechnet. Die erste Einzahlung erfolgt bei Vollendung des 50. Lebensjahres.

(a) Welches Guthaben steht ihm nach Vollendung des 60. Lebensjahres zur Verfügung?

Aus diesem Guthaben soll nun 20 Jahre eine gleichbleibende Rente bezogen werden, deren erste Rentenrate bei Vollendung des 61. Lebensjahres zur Zahlung fällig wird.

(b) Wie groß wird diese Rentenrate sein?
(c) Wie groß ist das Restguthaben unmittelbar nach Abhebung der 13. Rentenrate?

Zu (a)

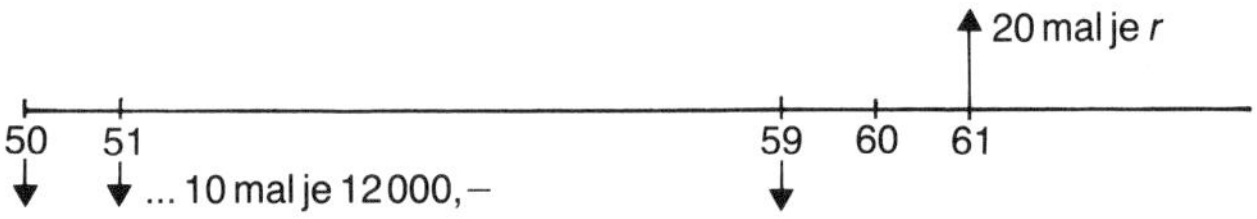

$K_{60} = R'_{10} = 12000 \cdot s'_{10} = 12000 \cdot 13{,}20679 = 158481{,}48.$

Zu (b)
Aus $K_{60} = r \cdot a_{20}$ ergibt sich: $r = 158481{,}48 : 12{,}46221 = 12716{,}96.$

Zu (c)
$$K_{60} \cdot q^{13} - r \cdot s_{13} = 158481{,}48 \cdot 1{,}88565 - 12716{,}96 \cdot 17{,}71298$$
$$= 73585{,}35.$$

Aufgabe 65: Herr Müller zahlt 11 Jahre lang vorschüssig einen gleichen Betrag an eine Rentenbank ein, setzt in den anschließenden 5 Jahren aus und zahlt in den folgenden 14 Jahren jährlich 800,– DM in nachschüssiger Zahlungsweise. Durch die Zahlungen wird ein Rentenanspruch von jährlich 4000,– DM mit zehnjähriger Laufzeit erworben. Wie hoch muß der Einzahlungsbetrag in den ersten 11 Jahren sein, wenn die erste Rentenrate vier Jahre nach der letzten Einzahlung abgehoben werden kann und die Rentenbank 7% Zinseszinsen gewährt?

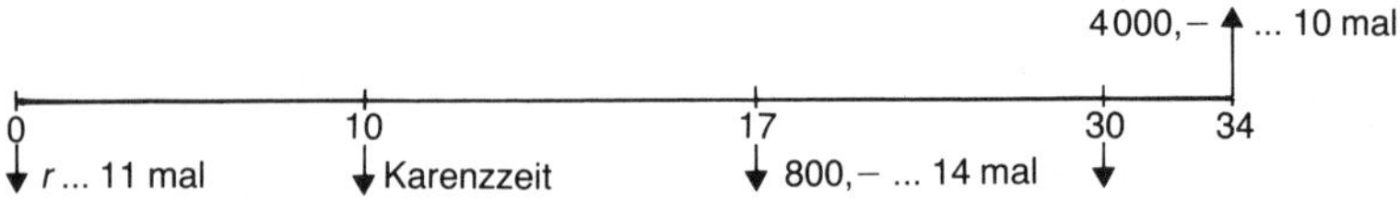

Leistung = Gegenleistung (zum Termin „34")

$r \cdot s'_{11} \cdot q^{23} + 800 \cdot s'_{14} \cdot q^{3} = 4000 \cdot a'_{10}$

$r \cdot 16{,}88845 \cdot 4{,}74053 + 800 \cdot 24{,}12902 \cdot 1{,}22504 = 4000 \cdot 7{,}51523$

Ergebnis: $r = 80{,}11$ DM.

Aufgabe 66: Jemand hat Anspruch auf folgende Leistungen: eine sofort einsetzende, jährlich-nachschüssige Rente in Höhe von 4000,– DM über 3 Jahre und eine einmalige Zahlung von 2000,– DM, fällig nach 5 Jahren. Er will dafür eine sofort einsetzende und über 7 Jahre laufende, vorschüssige Rente bekommen. Wie hoch fällt diese bei einem Zinssatz von 4,5% aus?

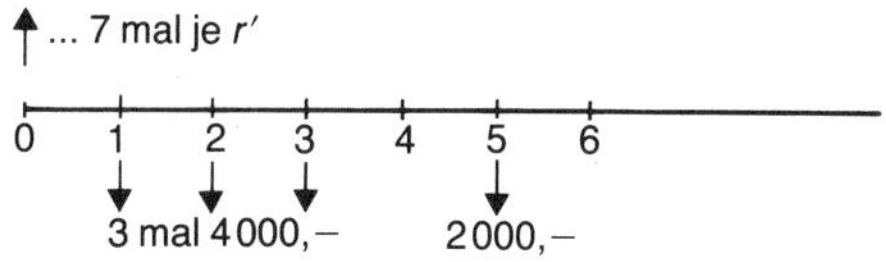

$4000 \cdot a_3 + 2000 \cdot v^5 = r' \cdot a'_7$

$4000 \cdot 2{,}74896 + 2000 \cdot 0{,}802451 = r' \cdot 6{,}15787$

Ergebnis: $r' = 2046{,}29$ DM.

Aufgabe 67: Nachdem ein Rentner von einer ihm zustehenden, auf 15 Jahre festgelegten, vorschüssigen Rente von jährlich 6000,– DM in den ersten 5 Jahren lediglich 4000,– DM bezogen hat, will er zu Anfang des 6. Jahres einen einmaligen Betrag von 12000,– DM und seinen verbliebenen Rentenanspruch in eine Jahresrente von 4400,– DM, mit Erstauszahlung zum Ende des 6. Jahres, umwandeln.

Wieviele Jahre kann er bei Berechnung von 5% Zinseszinsen diese Rente erhalten?

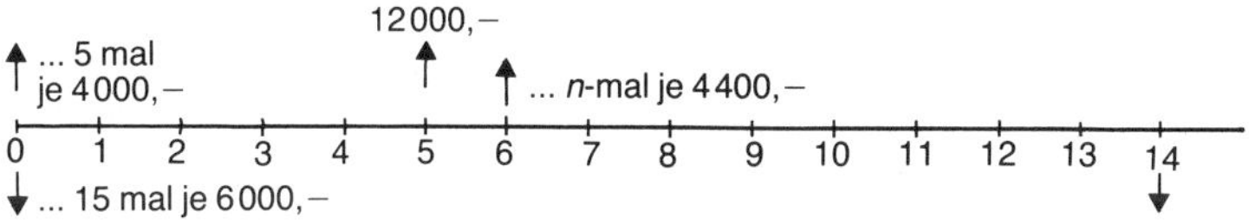

Als Bezugspunkt für die im Lösungsansatz enthaltenen Diskontierungen wird der Termin „5“ gewählt.

$6000 \cdot a'_{15} \cdot q^5 = 4000 \cdot a'_5 \cdot q^5 + 12\,000 + 4400 \cdot a_n$

Ergebnis: $a_n = 10{,}966063$ und damit $N = 16$, d.h. die Rente von 4400,– DM kann volle 16 Jahre bezahlt werden.

Zusatzfrage: Wie groß ist das Restguthaben nach der 16. Auszahlung der 4400,– DM hohen Rente?

$4400 \cdot a_n$ ist der zum Termin „5“ noch verbliebene Anspruch des Rentners,

$4400 \cdot a_{16}$ ist der zum Termin „5“ diskontierte Wert der nachfolgenden Rentenzahlungen.

Also ist $4400 \cdot a_n - 4000 \cdot a_{16}$ der Wert des Restguthabens zum Termin „5“. Zum Zeitpunkt der 16. Rentenzahlung hat man damit:

$4400(a_n - a_{16}) \cdot q^{16} = 1232{,}21.$

Aufgabe 68: Für ein auf 10 Jahre gepachtetes Grundstück sollen zu Beginn eines jeden Pachtjahres 4000,– DM bezahlt werden. Es wird mit 5% Zinseszinsen kalkuliert.

(a) Der Pächter möchte den Pachtzins in drei gleichen Raten, nämlich am Ende des zweiten, am Ende des vierten und am Ende des sechsten Jahres, bezahlen. Wie groß müssen diese Raten sein?

(b) Durch welche einmalige Zahlung am Ende des fünften Pachtjahres könnte die ganze Pachtschuld beglichen werden?

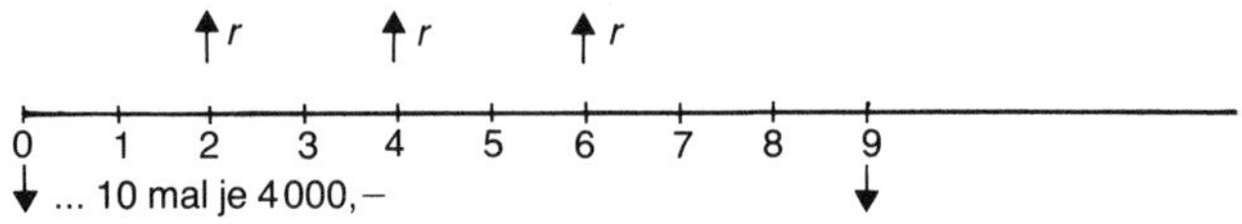

Zu (a) Als Bezugspunkt wird der Termin „6" gewählt.

$4000 \cdot a'_{10} \cdot q^6 = r(1 + q^2 + q^4)$

Ergebnis: $r = 13\,098{,}56$ DM.

Zu (b) $K_5 = r(q^3 + q + v) = 41\,391{,}60.$

Aufgabe 69: Jemand hat Anspruch auf eine Jahresrente von 25 350,42 DM, deren erste Auszahlung zu einem gewissen Jahreswechsel fällig wird. Er möchte jedoch diese Rente so umgewandelt haben, daß die Zahlungsleistungen bereits früher einsetzen. Eine Bank, die mit 6% Zinseszinsen rechnet, bietet für den Rentenanspruch alternativ zwei Umwandlungsformen an.

Erstes Angebot: Eine Jahresrente, die 14mal gewährt wird und deren erste Auszahlung 5 Jahre früher erfolgt. Zweites Angebot: Eine gegenüber dem ersten Angebot um 501,54 DM höhere Jahresrente, die zudem 16mal gewährt wird, jedoch zwei Jahre später einsetzt.

(a) In welcher Höhe bietet die Bank die Jahresrente im ersten Angebot an?

(b) Auf wieviele Jahre ist der Rentenanspruch der ursprünglichen Rente von 25 350,42 DM begrenzt?

Zu (a)

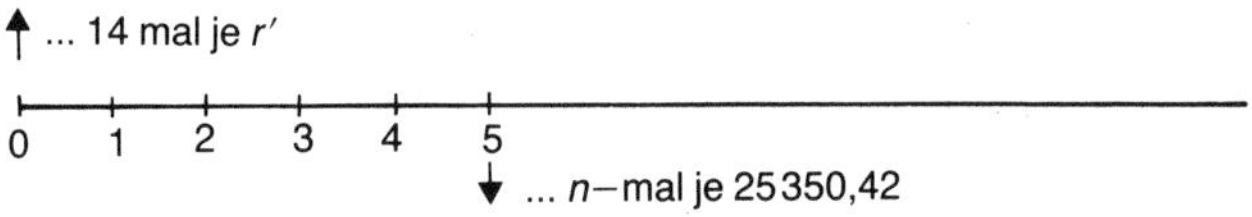

Nimmt man „0" als Bezugspunkt an, so hat man:

$r' \cdot a'_{14} = (r' + 501{,}54)a'_{16} \cdot v^2$

Ergebnis: $r' = 14997{,}83$ DM.

Zu (b)

$r' \cdot a'_{14} = 25\,350{,}42 \cdot v^5 \cdot a'_n$

Ergebnis: $a'_n = 7{,}8016912$ und damit $n = 10$ Jahre.

4.4 Unterjährliche Renten

Bisher wurde stets vorausgesetzt, daß die Renten am Anfang bzw. am Ende eines Jahres gezahlt werden. Vielfach ist jedoch die Situation eine andere, nämlich, daß die Renten mehrmals in einem Jahr gezahlt werden. In der Praxis ist der monatlichen Zahlungsweise eine besondere Bedeutung beizumessen. In den meisten Fällen kann davon ausgegangen werden, daß bei unterjährlichen Rentenzahlungen für die Verzinsung die jährliche und nachschüssige Form beibehalten wird.

Ist dies nicht der Fall, so muß der in der Aufgabenstellung enthaltene relative Zinsfuß gemäß (13) mit den Intervallen der Rentenzahlungen zur Übereinstimmung gebracht werden. Für die Behandlung von unterjährlichen Renten bieten sich grundsätzlich zwei Verfahrensweisen an. Im nachfolgenden Beispiel sollen beide behandelt werden.

Beispiel 9: Jemand zahlt fünf Jahre hindurch am Ende eines jeden Monats 500,– DM auf ein Sparkonto ein.

(a) Wie hoch ist der Kontostand am Ende des fünften Jahres, wenn die Bank 6% Zinseszinsen berechnet?

(b) Welcher Kontostand ergibt sich nach fünf Jahren, wenn die Bank vierteljährlich-nachschüssig 1,5% Zinseszinsen berechnet?

Zu (a)

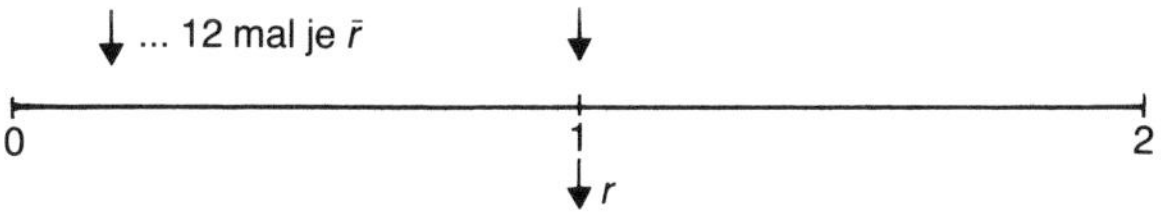

Erste Lösungsmöglichkeit

Man rechnet die vorgegebenen Monatsraten $\bar{r}$ in Jahresraten r um. Im vorgegebenem Beispiel erscheint es zweckmäßig, wenn den zwölf innerhalb eines Jahres gelegenen nachschüssigen Monatsraten $\bar{r}$ eine nachschüssige Jahresrate r zugeordnet wird. Andere Umrechnungen, etwa in vorschüssige Jahresraten r' sind aber ebenso denkbar und zulässig.

$$r = \bar{r} + \bar{r}\left(1 + \frac{i}{12}\right) + \bar{r}\left(1 + \frac{2i}{12}\right) + \ldots + \bar{r}\left(1 + \frac{11i}{12}\right)$$

$$= 12\bar{r} + \frac{\bar{r} \cdot i}{12}(1 + 2 + \ldots + 11) = 12\bar{r} + \frac{\bar{r} \cdot i}{12} \cdot \frac{12 \cdot 11}{2}$$

$$\boxed{r = \bar{r}\left(12 + \frac{11}{2}i\right)} \qquad (29)$$

Für die Umrechnung von vorschüssigen Monatsraten $\bar{r}'$ in nachschüssige Jahresraten r ergibt sich analog:

$$r = \bar{r}'\left(1 + \frac{i}{12}\right) + \ldots + \bar{r}'\left(1 + \frac{12i}{12}\right)$$

$$r = 12\bar{r}' + \frac{r \cdot i}{12}(1 + \ldots + 12)$$

$$r = \bar{r}'\left(12 + \frac{13}{2}i\right) \tag{30}$$

Ergebnis gemäß (29): $r = 6165,-$

Da die Zuordnung der tatsächlichen Rentenzahlungen im zweiten bis fünften Jahr dem ersten Jahr völlig analog ist, hat man damit die fünf Jahre dauernde monatliche Rente von 500,– DM in eine fünfmalige nachschüssige Jahresrente von jeweils 6165,– DM umgerechnet. Als Kontostand nach 5 Jahren ergibt sich:

$$R_5 = r \cdot s_5 = 6165 \cdot 5{,}63709 = 34\,752{,}66.$$

Zweite Lösungsmöglichkeit

Man bestimmt gemäß (13) jenen konformen Monatszinsfuß, der einer Effektivverzinsung von 6% entspricht.

$$q(\text{konf.}) = \sqrt[12]{1{,}06} = 1{,}00487$$

Mit dem **konformen** Zinsfuß $p(\text{konf.}) = 0{,}487$ kann der Rentenendwert R_{60} für 60 Perioden bzw. Monate errechnet werden.

Wegen $s_n = \dfrac{q^n - 1}{q - 1}$ hat man:

$$R_{60} = 500\,\frac{1{,}00487^{60} - 1}{0{,}00487} = 34\,745{,}38.$$

Zu (b)

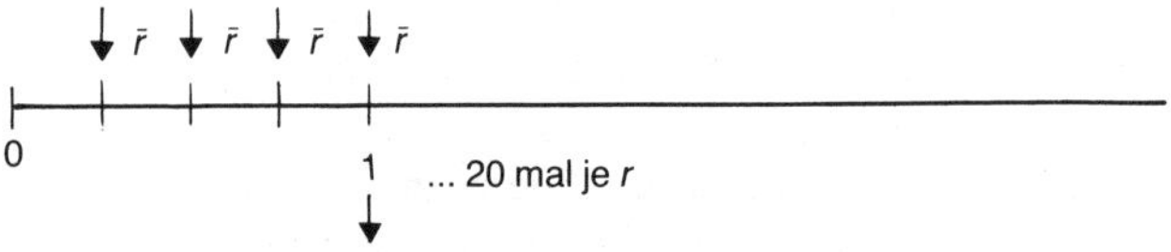

Erste Lösungsmöglichkeit

Wir rechnen die vorgegebenen Monatsraten $\bar{r}$ diesmal in Vierteljahresraten r um.

$$r = \bar{r} + \bar{r}\left(1 + \frac{i}{3}\right) + \bar{r}\left(1 + \frac{2i}{3}\right) = \bar{r}(3 + i) = 1507{,}50.$$

Als Kontostand nach 20 Vierteljahren ergibt sich jetzt:

$$R_{20} = r \cdot s_{20} = 1507{,}50\,\frac{1{,}015^{20} - 1}{0{,}015} = 34\,858{,}43.$$

Zweite Lösungsmöglichkeit

Man bestimmt jenen Monatszinsfuß, der dem gegebenen Vierteljahreszinsfuß von 1,5 zugeordnet ist.

$q(\text{monatl.}) = \sqrt[3]{1{,}015} = 1{,}004975.$

Mit dem Monatszinsfuß von 0,4975 errechnet sich der Rentenendwert:

$$R_{60} = 500\frac{1{,}004975^{60}-1}{0{,}004975} = 34\,858{,}13.$$

Aufgabe 70: Jemand hat Anspruch auf eine 50mal zahlbare Vierteljahresrente zu je 10000,– DM. Er möchte statt dessen zum Zeitpunkt der ersten Fälligkeit einen einmaligen Betrag von 100000,– DM sofort ausbezahlt bekommen und anschließend in Jahresabständen eine zehnmal auszuzahlende Rente beziehen. Wie groß ist dieser jährliche Rentenbetrag, wenn mit einer Effektivverzinsung von 8% kalkuliert wird?

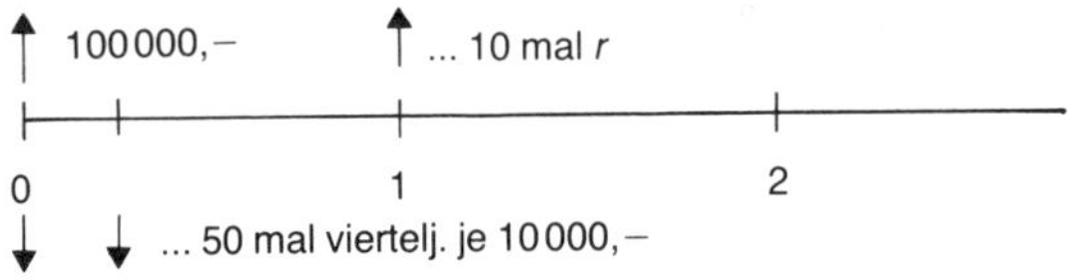

$q(\text{viertelj.}) = \sqrt[4]{1{,}08} = 1{,}01943$

$$R_0 = 10000\frac{1{,}01943^{50}-1}{1{,}01943^{50}\cdot 0{,}01943} = 318\,034{,}91.$$

Nachschüssige zehnmalige Jahresrente r:

$r = 218\,034{,}91 : 6{,}71008 = 33\,414{,}40.$

Aufgabe 71: Jemand verfügt zu Beginn eines Kalenderjahres über ein Bankguthaben von 30000,– DM, es wird mit 6,5% verzinst. Zum Jahresende werden 2000,– DM eingezahlt und dem Guthaben zugeführt. Jeweils zum Jahresende der folgenden vier Jahre erfolgt eine weitere Einzahlung, die dem jeweiligen Vorjahr gegenüber um 1000,– DM höher ist.

(a) Auf welchen Betrag wird das Bankguthaben nach der fünften Einzahlung angewachsen sein?

(b) Welche zehnmalige Jahresrente kann mit dem Gesamtguthaben finanziert werden, wenn die erste Rentenzahlung vier Jahre nach der letzten Spareinzahlung erfolgen soll?

(c) Wie groß ist der einzelne Rentenbetrag bei (b), wenn von der jährlichen zur monatlichen Zahlungsweise gewechselt wird, wobei Laufzeit und Zeitpunkt der ersten Rentenauszahlung gleich bleiben sollen?

Zu (a) $K_5 = 30000\cdot q^5 + 2000\cdot q^4 + 3000\cdot q^3 + 4000\cdot q^2 + 5000\cdot q + 6000$
$= 63\,161{,}40.$

Zu (b) $63\,161{,}40 \cdot q^3 = r \cdot a_{10}$

Ergebnis: $r = 10613{,}11$.

Zu (c)

$$\bar{r}'\left(1+\frac{i}{12}\right)+\bar{r}'\left(1+\frac{2i}{12}\right)+\ldots+\bar{r}'\left(1+\frac{12i}{12}\right)=10613{,}11\cdot q$$

Ergebnis: $\bar{r}' = 909{,}87$ DM.

Aufgabe 72: Eine Bank bietet für eine siebenjährige Ansparung von jährlich 2400,– DM als Gegenleistung eine Rente mit zwölfjähriger Laufzeit. Die erste Rentenzahlung erfolgt ein Jahr nach der letzten Ansparungseinzahlung.

(a) Welche Jahresrente wird die Bank auszahlen, wenn sie mit einer Verzinsung von 6% kalkuliert?

(b) Welcher Rentenbetrag ergibt sich, wenn anstelle der jährlichen Rentenleistungen unter (a) eine halbjährliche Auszahlungsweise angeboten und die Effektivverzinsung von 6% beibehalten werden soll?

Zu (a)

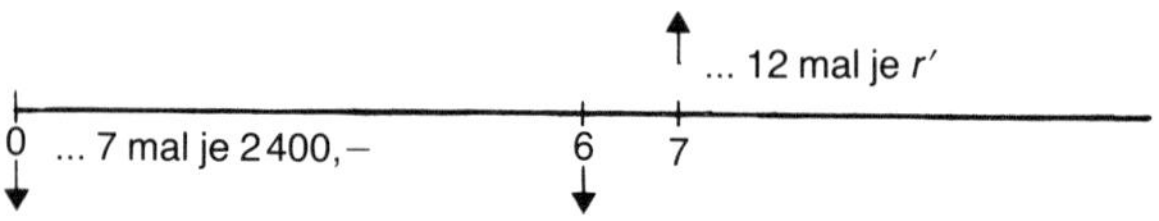

$$2400 \cdot s'_7 = r' \cdot a'_{12}$$

Ergebnis: $r' = 2402{,}86$ DM.

Zu (b)

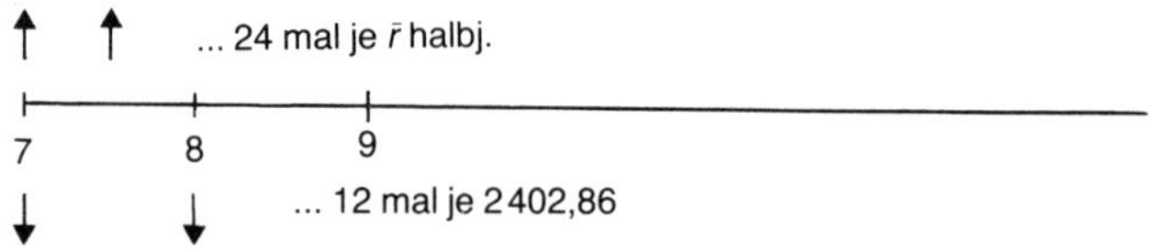

$$2402{,}86 \cdot q = \bar{r}' \cdot q + \bar{r}'\left(1+\frac{i}{2}\right)$$

Ergebnis: $\bar{r}' = 1218{,}68$ DM.

Aufgabe 73: Die Einlage eines Bankkunden wurde vier Jahre lang mit 6% und dann sechs Jahre mit 5% und anschließend 3 Jahre mit 3% verzinst und hatte dann einen Wert von 9243,67 DM. Wie hoch war die ursprüngliche Einlage?

$K_0 \cdot 1{,}06^4 \cdot 1{,}05^6 \cdot 1{,}03^3 = 9243{,}67$

$K_0 = 5000{,}-$ DM.

Aufgabe 74: Ein Unternehmer hinterläßt am Jahresende einen Betrieb, der einen Wert von 700000,– DM repräsentiert. In seinem Testament verfügt er, daß sein zweiter Sohn, dem erbrechtlich ein Sechstel der Erbmasse zusteht, den Betrieb übernehmen soll, sofern er die folgenden Verpflichtungen erfüllt:

(a) Die Witwe erhält ab sofort eine Jahresrente von 48 000,– DM, die zehn Jahre lang vorschüssig zu zahlen ist.
(b) Der erste Sohn erhält sechs Jahre lang halbjährlich eine vorschüssige Rente von 8000,– DM; die erste Auszahlung erfolgt drei Jahre nach der Hinterlassenschaft.
(c) Die Tochter erhält ab sofort halbjährlich 10 000,– DM fünf Jahre lang nachschüssig und dann, zwei Jahre nach der letzten Auszahlung, zusätzlich und einmalig 50 000,– DM für Aussteuerzwecke.
(d) An einen früheren Mitarbeiter sind noch 80 Vierteljahresquoten von je 2400,– DM nachschüssig zu zahlen.

Der zweite Sohn überprüft nun, ob er das Testament annehmen soll. Als Zinsfuß gelte $p=8$ p.a.

Welcher Teil aus der Erbmasse verbleibt dem zweiten Sohn?

Die zwölf halbjährlichen vorschüssigen Zahlungen an den ersten Sohn können zu sechs nachschüssigen Jahresraten r umgerechnet werden.

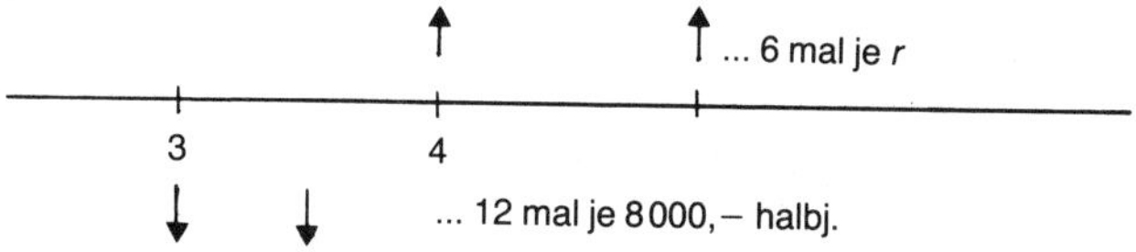

$$r = 8000(1+i) + 8000\left(1+\frac{i}{2}\right) = 16\,960,-$$

Die zehn halbjährlich nachschüssigen Zahlungen an die Tochter können zu fünf nachschüssigen Jahresraten r umgerechnet werden.

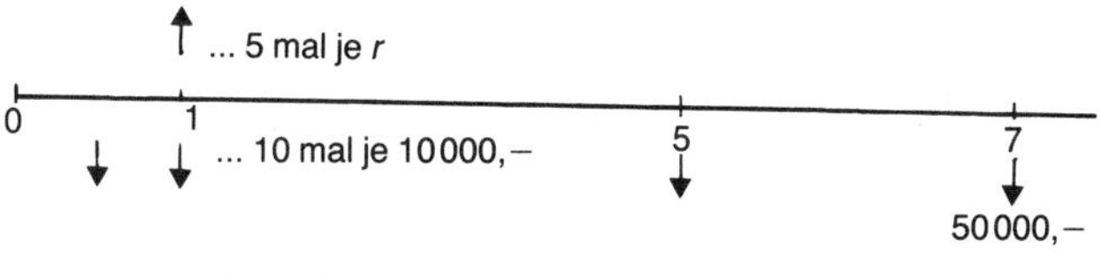

$$r = 10\,000 + 10\,000\left(1+\frac{i}{2}\right) = 20\,400,-$$

Die 80 Vierteljahresraten des Mitarbeiters können schließlich durch 20 nachschüssige Jahresraten r ersetzt werden.

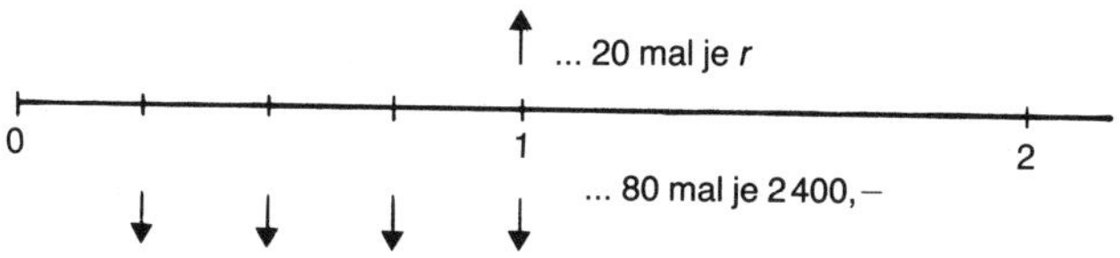

$$r = 2400 + 2400\left(1 + \frac{1i}{4}\right) + 2400\left(1 + \frac{2i}{4}\right) + 2400\left(1 + \frac{3i}{4}\right)$$

$$= 9600 + 2400 \cdot \frac{3i}{2} = 9888,-$$

Der dem zweiten Sohn verbleibende Barwert B berechnet sich:

$$B = 700000 - (48000 \cdot a'_{10} + 20400 \cdot a_5 + 9888 \cdot a_{20} + 16960 \cdot a_6 \cdot v^2$$
$$+ 50000 \cdot v^7)$$
$$= 77222{,}78.$$

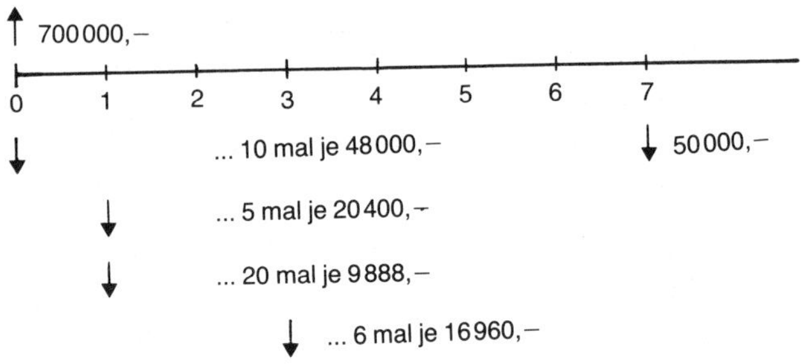

Da der verbleibende Betrag kleiner ist als ein Sechstel der Erbmasse, wird der zweite Sohn das Testament nicht annehmen.

Anmerkung: Selbstverständlich hätte die Aufgabe auch auf der Basis konformer Verzinsung gelöst werden können.

Aufgabe 75: Nach dem Bundesversorgungsgesetz können Grundrenten in bestimmten Fällen kapitalisiert (d. h. im voraus in einem Abfindungsbetrag bezahlt) werden. Für zehn Rentenraten wird der neunfache Jahresbetrag ausgezahlt. Welcher Zinsfuß liegt diesem verwaltungsmäßig vereinfachten Verfahren zugrunde, wenn die Versorgungsrente als vorschüssige Jahresrente bezahlt wird?

$9r' = r' \cdot a'_{10}$, also $a'_{10} = 9 = a_9 + 1$ und damit $a_9 = 8$.

Aus der Tabelle für Barwertfaktoren ist zu entnehmen, daß der Zinssatz zwischen 2% und 3% liegt.

Ergebnis: Durch einmalige lineare Interpolation erhält man 2,43% als erste Näherung.

4.5 Progressive Rente

Gegenwärtig gewinnen zunehmend Renten an Bedeutung, die nicht auf eine konstant bleibende Rentenrate ausgerichtet sind, sondern, bei denen eine Rentenprogression vereinbart wird. Nicht selten werden derartige Wünsche mit „schleichender Geldentwertung" oder ähnlichen Argumenten begründet.

Soll die Jahresrentenrate r jährlich um einen vorgegebenen Prozentsatz steigen, so hat man es mit einer **geometrisch fortschreitenden Rente** zu tun. Soll die Rente von Jahr zu Jahr um einen vorgegebenen Betrag erhöht werden, so spricht man von einer **arithmetisch fortschreitenden Rente.** Erfolgt die jährliche Rentenänderung weder arithmetisch noch geometrisch, sondern nach anderen Normen, so muß man in aller Regel die Rentenraten einzeln auf- bzw. abzinsen. Nachfolgend soll anhand zweier Beispiele sowohl die geometrisch als auch die arithmetisch fortschreitende Rente behandelt werden.

Beispiel 10: Welchen Barwert besitzt eine nachschüssige Jahresrente von zehn Jahren Dauer, wenn die erste Rentenrate 4000,– DM beträgt, die jeweils folgende Rentenrate gegenüber der vorhergehenden um 4% erhöht wird und, die Rentenbank 6% Zinseszinsen berechnet?

Wird eine Rente jährlich um den Prozentsatz i gesteigert, so stellt sich das allgemeine Bild dieser geometrisch fortschreitenden Rente dar:

$r, r(1+i), r(1+i)^2, \ldots, r(1+i)^{n-1}$

Den dabei auftretenden Faktor $1+i=t$ bezeichnen wir auch als **Progressionsfaktor** der geometrisch fortschreitenden Rente. Für das allgemeine Bild ergibt sich jetzt:

Für $t=1$ bleibt der Rentenbetrag immer r,

für $t>1$ steigen die Rentenbeträge an, für $t<1$ fallen sie.

Unter Zugrundelegung eines Zinsfußes $p\%(i)$ soll der **Endwert einer geometrisch fortschreitenden Rente ermittelt werden.**

$$R_n = r \cdot q^{n-1} + r \cdot t \cdot q^{n-2} + r \cdot t^2 \cdot q^{n-3} + \ldots\ldots + r \cdot t^{n-2} \cdot q^1 + r \cdot t^{n-1} =$$

$$= r \cdot q^{n-1} \cdot \left(1 + \frac{t}{q} + \frac{t^2}{q^2} + \ldots\ldots\ldots + \frac{t^{n-2}}{q^{n-2}} + \frac{t^{n-1}}{q^{n-1}}\right) =$$

$$= r \cdot q^{n-1} \cdot \left[1 + \left(\frac{t}{q}\right) + \left(\frac{t}{q}\right)^2 + \ldots\ldots + \left(\frac{t}{q}\right)^{n-2} + \ldots. + \left(\frac{t}{q}\right)^{n-1}\right]$$

Der Klammerausdruck ist eine geometrische Reihe mit dem Anfangsglied 1 und dem Quotienten t/q. Also ist:

$$R_n = r \cdot q^{n-1} \cdot \frac{\left(\frac{t}{q}\right)^n - 1}{\frac{t}{q} - 1} = r \cdot q^{n-1} \cdot \frac{\frac{t^n}{q^n} - 1}{\frac{t}{q} - 1} = r \cdot q^{n-1} \cdot \frac{t^n - q^n}{q^n \cdot \left(\frac{t}{q} - 1\right)}$$

$$R_n = r \cdot \frac{t^n - q^n}{t - q} \qquad (31)$$

Ist die Rentenfolge $r, r \cdot t, r \cdot t^2$ eine **vorschüssige Rente,** dann ist

$$R'_n = R_n \cdot q = R_n : v$$

$$R'_n = r \cdot \frac{t^n - q^n}{t \cdot v - 1} = r \cdot \frac{q^n - t^n}{1 - t \cdot v} (v \cdot q = 1!)$$

Die Barwerte der nachschüssigen oder vorschüssigen, geometrisch fortschreitenden Rente ergeben sich durch Abzinsung der Endwerte

$$R_0 = \frac{r}{q^n} \cdot \frac{t^n - q^n}{t - q} \qquad R'_0 = \frac{r}{q^n} \cdot \frac{t^n - q^n}{t \cdot v - 1}$$

Zum einführenden Beispiel: Bei einem jährlichen Steigerungssatz von 4% ist $t = 1{,}04$.

$$R_0 = \frac{4000}{1{,}06^{10}} \cdot \frac{1{,}06^{10} - 1{,}04^{10}}{1{,}06 - 1{,}04} = 34\,688{,}56.$$

Sind aber der Steigerungssatz und der Verzinsungssatz gleich groß, so versagt die Formel, denn es wäre z. B. bei 4%:

$$R_n = r \cdot \frac{1{,}04^{10} - 1{,}04^{10}}{1{,}04 - 1{,}04} = r \cdot \frac{0}{0}$$

R_n kann hier nur aus der Entwicklung $R_n = r \cdot q^{n-1} \cdot \left(1 + \frac{t}{q} + \left(\frac{t}{q}\right)^2 \ldots\right)$ gefunden werden. Die Brüche t/q haben alle den Wert 1.

Also ist: $R_n = r \cdot 1{,}04^9 \cdot (1+1+1+1+1+1+1+1+1+1) = 10 \cdot r \cdot 1{,}04^9$

$$R_n = 14{,}233 \cdot r$$

Dieser Wert liegt zwischen den Ergebnissen bei 3% und 5%.

Beispiel 11: Eine nachschüssige Jahresrente von zehnjähriger Dauer setzt mit 5000,– DM ein und wird von Jahr zu Jahr um $d = 200,-$ DM gesteigert. Wie groß ist der Barwert dieser Rente, wenn 7% Zinseszinsen berechnet werden?

Allgemein gilt folgende Übersicht:
Ende des 1. Jahres: r
Ende des 2. Jahres: $r + d$
Ende des 3. Jahres: $r + 2d$
. . . .
Ende des n-ten Jahres: $r + (n-1)d$
Der Barwert der jährlichen Rente ist dann:

$$R_0 = r \cdot v + (r+d) \cdot v^2 + (r+2d) \cdot v^3 + \ldots + [r + (n-1)d] \cdot v^n$$
$$= (r \cdot v + r \cdot v^2 + r \cdot v^3 + \ldots + r \cdot v^n) +$$
$$+ [d \cdot v^2 + 2d \cdot v^3 + 3d \cdot v^4 + \ldots + (n-1)d \cdot v^n]$$

Der erste Klammerausdruck ist der Barwert der gleichbleibenden Rente r, also: $r \cdot a_n$; d. h.:

$$R_0 - r \cdot a_n = d \cdot v^2 + 2d \cdot v^3 + 3d \cdot v^4 + \ldots + (n-1)d \cdot v^n$$

Multipliziert man die beiden Seiten der Gleichung mit v, dann erhält man:

$(R_0 - r \cdot a_n) \cdot v = d \cdot v^3 + 2d \cdot v^4 + \ldots + (n-2)d \cdot v^n + (n-1)d \cdot v^{n+1}$

Durch Subtraktion ergibt sich:

$(R_0 - r \cdot a_n) - (R_0 - r \cdot a_n) \cdot v = d \cdot v^2 + d \cdot v^3 + \ldots + d \cdot v^{n-1}$
$+ d \cdot v^n - (n-1)d \cdot v^{n+1}$

Dividiert man diese Gleichung durch v, dann ist:

$$(R_0 - ra_n) \cdot \frac{1-v}{v} = d \cdot v + d \cdot v^2 + d \cdot v^3 + \ldots + d \cdot v^{n-1} - (n-1)d \cdot v^n$$

Nun ist: $\frac{1-v}{v} = q - 1 = i$ und $-(n-1)d \cdot v^n = 1 \cdot d \cdot v^n - n \cdot d \cdot v^n$

Damit ergibt sich:

$(R_0 - ra_n) \cdot i = d \cdot (v + v^2 + v^3 + v^4 + \ldots + v^{n-1} + v^n - \mathrm{n} \cdot v^n)$

Weil jedoch $v + v^2 + v^3 + \ldots + v^{n-1} + v^n = a_n$ gilt, ist

$$(R_0 - r \cdot a_n) \cdot i = d \cdot (a_n - n \cdot v^n); \; R_0 - r \cdot a_n = \frac{d}{i}(a_n - n \cdot v^n)$$

und damit endgültig:

$$\boxed{R_0 = r \cdot a_n + \frac{d}{i} \cdot (a_n - n \cdot v^n)} \qquad (32)$$

Für unser Beispiel hat man:

$$R_0 = 5000 \cdot 7{,}02358 + \frac{200 \cdot 100}{7} \cdot (7{,}02358 - 10 \cdot 0{,}934579^{10})$$
$$= 40661{,}07.$$

4.6 Leibrente

Die Behandlung der Leibrente ist keine echte Aufgabe der Finanzmathematik, vielmehr eine Angelegenheit der Versicherungsmathematik, bzw. der Versicherungswirtschaft. Im Rahmen des Gesamtthemas „Renten“ ergeben sich aber Zusammenhänge, auf die kurz hingewiesen werden soll.

Die bisher behandelten Renten kann man, abgesehen von der ewigen Rente, als Zeitrenten bezeichnen. Die Dauer der Rentenzahlung war festgelegt oder konnte berechnet werden.

Eine Leibrente ist eine jährlich zu zahlende Rente, die an das Leben des Empfängers gebunden ist, d.h. die Rente ist zu zahlen, so lange der Empfänger lebt.

Im Gegensatz zu den Zeitrenten ist bei der Leibrente von der „mittleren Lebenserwartung“ auszugehen, die an Hand der „Sterbetafel“ festgestellt wird.

Eine Leibrente wird in der Regel durch einen „Verkauf auf Rentenbasis" begründet, etwa durch den Verkauf eines Hauses, wobei der Verkaufswert nicht sofort bezahlt, sondern durch die Leibrente abgegolten wird. Die Berechnung des Kapitalwerts (Barwerts) der Leibrente erfolgt durch Anwendung der Barwertfaktoren bei einem Zinsfuß von 5,5%, d.h.

$$K_0 = r \cdot a_n, \text{ bzw. } r = K_0 \cdot \frac{1}{a_n},$$

wenn der Rentenbetrag zu berechnen ist.

Die **Kapitalisierungsfaktoren** (Barwertfaktoren) sind im Bewertungsgesetz vorgeschrieben. Aus den Barwertfaktoren kann an Hand der Tabelle der Barwertfaktoren die der Bestimmung der Kapitalisierungsfaktoren zugrunde gelegte mittlere Lebenserwartung ermittelt werden.

Die nachstehende Übersicht geht aus vom Alter des Rentners bei Begründung der Leibrente. Die mittlere Lebenserwartung ist ein Durchschnittswert. Die Einzelfälle werden früher oder später eintreten. Der Kapitalisierungsfaktor bezieht sich auf den Jahresbetrag.

Alter des Rentners	40	50	60	70	80	
Kapitalisierungsfaktor	15	13	11	7	4	(a_n) bei 5,5%
Mittlere Lebenserwartung	33	24	18	10	5	

Sterbetafel für 1984/86 nach dem Statistischen Jahrbuch 1988

Vollendetes Altersjahr	männlich	weiblich	Vollendetes Altersjahr	männlich	weiblich
	Lebenserwartung in Jahren im Alter			Lebenserwartung in Jahren im Alter	
0	71,54	78,10	45	29,33	34,96
1	71,27	77,73	50	24,98	30,34
2	70,33	76,78	55	20,89	25,96
5	67,41	73,85	60	17,10	21,55
10	62,49	68,92	65	13,68	17,46
15	57,56	63,98	70	10,58	13,63
20	52,59	59,08	75	7,96	10,21
25	48,07	54,19	80	5,94	7,36
30	43,30	49,31	85	4,46	5,22
35	38,56	44,46	90	3,61	3,79
40	33,88	39,67			

Quelle: Statistisches Jahrbuch 1988, S. 76.

4.7 Ewige Rente

Zur Einführung: Jemand hat bei einer Bank ein Kapital K auf Zinseszinsen zu $p\%$ angelegt. Er hebt vom Ende des ersten Jahres an jährlich (nachschüssig) einen gleichbleibenden Betrag ab. Dabei können folgende Fälle auftreten:

- Die Abhebung ist **kleiner,** als die Zinsen vom Ende des ersten Jahres. Das Kapital wird anwachsen.
- Die Abhebung ist **größer,** als die Zinsen vom Ende des ersten Jahres. Das Kapital wird von Jahr zu Jahr kleiner. Durch die jährlichen Abhebungen wird das Kapital angegriffen und schließlich aufgebraucht.
- Die Abhebungen erfolgen jährlich nur **in Höhe der angefallenen Zinsen.** Das Kapital verändert sich nicht, die Zinsen bleiben (bei gleichbleibendem Zinsfuß) die gleichen.

Die Abhebung kann ohne zeitliche Beschränkung erfolgen. Man spricht in diesem Fall von einer ewigen Rente.

Aufgabe 76: Welches Kapital K muß bei einer Verzinsung mit $p\%$ angelegt werden, damit auf unbegrenzte Zeit eine jährliche, **nachschüssige** Rente r zur Verfügung steht?

Es muß sein: $K=\frac{r}{p}\cdot 100=r\cdot\frac{100}{p}=\frac{r}{i}=\frac{r}{q-1}$, also

$$\boxed{K=\frac{1}{i}\cdot r} \qquad (33)$$

$100/p=1/i$ ist der Kapitalisierungsfaktor. K ist der Barwert der ewigen Rente, der auch aus der Formel für den Barwert einer nachschüssigen Rente (für $n\to\infty$) gefunden werden kann.

Bei einer Verzinsung mit 4% ist $K=25\cdot r$, bei 5% ist $K=20\cdot r$.

Hinweis: Die Werte $100/p=1/i$ sind die Höchstwerte der Barwertfaktoren a_n.

Aufgabe 77: Jemand erhält, zur Abfindung eines Anspruchs, ein Kapital, das auf Zinsen zu $p(\%)$ angelegt wird. Vom **Anfang** des ersten Jahres an wird jährlich der Betrag r' abgehoben. Wie hoch kann r' sein, wenn die Abhebung zeitlich unbegrenzt möglich sein soll?

Dieser vorschüssige Rentenvorgang kann rechnerisch in einen nachschüssigen verwandelt werden, wenn man jedes r' um ein Jahr aufzinst.

Es ist dann: $r'\cdot q=r$, d.h. $r'=r:q$

Die Kapitalisierungsformel $K=r\cdot\frac{100}{p}$ geht über in $K=r'\cdot q\cdot\frac{100}{p}$

$K = r' \cdot \frac{q}{i} = r' \cdot \frac{1}{i \cdot v}$, also ist $r' = K \cdot i \cdot v$

Aufgabe 78: Aus einem mit 5%-iger Verzinsung angelegtem Kapital K wird nachschüssig eine ewige Rente in Höhe von jährlich 10000,– DM gewährt. Welcher jährlicher Rentenbetrag steht dann zur Verfügung, wenn man die ewige Rente in eine auf 20 Jahre begrenzte vorschüssige Rente umwandelt?

Aus $K = r/i$ ergibt sich:

$K = 10\,000 : 0{,}05 = 200\,000,-$

Für eine nachschüssige Rente hat man:

$K = r \cdot a_n$ und damit $r = 16\,048{,}66$

Bei vorschüssiger Rente muß dieser Betrag noch ein Jahr abgezinst, d.h. mit (5%) = 0,952381 multipliziert werden. Man erhält dadurch: $r' = 15\,284{,}44$ DM.

Es sei vermerkt, daß man zur vorschüssigen Rente auch dadurch kommen kann, daß man das Kapital K der nachschüssigen Rente ein Jahr abzinst und so den Rentenvorgang in einen vorschüssigen umwandelt.

Aufgabe 79: Eine Stiftung von 400000,– DM ist mit der Auflage verbunden, daß die einfachen Zinsen des Kapitals als Stipendien verwendet werden, sobald sie den Betrag von 25000,– DM überschreiten.

Nach wieviel Jahren kann bei einer Verzinsung von 4,5% das erste Stipendium vergeben werden?

Damit 25000,– DM Zinsen erzielt werden, ist gemäß (33) ein Kapital $K = \frac{25\,000 \cdot 1000}{45} = 555\,555{,}55$ nötig.

$400\,000 \cdot q^n > 555\,555{,}55$, also $q^n > 1{,}388$

Aus der Tabelle kann daraus ganzzahlig $N = 8$ Jahre entnommen werden.

5. Investitionen

5.1 Zum Investitionsbegriff

In der Literatur werden die Begriffe „Investition" und **„Finanzierung"** unterschiedlich verwendet. Finanzmathematisch ist es zweckmäßig, wenn Investitionen und Finanzierungen ausschließlich auf Zahlungsgrößen bezogen werden. Von einer Investition sprechen wir zum Beispiel, wenn in einem Unternehmen eine neue Produktionsmaschine angeschafft wird oder, wenn ein Betrieb Ausgaben für Fortbildung tätigt, die im Rahmen der Umstellung auf elektronische Datenverarbeitung entstehen. Es ist also unerheblich, ob die Ausgaben der Anschaffung von Sachwerten oder anderen Zwecken, etwa der Fortbildung bzw. Umschulung des Betriebspersonals, dienen. Kennzeichnend für die Investition ist vielmehr, daß die Ausgaben in der Absicht getätigt werden, später dadurch Einnahmen zu erzielen. Als charakteristisches Beispiel mag der Kauf einer Aktie gelten. Durch den Kauf wird eine Ausgabe getätigt, die mit der Erwartung auf Einnahmen in Form von Dividenden oder Kurssteigerung verknüpft ist. Als Fehlinvestition wird man eine solche Ausgabe in dem Maß einzuordnen haben, wie Dividenzahlung und Kurssteigerung hinter den Erwartungen zurückbleiben.

Beginnen die Investitionen im Regelfall stets mit einer Ausgabe, so ist dies bei Finanzierungen genau umgekehrt: Finanzierungen beginnen mit einer Einnahme. Die Aufnahme eines Kredites kennzeichnet den Sachverhalt: Durch die Auszahlung eines Kredites an einen Unternehmer erzielt dieser zunächst eine Einnahme. Spätere Zins- und Tilgungszahlungen sind Ausgaben, die der Ersteinnahme zugeordnet sind und die mit ihr die Finanzierung charakterisieren.

Sowohl bei den Investitionen als auch bei den Finanzierungen handelt es sich um funktionale Beziehungen von Einnahmen mit Ausgaben. Während bei Investitionen die Ausgaben als unabhängige und die Einnahmen als davon abhängige Variable in die funktionale Beziehung eingehen, ist dies bei den Finanzierungen genau umgekehrt. Hier sind die Einnahmen als unabhängige und die Ausgaben als davon abhängige Variable der funktionalen Beziehung anzusehen. Sowohl bei Investitionen als auch bei Finanzierungen fallen Ausgaben und Einnahmen nicht gleichzeitig an, in der funktionalen Beziehung ist daher stets die Zeit als weitere Variable enthalten. Investitionen und Finanzierungen sind also mit Ausgaben und Einnahmen verbunden, deren unterschiedliche Höhen und Zeitpunkte bei Investitions-

und Finanzierungsentscheidungen zu berücksichtigen sind. Mithin sind die finanzmathematischen Verfahren für beide Entscheidungsarten gleichermaßen anwendbar. Die Daten einer konkret vorgegebenen Investition oder Finanzierung können selbstverständlich so beschaffen sein, daß sie sich für ein bestimmtes finanzmathematisches Verfahren besonders eignen. Gegebenenfalls wird man dann auf dieses zurückgreifen, da ein von Risiko völlig freies Verfahren ohnehin nicht existiert bzw. nicht existieren kann. Finanzierungs- und Investitionsentscheidungen sind ja stets in die Zukunft orientiert, man hat sich deshalb mit Daten und Werten zu befassen, die weitgehend auf Schätzungen basieren und denen daher stets auch ein Unsicherheitsfaktor anhaftet.

Dies gilt sowohl bei Investitionen in Sachanlagen als auch bei Investitionen in Form von Finanzanlagen. Als Beispiel dafür können etwa die nichtfestverzinslichen Wertpapiere gelten. Manchmal mag es für eine Finanzierungs- oder Investitionsentscheidung schon hilfreich sein, wenn verschiedene kritische Werte aufgefunden werden können, oder ihr funktionaler Zusammenhang einigermaßen dargestellt bzw. erkannt werden kann. In der Praxis sind zudem einige Verfahren verbreitet, die zwar stets zu einer überschlägigen Abschätzung der **Rentabilität** einer Investition führen, aber gerade deshalb den finanzmathematischen Erfordernissen einer Investitionsrechnung nicht voll genügen können. Da der Rechenaufwand bei Abschätzungen wegen den vorgenommenen Vereinfachungen in der Regel erheblich vermindert wird, haben diese dennoch für überschlägige Kostenvergleiche und bei kleineren Investitionen eine beachtenswerte Bedeutung. Kostenvergleichsrechnung bzw. Gewinnvergleichsrechnung beinhalten Methoden dieser Art, die auch als statische oder **einperiodische Verfahren** bezeichnet werden. Selbst bei den hier zu behandelnden **dynamischen Verfahren** der Investitionsrechnung sei nochmals darauf hingewiesen, daß sie für den Investor lediglich Entscheidungshilfen liefern können. Unsicherheiten bei den geschätzten Ausgangsdaten sind bei einer Investitions- oder Finanzierungsentscheidung gewiß von großer Bedeutung, können jedoch bei der Investitionsrechnung selbst nicht berücksichtigt werden.

Für die finanzmathematische Behandlung ist es nicht nötig, den zentralen Begriff der Investition, etwa im Hinblick auf seinen vermögensbestimmenden Bezug, aufzugliedern oder abzugrenzen. In vielen Bereichen sind hier die Übergänge ohnehin fließend. Es genügt, wenn auf die fundamentale Auswirkung jedweder Investition zurückgegriffen wird: In einer Folge von Zeitabschnitten werden Ausgaben getätigt, denen eine weitere Folge von Einnahmen zugeordnet ist. Als Zeitabschnitt, auch Periode genannt, wird in der Regel das Jahr gewählt. Zu Beginn des ersten Zeitabschnittes bzw. der ersten Periode wird man in den meisten Fällen Anschaffungskosten als Ausgaben haben. Der Zahlungsverkehr während der ersten Periode bzw. während des ersten Jahres wird am Ende der Periode zu einem ersten **Perio-**

denüberschuß zusammengefaßt. Den Zahlungsverkehr der weiteren Jahre wird man in gleicher Weise zu entsprechenden Periodenüberschüssen zusammenfassen. In der Regel werden die während des Jahres erzielten Einnahmen gegenüber den Ausgaben überwiegen und damit zu einem positiven Periodenüberschuß führen. Es ist aber durchaus möglich, daß zwischendurch auch wieder einmal negative Periodenüberschüsse auftreten. Gegebenenfalls wird man am Ende der letzten Periode einen etwaigen Liquidationserlös als Einnahme in den Periodenüberschuß miteinbringen. Vom Investitionszeitpunkt aus gesehen, sind Periodenüberschüsse künftig anfallende Größen, die von mannigfachen betriebs- und volkswirtschaftlichen Verhältnissen und Entwicklungen beeinflußt werden. Unvorhergesehene Reparaturen können beispielsweise einen prognostizierten Periodenüberschuß ebenso über den Haufen werfen wie konjunkturielle Einflüsse. Es ist daher im Regelfall durchaus vertretbar, wenn bei einer Investitionsentscheidung der im Laufe eines Jahres erwartete Zahlungsverkehr am Ende des Jahres zu einem Periodenüberschuß zusammengefaßt und abgeschätzt wird. Die Beeinflussung des Geldverkehres während des Jahres durch anfallende Soll- oder Habenzinsen kann bei einer Prognose mit in das Kalkül aufgenommen werden. Für einige Verfahren der Investitionsrechnung ist es zweckmäßig, wenn zunächst geklärt wird, ob es sich um eine **Normalinvestition** oder um eine **Nichtnormalinvestition** handelt.

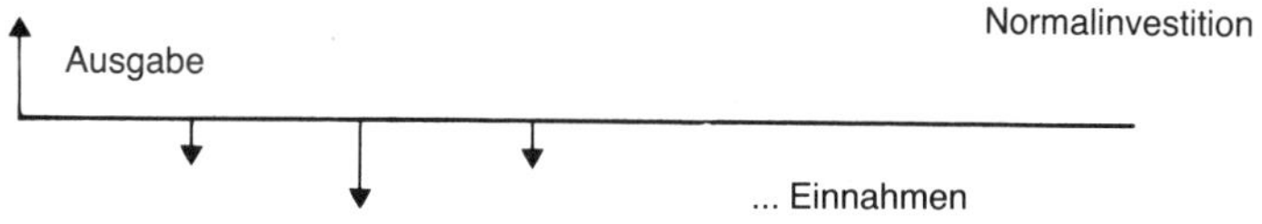

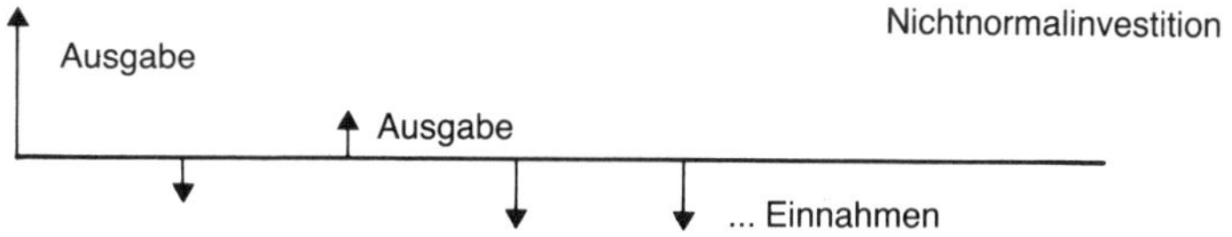

Normalinvestitionen beginnen mit einer Ausgabe, in der Regel sind es die Anschaffungskosten, denen nur noch positive Periodenüberschüsse folgen. Bei einer Normalinvestition verfügt nur die erste Zahlungsgröße, weil Ausgabe, über ein negatives Vorzeichen, alle weiteren Zahlungssalden sind, weil Einnahmen, positiv. Eine Nichtnormalinvestition liegt dann vor, wenn sich das Vorzeichen der Zahlungssalden mindestens zweimal ändert. Eine Nichtnormalinvestition hat man etwa, wenn nach einem positiven Periodenüberschuß ein negativer folgt, wenn also zwischendurch auch mit Verlusten gerechnet werden muß. Ebenso liegt eine Nichtnormalinvestition dann vor, wenn vor den Anschaffungskosten bereits Einnahmen, etwa durch Kundenvorauszahlungen oder dergleichen, realisiert werden können. Auch die Finanzierungen können in völliger Analogie zu den Investitionen unterteilt werden. Dementsprechend verfügt bei einer Normalfinanzierung nur die erste Zahlungsgröße, weil Einnahme, über ein positives Vorzeichen; alle anderen Zahlungsgrößen sind, weil Ausgaben, negativ.

Die gebräuchlichsten Verfahrensweisen der Investitionsrechnung sind der Zinseszins- bzw. Rentenrechnung entlehnt. Auch die Größenbezeichnungen werden in Analogie zur Zinseszins- bzw. Rentenrechnung beibehalten. Es sind nur wenige Ergänzungen nötig:

n: **Nutzungsdauer** der Investition,
$\ddot{U}_0$: **Anschaffungsausgaben,**
B_a: **Barwert der Ausgaben,**
B_e: **Barwert der Einnahmen,**
$K_0 = B_e - B_a$: **Kapitalwert** oder **Nettobarwert** der Investition,
$\ddot{U}_k$: Periodenüberschuß in der k-ten Periode mit $k = 1, \ldots n$.

Weitere Neuerungen sollen wiederum durch Beifügung eines kennzeichnenden Klammervermerks verdeutlicht werden. Für den internen Zinssatz wollen wir beispielsweise „i(int.)“ schreiben.

5.2 Kapitalwertmethode

Werden sämtliche durch eine Investition getätigten Ausgaben auf den Termin „0“, den Zeitpunkt der Investition bzw. den Beginn der ersten Periode, hin diskontiert, so erhält man den Barwert B_a der Ausgaben. Werden sämtliche durch eine Investition bedingten Einnahmen auf den Termin „0“ hin diskontiert, so erhält man den Barwert B_e der Einnahmen. Es sei vermerkt, daß dabei alle auftretenden Zahlungen, also auch Anschaffungskosten und eventuelle Liquiditätserlöse, zu berücksichtigen sind. Als Kapitalwert K_0 der Investition bezeichnet man dann:

$$K_0 = B_e - B_a. \tag{34}$$

Selbstverständlich erhält man den Kapitalwert K_0 auch durch Summenbildung aller auf den Termin „0“ hin diskontierten Zahlungen, wenn dabei die Einnahmen mit einem positiven und die Ausgaben mit einem negativen Vorzeichen versehen werden.

Als Kriterium für die Vorteilhaftigkeit einer Investition nach der Kapitalwertmethode gilt:

Eine Investition ist vorteilhaft, wenn der Kapitalwert größer als Null ist.

Wie bereits dargelegt, kann der durch eine Investition ausgelöste Zahlungsverkehr auch in Form von n Periodenüberschüssen $\ddot{U}_1, \ldots, \ddot{U}_n$, jeweils zum Ende der n Nutzungsjahre, ausgewiesen werden. Es dient der **Liquidität**, wenn angenommen wird, daß alle Ausgaben während einer Periode zu Beginn, und alle Einnahmen während einer Periode am Ende der jeweils betroffenen Periode getätigt werden. Bezeichnet man die zu Beginn entstehenden Anschaffungskosten mit $\ddot{U}_0$, so erhält man den Kapitalwert K_0 der Investition:

$$\boxed{K_0 = \ddot{U}_0 + \ddot{U}_1 \cdot v + \ldots + \ddot{U}_n \cdot v^n} \tag{35}$$

Hierbei muß $\ddot{U}_0$, da es sich um eine Ausgabe handelt, als negativer Summand in die Summe mit aufgenommen werden. Bei weiteren Ausgaben in Form negativer Periodenüberschüsse regelt sich das entsprechende Vorzeichen wegen „Periodenüberschuß = Einnahmen minus Ausgaben" von selbst.

Beispiel 12: Bei einer **Sachanlageinvestition** von 300000,– DM mit einer Nutzungsdauer von 4 Jahren werden folgende Periodenüberschüsse prognostiziert:

1. Jahr: 70000,– DM,
2. Jahr: 100000,– DM,
3. Jahr: 100000,– DM,
4. Jahr: 115000,– DM.

Wie groß ist der Kapitalwert der Investition, wenn mit 9% Verzinsung kalkuliert wird?

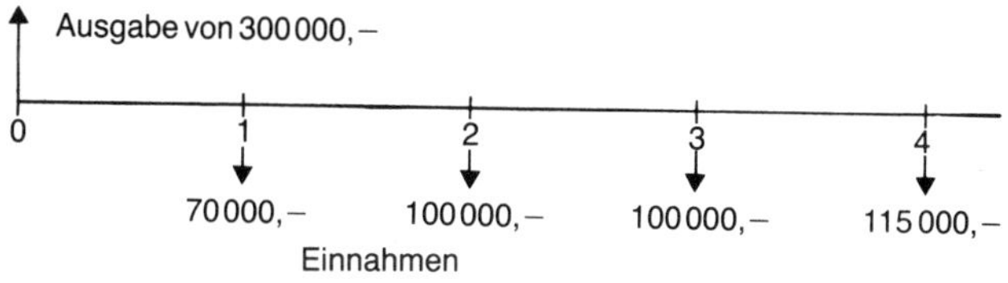

Man hat:

$$\begin{aligned} K_0 = & -300000 + 70000 \cdot v\,(9\%) + 100000 \cdot v^2\,(9\%) \\ & + 100000 \cdot v^3\,(9\%) + 115000 \cdot v^4\,(9\%) \\ = & \; 7075{,}35. \end{aligned}$$

Die Investition ist also nach der Kapitalwertmethode als vorteilhaft zu bezeichnen, weil der Kapitalwert K_0 größer als Null ist. Unterstellt man im Beispiel einen Kalkulationszinsfuß von 10% statt der gegebenen 9%, so errechnet sich ein Kapitalwert K_0 von $K_0 = -41{,}04$ DM, also bereits ein negativer Kapitalwert. Welcher Zinsfuß bei der Kapitalwertmethode zu wählen ist, hängt wesentlich von den konkreten betriebswirtschaftlichen Gegebenheiten ab. Erfolgt die Investition durch eine Fremdfinanzierung, so wird sich der Kalkulationszinsfuß an den Sollzinsen orientieren, da diese, zumindest anfänglich, für die auf Kredit getätigten Anschaffungskosten gezahlt werden müssen.

Für den Investor ist hier die Beantwortung der Frage, ob investiert werden soll oder nicht, substanziell einfach. Erweist sich der Kapitalwert der Investition auf der Basis des Zinsfußes für Sollzinsen als positiv, so ist die Investition zweckmäßig. Selbstverständlich wird dann zu Gunsten einer anderen Anlageinvestition zu entscheiden sein, wenn deren Kapitalwert höher ist. Erfolgt die Investition hingegen durch **Eigenfinanzierung,** so wird sich der Kalkulationszinsfuß an den **Habenzinsen** orientieren. Bei vollständiger Eigenfinanzierung stellt sich ja für den Investor zunächst die Frage, ob er das für die Anschaffungskosten vorhandene Eigenkapital nicht besser auf der Bank beläßt bzw., ob er nicht besser eine dort mögliche Finanzanlageinvestition als Alternative wählt. Unterstellen wir, daß der Zinssatz für Sollzinsen 9%, und der Zinssatz für Habenzinsen 8% sei. Wie bereits gezeigt, würde dann die Investition bei einer Fremdfinanzierung mit 9% Verzinsung vorteilhaft sein, weil sich nach der Kapitalwertmethode ein Kapitalwert von 7075,35 DM ergibt. Bei vollständiger Eigenfinanzierung der Anschaffungskosten von 300000,– DM muß mit der Anlage dieses Kapitals zu 8% Verzinsung als alternative Finanzanlageinvestition verglichen werden.

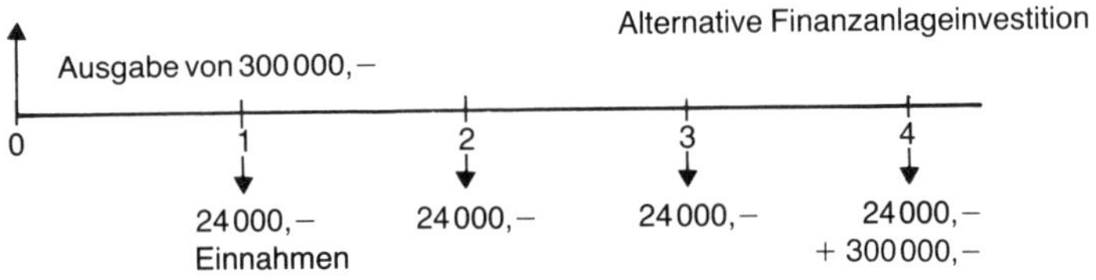

Als Einnahmen dieser Alternativinvestition hat man die zu den Terminen 1, 2, 3 und 4 fällig werdenden Zinserträge zu betrachten. Weiter kommt als wesentliche Einnahme die volle Wiedererstattung des Anfangskapitals von 300000,– DM am Ende der Investitionsdauer hinzu. Im Gegensatz zur Sachanlageinvestition werden ja bei Finanzanlageinvestitionen die angelegten „Anschaffungskosten" als Anfangskapital am Ende der Investitionsdauer wieder voll zurückgezahlt. Bei den Sachanlageinvestitionen wird man einen etwaigen Liquiditätserlös bereits in den Periodenüberschuß der letzten Periode mit einbeziehen. Für die Sachanlageinvestition ergibt sich als Kapitalwert:

$$\begin{aligned} K_0(8\%) &= -300000 + 70000 \cdot v(8\%) + 100000 \cdot v^2(8\%) \\ &\quad + 100000 \cdot v^3(8\%) + 115000 \cdot v^4(8\%) \\ &= 14460{,}37. \end{aligned}$$

Für die alternative **Finanzanlageinvestition** ergibt sich natürlich der Kapitalwert Null. Die Einnahmen sind ja hier erst als Zinserträge des Anlagekapitals errechnet worden. Damit ist mit Hilfe der Kapitalwertmethode bestätigt, was ohnehin erwartet werden konnnte: Die auf einem niedrigeren Zinsfuß basierende Eigenfinanzierung ist erst recht vorteilhaft, wenn sich die auf einem höheren Zinsfuß basierende **Fremdfinanzierung** bereits als zweckmäßig erwiesen hat. Dennoch bleibt zu bedenken, daß der Kapitalwert einer Sachanlageinvestition nur dann eine reale Größe ist, wenn der Investor die Periodenüberschüsse zum gleichen Zinssatz anlegen kann, wie dies bei der alternativen Finanzanlageinvestition möglich ist. Im Falle, daß eine Investition durch eine Mischung von Eigen- und Fremdfinanzierung durchgeführt wird, muß der zu wählende Kalkulationszinsfuß abgeschätzt bzw. errechnet werden. Als Verfahren bietet sich dabei an, daß das gewogene arithmetische Mittel aus Soll- und Habenzinsen als Kalkulationszinsfuß verwendet wird.

Die Kapitalwertmethode kann als geeignetes Verfahren sowohl bei der Investitionsrechnung als auch bei Finanzierungsentscheidungen angewandt werden.

Aufgabe 80: Bei einer Investition treten 100000,– DM Anschaffungskosten auf. Während der erwarteten vierjährigen Nutzungsdauer werden Periodenüberschüsse von 40000,– DM am Ende des ersten Jahres, 50000,– DM am Ende des zweiten Jahres und 45000,– DM am Ende des vierten Jahres erwartet. Zum Ende des dritten Jahres wird ein Verlust von 8000,– DM prognostiziert. Beurteilen Sie bei einem vorgegebenen Kalkulationszinsfuß von 9% die Vorteilhaftigkeit der Investion nach der Kapitalwertmethode.

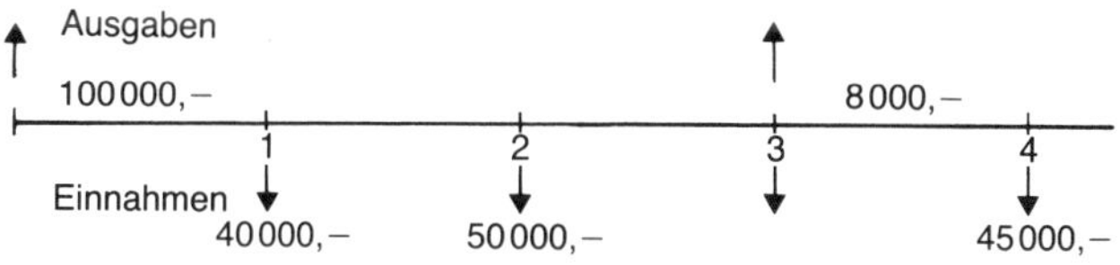

$$K_0\,(9\%) = -100000 + 40000 \cdot v\,(9\%) + 50000 \cdot v^2\,(9\%)$$
$$-8000 \cdot v^3\,(9\%) + 45000 \cdot v^4\,(9\%) = 4482{,}90.$$

Aufgabe 81: Eine zu Jahresbeginn geplante Investition von 100000,– DM läßt zum Jahresbeginn des ersten Jahres und zum Jahresende des zweiten Jahres jeweils 55000,– DM an Einnahmen erwarten. Wie groß ist bei einem Kalkulationszinsfuß von 6% der Kapitalwert der Investition?

$$K_0\,(6\%) = 55000 \cdot [v\,(6\%) + v^2\,(6\%)] - 100000 = 837.$$

Aufgabe 82: Für ein Kapital von 250000,– DM werden folgende drei Investitionsmöglichkeiten als Alternativen angeboten:

Alternative I: Periodenüberschüsse von 80000,– DM, 120000,– DM, 60000,– DM und 40000,– DM der Reihe nach, jeweils zum Ende der Jahre 1 bis 4.

Alternative II: Ein Periodenüberschuß von 215000,– DM zum Ende des zweiten und von 95000,– DM zu Ende des vierten Jahres.

Alternative III: Ein Periodenüberschuß von 50000,– DM zum Ende des ersten und von 261000,– DM zum Ende des dritten Jahres. Welche Alternative erweist sich nach der Kapitalwertmethode bei einem Kalkulationszinsfuß von 8% am günstigsten?

Erg. zu Alternative I: $K_0 = 3985{,}48$ DM;
Erg. zu Alternative II: $K_0 = 4155{,}95$ DM;
Erg. zu Alternative III: $K_0 = 3486{,}13$ DM.

Alternative II ist folglich am günstigsten.

Aufgabe 83: Der Abbau von Granitvorkommen durch ein Granitwerk ergibt Periodenüberschüsse von jährlich 200000,– DM. Die Vorkommen reichen bei unveränderter Förderungskapazität noch 20 Jahre. Durch Rationalisierungsinvestitionen in Höhe von 650000,– DM kann der Unternehmer ab sofort die Förderungsintensität verdoppeln, wodurch die Granitvorkommen in der halben Zeit ausgebeutet werden. Die Rationalisierungsinvestition muß mit 7% fremdfinanziert werden.

(a) Wie hoch ist der Kapitalwert der Investition?
(b) Zeigen Sie mit Hilfe der Kapitalwertmethode, daß die um zwei Jahre verzögerte Rationalisierungsinvestition für den Unternehmer uninteressant ist und bereits zu einem Verlust führt.

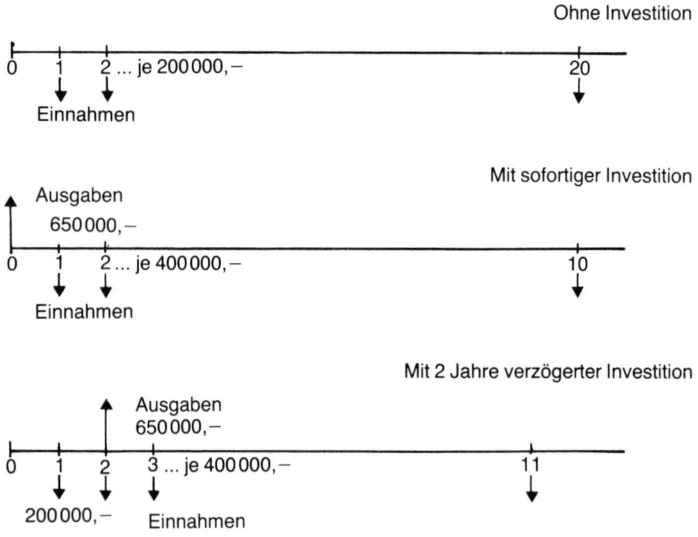

Zu (a) Kapitalwert ohne Investition:
$K_0 = 200000 \cdot a_{20}(7\%) = 2118802.$

Kapitalwert bei Investition:
$K_0 = -650000 + 400000 \cdot a_{10}(7\%) = 2159432.$

Zu (b) Kapitalwert bei verzögerter Investition:

$K_0 = 200000 \cdot a_2(7\%) - 650000 \cdot v^2(7\%)$
$+400000 \cdot a_9(7\%) \cdot v^2(7\%)$
$= 2070131.$

Man sieht, daß die verzögerte Investition gegenüber der Nichtinvestition bereits zu einem Verlust von $2118802 - 2070131 = 48671$ führt.

5.3 Annuitätenmethode

Der durch eine Investition erzielbare Gesamtgewinn ist mit dem Kapitalwert als rechnerische Größe eindeutig festgelegt. Als Differenz des Barwertes aller Einnahmen und des Barwertes aller Ausgaben gibt ja der Kapitalwert den auf den Termin Null hin diskontierten Gesamtgewinn an. In der Praxis sind Einnahmen und Ausgaben unregelmäßig auf die ganze Nutzungsdauer der Investition verteilt; bei manchen Investitionsprojekten muß sogar zwischendurch mit negativen Periodenüberschüssen kalkuliert werden. Die Annuitätenmethode zielt auf gleichmäßige Verteilung des Gesamtgewinnes ab. Der auf eine Periode bzw. auf das Jahr entfallende durchschnittliche Gewinn wird als Maßstab für die Vorteilhaftigkeit einer Investition verwendet. Man bezeichnet den auf eine Periode bzw. auf ein Jahr entfallenden Gewinn auch als Überschußannuität oder **Gewinnannuität.** Rechnerisch erhält man die Gewinnannuität dadurch, daß man den Kapitalwert der Investition in eine Rente umrechnet; der Kapitalwert der Investition wird sozusagen verrentet. Bezeichnen wir die Gewinnannuität mit r_g, so gilt:

$$r_g = \frac{1}{a_n} \cdot K_0, \qquad (36)$$

wobei K_0 den Kapitalwert der Investition und a_n den Rentenbarwertfaktor bedeuten. In der Literatur wird oftmals $1/a_n$ als **Kapitalwiedergewinnungsfaktor** oder als Annuitätenfaktor bezeichnet.

Wie die Kapitalwertmethode, so ist auch die Annuitätenmethode für die Beurteilung von Investitionen geeignet. Als Kriterium gilt hier:

Nach der Annuitätenmethode ist eine Investition vorteilhaft, wenn die Gewinnannuität positiv ist.

Ergänzend hierzu gilt selbstverständlich, daß eine Investition umso zweckmäßiger ist, je größer die Gewinnannuität r_g ist. Die konkrete Berechnung der Gewinnannuität erfolgt in der Regel so, daß zunächst der Kapitalwert K_0 bestimmt wird und dieser sodann für die Investitionsdauer n als Laufzeit in äquivalente, gleichbleibende Rentenraten r umgerechnet wird. Die Annuitätenmethode bedarf also zusätzlich zur Kapitalwertmethode weiterer Rechnungen.

Beispiel 13: Durch Investitionen von 100000,– DM erzielt ein Unternehmer für die Investitionsdauer von 5 Jahren folgende Periodenüberschüsse:

1. Jahr: 30000,– DM,
2. Jahr: 30000,– DM,
3. Jahr: –15000,– DM (Verlust!),
4. Jahr: 40000,– DM,
5. Jahr: 50000,– DM.

Der Unternehmer möchte wissen, welcher Gewinnannuität diese Investition bei einem Kalkulationszinsfuß von 7% entspricht.

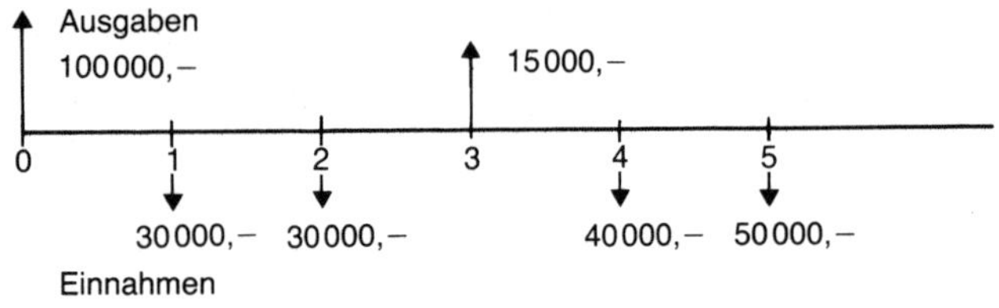

Für den Kapitalwert ergibt sich:

$$K_0(7\%) = 30000 \cdot v(7\%) + 30000 \cdot v^2(7\%) - 15000 \cdot v^3(7\%) + 40000 \cdot v^4(7\%) + 50000 \cdot v^5(7\%) - 100000$$

$$K_0(7\%) = 8161{,}17.$$

Als Gewinnannuität r_g errechnet sich daraus:

$$r_g = \frac{K_0}{a_5(7\%)} = 1990{,}43.$$

Aufgabe 84: Einem Unternehmer bieten sich zwei Investitionsalternativen. Erste Möglichkeit: Anschaffungskosten von 150000,– DM und drei Jahre lang jährliche Periodenüberschüsse von je 60000,– DM. Zweite Möglichkeit: Anschaffungskosten von 250000,– DM und drei Jahre lang jährliche Periodenüberschüsse von je 110000,– DM. Für welche Investition wird sich der Unternehmer aufgrund der Annuitätenmethode entscheiden, wenn er mit 8% Verzinsung kalkuliert?

Kapitalwert K_0 der ersten Investition:

$$K_0 = -150000 + 60000 \cdot a_3(8\%) = -150000 + 60000 \cdot 2{,}57710 = 4626.$$

Gewinnannuität r_g:

$$r_g = 4626 : 2{,}57710 = 1795{,}05.$$

Kapitalwert K_0 der zweiten Investition:

$$K_0 = -250000 + 110000 \cdot 2{,}57710 = 33481.$$

Gewinnannuität r_g:

$$r_g = 33481 : 2{,}57710 = 12991{,}74.$$

Gemäß der Annuitätenmethode ist also die zweite Investitionsmöglichkeit die vorteilhaftere.

Aufgabe 85: (Ergänzung zur Aufgabe 82)
Welche Alternative erweist sich bei Aufgabe 82 nach der Annuitätenmethode als die günstigste, wenn mit einem Zinssatz von 8% kalkuliert wird?

Erg. zu Alternative I: $r_g = 1203{,}30$ DM;
Erg. zu Alternative II: $r_g = 1254{,}77$ DM;
Erg. zu Alternative III: $r_g = 1352{,}73$ DM.

Im Gegensatz zur Kapitalwertmethode bei Aufgabe 82 erweist sich nach der Annuitätenmethode die Alternative III als die günstigere. Die scheinbar widersprüchlichen Ergebnisse kommen dadurch zustande, daß bei Alternative III von einer um ein Jahr verkürzten Nutzungsdauer der Investition ausgegangen wurde. Die „Verrentung" des Kapitalwertes einer Investition führt selbstverständlich dann zu einer höheren Gewinnannuität, wenn die Nutzungsdauer der Investition verkürzt wird.

5.4 Interne Zinsfußmethode

Bei der Methode des **internen Zinsfußes** geht man nicht von einem vorgegebenen Kalkulationszinsfuß aus, vielmehr wird der „interne" Zinsfuß zunächst durch Rechnung ermittelt und sodann mit dem Kalkulationszinsfuß verglichen. Gegenüber der Kapitalwertmethode wird das Problem in gewisser Weise umgekehrt angegangen. Hatte man bei der Kapitalwertmethode für den Abzinsungsfaktor v auf der rechten Seite der Gleichung

$$K_0 = \ddot{U}_0 + \ddot{U}_1 \cdot v + \ddot{U}_2 \cdot v^2 + \ldots + \ddot{U}_n \cdot v^n$$

den Kalkulationszinsfuß zu verwenden, so wird man jetzt den internen Zinsfuß als gesuchte Größe auffassen. v soll nunmehr für jenen Grenzfall der Investition berechnet werden, bei der die Vorteilhaftigkeit gerade einsetzt; dies ist offenbar dann der Fall, wenn $K_0 = 0$ gesetzt wird. Aus Gleichung (35) ergibt sich also:

$$\ddot{U}_0 + \ddot{U}_1 \cdot v + \ldots + \ddot{U}_n \cdot v^n = 0 \qquad (37)$$

In der konkreten Anwendung wird es sich in aller Regel um die Lösung einer Gleichung höheren Grades handeln, für die uns lediglich das Interpolationsverfahren oder andere Methoden von Näherungslösungen zur Verfügung stehen. Bei einer Normalinvestition sind alle Periodenüberschüsse $\ddot{U}_1, \ldots, \ddot{U}_n$ positiv, nur das erste Glied der Gleichung (37) ist, da es sich um Anschaffungskosten handelt, negativ. In diesem Fall wird die Gleichung (37) höchstens nur eine positive Lösung haben und daher zu keinen Interpretationsschwierigkeiten führen.

Es ist empfehlenswert, die Anwendung der Methode des internen Zinsfußes grundsätzlich auf Normalinvestitionen zu beschränken. Als Kriterium für die Vorteilhaftigkeit einer Normalinvestition gilt:

Eine Normalinvestition ist vorteilhaft, wenn der interne Zinsfuß größer als der Kalkulationszinsfuß ist.

Bei Nichtnormalinvestitionen kann die Gleichung (37) zu mehreren positiven Lösungen führen. Um dann einen Überblick über die Vorteilhaftigkeit einer Investition zu erhalten, ist es zweckmäßig, das Verfahren zu erweitern und die Abhängigkeit des Kapitalwertes K_0 vom Zinsfuß p im Sinne einer Kurvendiskussion zu untersuchen. Im Beispiel 15 ist dieser Fall näher dargestellt. Wie bei Kapitalwertmethode und Annuitätenmethode kann auch bei der Methode des internen Zinsfußes die Verzinsung alternativer Anlageformen miteinander verglichen werden. Auch hier kann ein Vergleich zu dem Ergebnis führen, daß der Verzicht auf eine Investition als vorteilhaftere Alternative in Frage kommt.

Beispiel 14: Bei 143800,– DM Anschaffungskosten werden Periodenüberschüsse von 90000,– DM nach dem ersten und von 75000,– DM nach dem zweiten Jahr prognostiziert. Wie groß ist der interne Zinsfuß dieser Investition?

$$-143\,800+90\,000\cdot\frac{1}{q}+75\,000\cdot\frac{1}{q^2}=0$$

$$q^2-\frac{900}{1438}\cdot q-\frac{750}{1438}=0$$

$q_1=1{,}10$, also $p=10$.

Dem zweiten Wert für q kann wegen des negativen Vorzeichens kein interner Zinsfuß zugeordnet werden.

Beispiel 15: Eine Investition ist mit folgenden Ausgaben verbunden: 120000,– DM sofort, 256000,– DM nach einem Jahr und 324168,– DM nach zwei Jahren. Als Einnahmen werden erwartet: 100000,– DM sofort, 300000,– DM nach einem Jahr und 300000,– DM nach zwei Jahren. Bei welcher Kapitalverzinsung ist die Investition vorteilhaft?

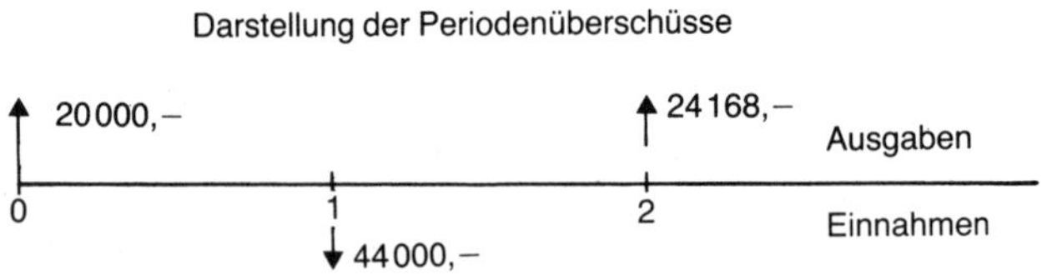

Da zum Termin 2 die Ausgaben höher als die Einnahmen sind und also per Saldo Ausgaben entstehen, handelt es sich um eine Nichtnormalinvestition.

Aus der Gleichung

$$-20000+44000\cdot\frac{1}{q}-24168\cdot\frac{1}{q^2}=0$$

erhält man die Lösungen

$q_1=1{,}1+\sqrt{0{,}0016}=1{,}14,$

$q_2=1{,}1-\sqrt{0{,}0016}=1{,}06.$

Für den internen Zinssatz ergeben sich also zwei Lösungen, nämlich 6% und 14%. Falls der Kalkulationszinssatz unter 6% gelegen ist, wird man die Investition sicher als nicht vorteilhaft ansehen können, da dann die beiden errechneten internen Zinssätze höher sind. Sowohl bei 6% als auch bei 14% Verzinsung errechnet sich nach der Gleichung (35) der Kapitalwert $K_0=0$. Die Lösungen $q_1=1{,}06$ und $q_2=1{,}14$ stellen die beiden Schnittpunkte der **Kapitalwertkurve** mit der Abszisse dar.

Für die Kapitalwertkurve hat man die Gleichung

$K_0=-20000+44000\cdot 1/q-24168\cdot 1/q^2$, die sich mit Hilfe des Abzinsungsfaktors v auch in der Form

$K_0=-20000+44000\cdot v-24168\cdot v^2$ schreiben läßt.

Aus ihr ergibt sich für $q=1{,}10$ bzw. für $v=1/q=0{,}909091$ der Kapitalwert $K_0\,(10\%)=26{,}458$ DM und damit eine Vorteilhaftigkeit der Investition bei einem Kalkulationszinssatz von 10%.

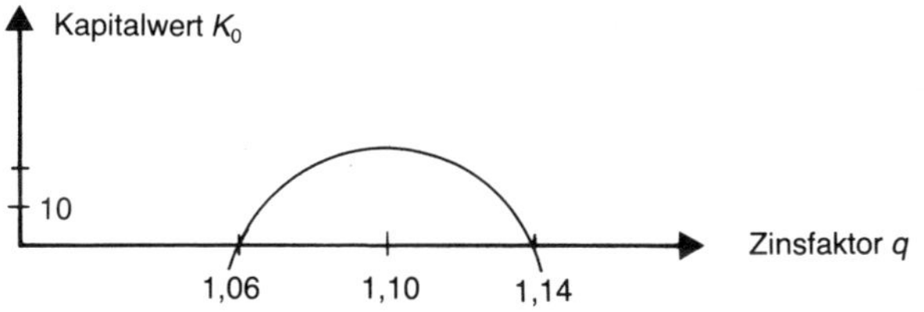

Da einerseits $q_1=1{,}06$ und $q_2=1{,}14$ die einzigen Nullstellen der Kapitalwertkurve sind und andererseits $K_0\,(10\%)>0$ gilt, kann aufgrund der Stetigkeit eindeutig gefolgert werden, daß die Investition bei einer Verzinsung zwischen 6% und 14% über einen positiven Kapitalwert verfügt und daher zweckmäßig ist.

Bei einem Kalkulationszinsfuß unter 6% sowie bei einem Kalkulationszinsfuß über 14% ist die Investition hingegen unvorteilhaft.

Aufgabe 86: Für eine Investition sind folgende Ausgaben notwendig: 120000,– DM sofort, 256000,– nach einem Jahr und 320000,– DM nach zwei Jahren. An Einnahmen werden erzielt: 140000,– DM sofort, 212000,– DM nach einem Jahr und 344168,– DM nach zwei Jahren. Bei welcher Kapitalverzinsung ist die Investition vorteilhaft?

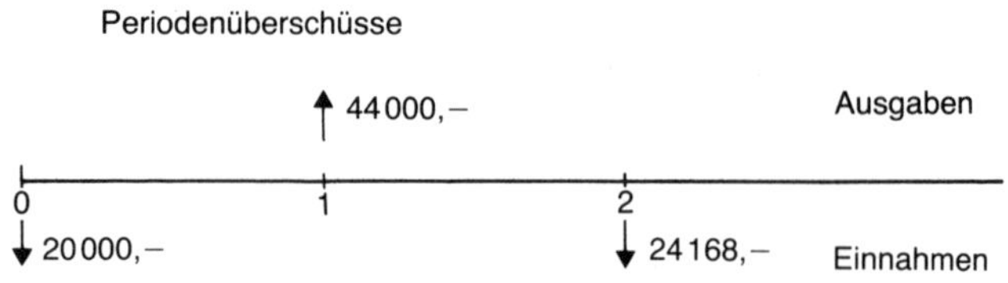

Aus

$$20000 - 44000 \cdot \frac{1}{q} + 24168 \cdot \frac{1}{q^2} = 0 \text{ errechnet sich:}$$

$q_1 = 1{,}14$ und $q_2 = 1{,}06$

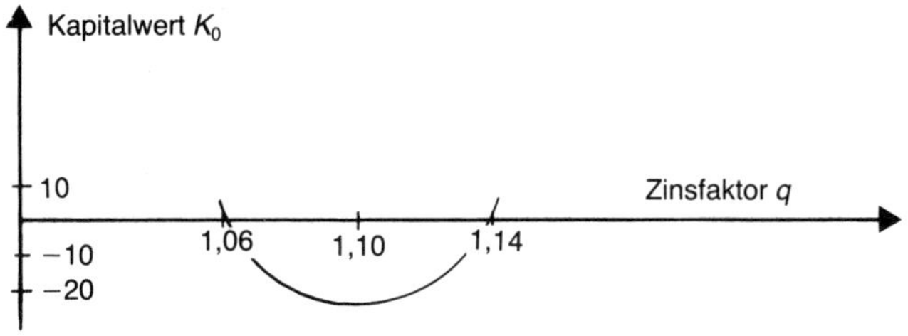

Bei einem Zinssatz von 10% ergibt sich der Kapitalwert

$$K_0 = 20000 - 44000 \cdot \frac{1}{1{,}1} + 24168 \cdot \frac{1}{1{,}21} = -26{,}45 \text{ DM}.$$

Die Investition ist damit bei einer Verzinsung von 10% unvorteilhaft. In analoger Schlußfolgerung zur Aufgabe im Beispiel 15 hat man: Die Investition ist bei einem Kalkulationszinsfuß unter 6% bzw. über 14% vorteilhaft, bei einem Kalkulationszinsfuß zwischen 6% und 14% ist sie dagegen unvorteilhaft.

Aufgabe 87: Ein Pfandbrief wird zum 1.1. eines Kalenderjahres für 925,– DM gekauft und nach 4 Jahren und 8 Monaten für 1000,– DM wieder verkauft. Während der Anlagezeit werden dekursiv 25,– DM Zinsen pro Jahr gezahlt. Wie groß ist der interne Zinssatz dieser Kapitalanlageinvestition?

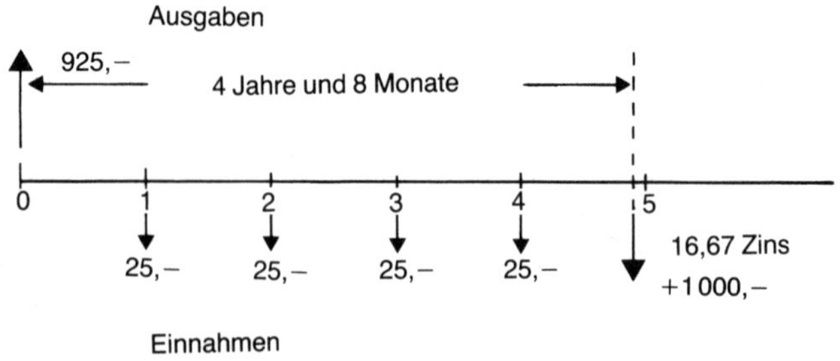

Legt man den Termin „4 Jahre und 8 Monate“ für die Diskontierung von Einnahmen und Ausgaben zugrunde, so ergibt sich als Lösungsansatz die Gleichung

$$925 \cdot q^4 \cdot \left(1+\frac{2}{3}\cdot i\right) - 25 \cdot \frac{q^4-1}{q-1} \cdot \left(1+\frac{2}{3}\cdot i\right) - 1016{,}67 = 0.$$

Bei 4,4% bzw. für $q = 1{,}044$ hat man:

$$925 \cdot 1{,}044^4 \cdot \left(1+\frac{0{,}088}{3}\right) - 25 \cdot \frac{1{,}044^4-1}{0{,}044} \cdot \left(1+\frac{0{,}088}{3}\right) - 1016{,}67 = 4{,}4981.$$

Bei 4,0% bzw. für $q = 1{,}040$ erhält man:

$$925 \cdot 1{,}040^4 \cdot \left(1+\frac{0{,}080}{3}\right) - 25 \cdot \frac{1{,}04^4-1}{0{,}04} \cdot \left(1+\frac{0{,}08}{3}\right) - 1016{,}67 = -14{,}6866.$$

Wegen der verschiedenen Vorzeichen beider Ergebnisse können wir 4% und 4,4% als Ausgangswerte für eine Interpolationslösung verwenden. In erster Näherung erhält man 4,3% als Lösung.

Aufgabe 88: Für eine Investition mit vierjähriger Nutzungsdauer werden 300 000,– DM Anschaffungskosten benötigt. Als Periodenüberschüsse werden für das erste Jahr 70 000,– DM und für die folgenden drei Jahre jeweils 100 000,– DM erwartet. Wie hoch ist der interne Zinsfuß?

Für den Kapitalwert der Normalinvestition gilt:

$$K_0 = -300\,000 + 70\,000 \cdot \frac{1}{q} + 100\,000 \cdot \frac{1}{q^2} + 100\,000 \cdot \frac{1}{q^3} + 100\,000 \cdot \frac{1}{q^4}.$$

Bei einer Verzinsung von 9% errechnet man $K_0\,(9\%) = -3550{,}95$, bei einer Verzinsung von 8,5% erhält man bereits $K_0\,(8{,}5\%) = -90{,}17$.

Mit 8,5% ist bereits eine gute Näherungslösung erzielt, da der vorhandene geringfügige Fehler durch eine Ausgleichszahlung von 90,17 DM behoben werden kann. Schon bei 8,45% errechnet sich der positive Kapitalwert $K_0\,(8{,}45\%) = 259{,}48$ DM. Im Regelfall ist zur Ermittlung einer hinreichend genauen Lösung das Interpolationsverfahren anzuwenden.

5.5 Amortisationsmethode

Neben Vergleichen und Betrachtungen von Kosten und Gewinnen kann auch die sogenannte Amortisationsdauer zu einer Abschätzung der **Rentabilität** einer Investition herangezogen werden. Bei der Amortisationsrechnung handelt es sich um Verfahren der Investitionsrechnung, die in der Praxis weit verbreitet sind.

Als Amortisationsdauer wird üblicher Weise jene Zeit verstanden, in der die getätigten Ausgaben durch Einnahmen ausgeglichen werden. Falls Zinsen bzw. Wertstellungen der einzelnen Einnahmen und Ausgaben dabei nicht zu berücksichtigen sind, werden die entsprechenden Abschätzungen und Berechnungen den statischen bzw. einperiodischen Methoden der Investitionsrechnung zugeordnet. Hier soll auf die Grundlagen der dynamischen Amortisationsrechnung, bei der also Zinsen bzw. Wertstellungen zu berücksichtigen sind, kurz eingegangen werden. Wie bei allen **dynamischen Verfahren** der Investitionsrechnung ist auch bei der dynamischen Amortisationsrechnung die Kapitalwertgleichung (35) fundamental. War bei der internen Zinsfußmethode jener Zinsfaktor q gefragt, bei dem der Kapitalwert K_0 gleich Null ist, so wird bei der dynamischen Amortisationsrechnung nach jener Zeit n gefragt, bei der der Kapitalwert K_0 gleich Null ist. Vom Ansatz her hat man also die Gleichung

$$\ddot{U}_0 + \ddot{U}_1 \cdot \frac{1}{q} + \ldots + \ddot{U}_n \cdot \frac{1}{q^n} = 0 \qquad (38)$$

nach der Unbekannten n aufzulösen.

Da Einnahmen und Ausgaben bzw. Periodenüberschüsse ohnehin nur zum Jahreswechsel ausgewiesen werden, wird man es bei der Amortisationsrechnung nur mit einer ganzzahligen Zahl n von Jahren zu tun haben. Dementsprechend reduziert sich im konkreten Fall die Problemlösung auf die Bestimmung jenes kleinsten ganzzahligen und positiven n, für die der Kapitalwert K_0 aus der Gleichung (38) bereits positiv wird.

In der Praxis geschieht dies bei einer Normalinvestition so, daß die einzelnen Periodenüberschüsse der Reihe nach so lange addiert werden, bis erstmals für die Summe ein positives Vorzeichen entsteht.

Beispiel 16: Eine geplante Investition mit 200000,– DM Anschaffungskosten läßt zum jeweiligen Jahresende folgende Periodenüberschüsse erwarten: jeweils 70000,– DM im ersten und im zweiten Jahr, 40000,– DM im dritten und vierten, und 10000,– DM im fünften und sechsten Jahr. Hinzu kommt noch ein Liquidationserlös zum Ende der Nutzungsdauer.

(a) Bestimmen Sie Kapitalwert, Annuität und Amortisationsdauer bei 6% Verzinsung.
(b) Bestimmen Sie näherungsweise den internen Zinssatz der Investition.

Zu (a)

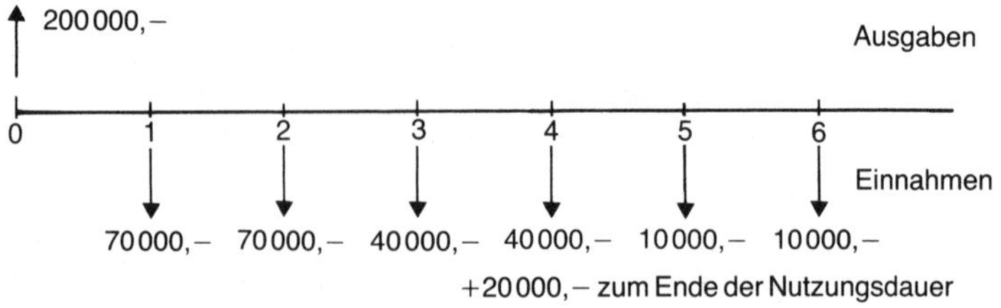

$$K_0 = -200\,000 + 70\,000 \cdot \frac{1}{q} + 70\,000 \cdot \frac{1}{q^2} + 40\,000 \cdot \frac{1}{q^3}$$
$$+ 40\,000 \cdot \frac{1}{q^4} + 10\,000 \cdot \frac{1}{q^5} + 30\,000 \cdot \frac{1}{q^6}$$
$$= -200\,000 + 66\,037{,}72 + 62\,299{,}72 + 33\,584{,}76$$
$$+ 31\,683{,}76 + 7472{,}58 + 21\,148{,}83$$
$$= 22\,227{,}37.$$

$$r_g = \frac{K_0}{a_6\,(6\%)} = \frac{22\,227{,}37}{4{,}91732} = 4520{,}22.$$

Summiert man die Periodenüberschüsse bis zum 4. Jahr auf den Zeitpunkt 0 hin, so hat man:

$$\ddot{U}_0 + \ddot{U}_1 v + \ddot{U}_2 v^2 + \ddot{U}_3 v^3 + \ddot{U}_4 v^4 = -6394{,}04 \text{ DM}.$$

Wird nun der Liquidationserlös von 20 000,– DM zum Ende des vierten Jahres zusätzlich in Ansatz gebracht, so erhält man bereits den positiven Kapitalwert $K_0\,(4\,\text{Jahre}) = -6394{,}04 + 20\,000 \cdot 0{,}792094 = 9447{,}84$ DM. Die Amortisationsdauer beträgt damit 4 Jahre.

Zu (b)
Durch Interpolation zwischen 10% und 10,5% erhält man 10,4% als erste Näherungslösung.

5.6 Renditeabschätzung

Der effektive Zinssatz von Wertpapieren wird vielfach auch als Rendite bezeichnet und dementsprechend in Prozenten ausgedrückt. Zu ihrer Bestimmung wird bei Banken und Sparkassen nicht ein dynamisches Verfahren, sondern hauptsächlich die **Rentabilitätsrechnung** im statischen Sinn angewendet. Falls einige Abstriche bei der Exaktheit von Rechenergebnissen inkaufgenommen werden können, ist die Ermittlung von Renditen im Sinne der statischen Rentabilitätsrechnung durchaus zweckmäßig und angebracht. In vielen Fällen kommen statisch ermittelte Ergebnisse jenen sehr nahe, die man durch aufwendige dynamische Verfahren erhält. Ob bei einem vorgegebenem Investitions- bzw. Rentabilitätsproblem ein statisches Verfahren ausreicht, hängt zu allererst davon ab, wie hoch die Anforderungen an die Exaktheit der Ergebnisse gestellt werden. Für überschlägige Berechnungen sind statische Verfahren sicher zu bejahen. Als zweites Kriterium wird man prüfen, inwieweit bei zu vergleichenden Investitionen oder Anlagealternativen die Nutzungsdauer bzw. Anlagezeit übereinstimmt und, ob die Periodenüberschüsse einigermaßen gleich verteilt sind. Es ist evident, daß sich die „Fehler" der statischen Rentabilitätsrechnung umso mehr ausgleichen, je stärker die Verteilung der Periodenüberschüsse einander angeglichen ist. Gerade bei alternativen Geldanlageinvestitionen, wie etwa bei festverzinslichen Wertpapieren, weichen Anlagedauer und Regelmäßigkeit der Periodenüberschüsse oft nur wenig voneinander ab.

Dementsprechend wird man dann bei der Berechnung des effektiven Zinssatzes mittels statischer Rentabilitätsrechnung nur kleine „Fehler“ bzw. Abweichungen inkaufnehmen müssen. Aufgabe (89) ist eine Originalprüfungsaufgabe der Industrie- und Handelskammer. Sie wurde bei der Prüfung zum Bankkaufmann gestellt und war im Sinne der Rentabilitätsrechnung zu lösen. Unter „5.4 Interne Zinsfußmethode“ wird in Aufgabe (87) dieselbe Problemstellung in dynamischer Verfahrensweise behandelt. Die geringen Differenzen beim Vergleich der Ergebnisse sind weitgehend auf die Gleichartigkeit der vorgegebenen Anlagealternativen zurückzuführen.

Beispiel 17: Am 5.3. 85 wurden 9%-Pfandbriefe zum Kurs von 96 gekauft (d.h. es mußten 96% des Nennwertes dafür bezahlt werden). Die Papiere werden in zehn gleichen Jahresraten zum 1. April der Jahre 1989–1998 zurückgezahlt. Errechnen Sie die Effektivverzinsung.

Erster Schritt: **Umrechnung auf das Jahr**

(a) Mittlerer Rückzahlungstermin

nächste Auslosung: 1.4. 89

letzte Auslosung: 1.4. 98

Mittlerer Rückzahlungstermin (Laufzeit): 1.10. 93

(b) Mittlere Besitzdauer

5.3. 85 bis 1.10. 93 entspricht 3085 Tagen

4,– DM Rückzahlungsgewinn entspricht 3085 Tg

x Rückzahlungsgewinn entspricht 360 Tg

$$x = \frac{4 \cdot 360}{3085} = 0{,}46 \text{ DM}$$

Rückzahlungsgewinn pro Jahr: 0,46 DM

Zins pro Jahr: 9,– DM

Ertrag pro Jahr: 9,46 DM

Zweiter Schritt: **Umrechnung auf „100“**

9,46 entspricht 96,– DM

x entspricht 100,– DM

$$x = \frac{9{,}46 \cdot 100}{96} = 9{,}85\% \text{ Effektivverzinsung}$$

Aufgabe (89) (Original-IHK-Prüfungsaufgabe): Welche der folgenden Anlagealternativen in festverzinslichen Wertpapieren ist – aus steuerlicher Sicht – für einen Anleger mit einem Einkommensteuersatz von ca. 50% am günstigsten?

(A) 5%iger Pfandbrief zu 92,50 – Rendite 7,02% – rechnerische Restlaufzeit 4 Jahre 8 Monate

(B) 5,5%ige öffentliche Anleihe zu 96,80 - Rendite 6,65% - rechnerische Restlaufzeit 3,5 Jahre
(C) 6,5%ige öffentliche Anleihe zu 99,90 - Rendite 6,66% - rechnerische Restlaufzeit 2 Jahre 1 Monat
(D) 8%ige Industrieanleihe zu 102,60 - Rendite 7,46% - rechnerische Restlaufzeit 4 Jahre 8 Monate
(E) 10%ige öffentliche Anleihe zu 107,35 - Rendite 7,94% - rechnerische Restlaufzeit 4 Jahre 5 Monate

Geben Sie zu jedem der aufgeführten Papiere (A bis E) die Effektivverzinsung unter Berücksichtigung des Steuersatzes an.

Zu (a)
Umrechnung auf das Jahr
Besitzdauer: 1680 Tage
Rückzahlungsgewinn: 7,50 DM

7,50 DM Rückzahlungsgewinn entspricht 1680 Tg
x Rückzahlungsgewinn entspricht 360 Tg

$$x = \frac{7{,}50 \cdot 360}{1680} = 1{,}607 \text{ DM}$$

Rückzahlungsgewinn pro Jahr:	1,607 DM
Zins / Steuer pro Jahr:	2,50 DM
Ertrag pro Jahr:	4,107 DM

Umrechnung auf „100"
4,107 entspricht 92,50
x entspricht 100

$$x = \frac{4{,}10 \cdot 100}{92{,}50} = 4{,}44\% \text{ Effektivverzinsung}$$

Die Effektivverzinsungen der weiteren Anlagealternativen: (B): 3,785% (C): 3,30% (D): 3,355% (E): 3,107%

Anmerkung: Es ist festzustellen, daß in der Prüfungsaufgabe eine Rendite von 7,02% genannt ist, die zur Aufgabenlösung nicht benötigt wird. Die Anlagealternative (A) wurde in Aufgabe (87) im Sinne der Methode des internen Zinsfußes, also durch ein dynamisches Verfahren, behandelt und gelöst. Die Ergebnisse weichen nur um 0,14% voneinander ab.

6. Tilgungen

6.1 Zum Inhalt der Tilgungsrechnung

In der gesamten Tilgungsrechnung geht es um die Rückzahlung von Schulden. Bei einer Anleihe, Hypothek oder bei einem Darlehen erfolgt diese in der Regel im Laufe einer von vornherein vereinbarten Zeit und einer ebenfalls im voraus festgelegten Weise. Die Rückzahlung muß nicht nur die anfallenden Zinsen, sondern auch einen Tilgungsbetrag, durch den die Schuld verringert wird, umfassen. In manchen Fällen kommen noch besondere Zuschläge, wie Gebühren und dergleichen, hinzu. Die Festlegung der Tilgungsbeträge charakterisiert den Rückzahlungsvorgang. Bei der Tilgungsrechnung werden wir neben den Größen der Zins- und Rentenrechnung noch folgende Größen benötigen:

A : **Annuität** bzw. Kapitaldienstquote zum Jahresende,
A_k : Annuität für das k-te Jahr, mit $k = 1, \ldots, n$,
A' : Annuität mit eingeschlossenem Aufgeld,
K_0 : **Anfangsschuld** bzw. **Anfangskapital,**
K_k : Restschuld bzw. Restkapital nach k Jahren, mit $k = 1, \ldots, n$,
K_0' : **fiktive Anfangsschuld** bei Aufgeldzahlung,
$\alpha\%$: **Prozentsatz des Aufgeldes,**
$p_1\%$: **Prozentsatz für Gebühren,**
T : **Tilgungsquote,**
T_k : Tilgungsquote zum Ende des k-ten Jahres, mit $k = 1, \ldots, n$,
T_k' : durch Gebühren oder Aufgeld erhöhte Tilgungsquote.

Für **jede Art** von Tilgung gelten folgende **allgemeine Regeln:**

(1) Eine Anfangsschuld K_0 wird (nur!) durch die Tilgungsbeträge T (von Jahr zu Jahr) verringert.

(2) Die Restschuld nach k Jahren ist

$$K_k = K_0 - (T_1 + T_2 + \ldots \quad \ldots + T_k)$$

i.W.: Restschuld = Anfangsschuld minus der Summe der Tilgungsbeträge.

(3) Ist n die Gesamtzahl aller Tilgungsjahre (Tilgungsdauer, Laufzeit) dann ist: (weil die Restschuld $K_n = 0$ sein muß!)

$$K_0 = (T_1 + T_2 + \ldots\ldots + T_{n-1} + T_n)$$

i.W.: Anfangsschuld = Summe aller Tilgungsbeträge.

Die **rechnerischen Hilfsmittel,** die bei der Tilgungsrechnung benötigt werden, ergeben sich aus der Zinseszinsrechnung und der Rentenrechnung.

Die Zinsen, die für eine Schuld zu zahlen sind, werden in der Regel zum Ende eines Jahres ermittelt und ergeben zusammen mit dem Tilgungsbetrag, der ebenfalls zum Ende eines Jahres fällig sein wird, die **Jahreszahlung** (Annuität).

Ein **Tilgungsplan** soll den Verlauf eines Tilgungsvorgangs übersichtlich und durchsichtig machen. Aus ihm sind, für jedes Tilgungsjahr, vor allem die Restschuld, Zins- und Tilgungsbetrag sowie die jährliche Gesamtzahlung für die Abwicklung einer Schuld zu ersehen.

6.2 Tilgung einer Schuld in ungleichen Raten

Aufgabe 90: Eine Schuld von 100000,– DM, die mit 5% zu verzinsen ist, soll in fünf Jahren durch jeweils am Ende eines Jahres zu zahlende Beträge von 30000,– DM, 20000,– DM, 15000,– DM, 10000,– DM und eine Abschlußzahlung am Ende des 5. Jahres getilgt werden.

Der **Tilgungsplan** ist aufzustellen!

Jahr	Schuld (zu Anfang)	Zinsen (5%) (am Ende)	Tilgung (am Ende)	Annuität
1	100000,–	5000,–	25000,–	30000,–
2	75000,–	3750,–	16250,–	20000,–
3	58750,–	2937,50	12062,50	15000,–
4	46687,50	2334,38	7665,62	10000,–
5	39021,88	1951,10	39021,88	40972,98
		15972,98	100000,–	115972,98

Hinweis: Zunächst sind die Zinsen zu berechnen. Da die Annuität festgelegt ist, ergibt sich die mögliche Tilgung als Differenz aus Annuität und Zinsen. Der Tilgungsbetrag am Ende des 5. Jahres muß in Höhe der zu Anfang des 5. Jahres vorhandenen Restschuld eingesetzt werden.

6.3 Tilgung einer Schuld in gleichen Raten

Aufgabe 91: Eine Schuld $K_0 = 10000,-$ DM soll mit 5% verzinst und innerhalb von 5 Jahren durch gleichgroße Raten getilgt werden.

Jahr	Schuld zu Anfang	Zinsen (5%)	Tilgung	Annuität
1	10000,–	500,–	2000,–	2500,–
2	8000,–	400,–	2000,–	2400,–
3	6000,–	300,–	2000,–	2300,–
4	4000,–	200,–	2000,–	2200,–
5	2000,–	100,–	2000,–	2100,–

Hinweis: Die Zinsen nehmen von Jahr zu Jahr um 5% des Tilgungsbetrags ab. (Es werden Zinsen gespart!) Die jährliche Belastung des Schuldners ist im ersten Jahr am größten! Zinsbeträge und Annuitäten bilden fallende arithmetische Folgen.

Aufgabe 92: Eine Hypothek von 40000,– DM soll mit 8% verzinst und mit jährlich 3000,– DM getilgt werden. Die beiden letzten Zeilen des Tilgungsplans sind zu ermitteln!

Durch die Angabe ist eine **Ratentilgung** vorgesehen. Die **Tilgungsdauer** beträgt (40000:3000) Jahre, d.h. 13 Jahre mit gleichbleibender Tilgungsrate; Resttilgung im 14. Tilgungsjahr.

Zu Beginn des 13. Tilgungsjahrs sind 12 Tilgungsjahre vergangen, also wurden schon 12mal 3000,– DM = 36000,– DM getilgt. Die Restschuld zu Beginn des 13. Tilgungsjahrs beträgt noch 4000,– DM.

Jahr	Schuld zu Anfang	Zinsen (8%)	Tilgung	Annuität
13	4000,–	320,–	3000,–	3320,–
14	1000,–	80,–	1000,–	1080,–

Die gleichbleibende Tilgungsrate kann **in Prozenten der Anfangsschuld** ausgedrückt werden. Siehe auch Kap. 6.7.2 und Kap. 6.7.3 zum Thema ‚Ratenkredite'.

Aufgabe 93: Eine Hypothek von 50000,– DM soll mit 6% verzinst und in gleichen Raten zu 4% getilgt werden. Die 16. Zeile des Tilgungsplans ist zu ermitteln!

Tilgungsraten zu 4% bedeuten (100:4) = 25 Tilgungsjahre. Der Tilgungsbetrag ist (4% von 50000,– DM) = 2000,– DM.

16	20000,–	1200,–	2000,–	3200,–

Aufgeschobene Ratentilgung

Aufgabe 94: Eine mit 6% zu verzinsende Anleihe von 500000,– DM soll **nach vier tilgungsfreien Jahren** in weiteren 10 Jahren mit gleichgroßen Tilgungsbeträgen zurückgezahlt werden.

(a) Wie groß ist die Belastung des Schuldners in der tilgungsfreien Zeit?

(b) Für die beiden ersten Tilgungsjahre ist der Tilgungsplan anzugeben.

Zu (a) In der tilgungsfreien Zeit sind die Zinsen, und nur diese zu zahlen.

Zu (b)

1	500000,–	30000,–	50000,–	80000,–
2	450000,–	27000,–	50000,–	77000,–

Aufgabe 95: Zur Tilgung einer Schuld sollten zehnmal jährlich, beginnend mit dem Ende des ersten Schuldjahres, je 10000,– DM gezahlt werden. Der Schuldner möchte die Schuld mit zwei gleichen Raten am Anfang des vierten Jahres und am Ende des sechsten Jahres abtragen. Wie hoch sind diese beiden Raten bei Berechnung von 6% Zinseszinsen?

Die Schuld besteht aus dem Barwert einer zehnmaligen nachschüssigen Jahresrente von 10000,– DM, also $R_0 = 10000 \cdot a_{10}(6\%) = 73600{,}90$ DM, was zwei Tilgungsraten von je 36800,45 DM entspricht. Hinzu kommen 6% Zinseszinsen für 3 bzw. für 6 Jahre.

$36800{,}45 \cdot q^3(6\%) = 43830{,}07;$
$36800{,}45 \cdot q^6(6\%) = 52202{,}49.$

6.4 Annuitätentilgung

6.4.1 Die Formeln der Annuitätentilgung

Im Gegensatz zur Ratentilgung, bei der die Belastung des Schuldners zu Anfang der Tilgungszeit am größten ist und dann von Jahr zu Jahr kleiner wird, soll bei der *Annuitätentilgung* die jährliche Belastung durch Verzinsung und Tilgung gleichbleiben, also:

$A = z + T$ (konstant)

Aufgabe 96: Ein Anfangskapital K_0 soll mit $p\%$ verzinst und in n Jahren bei gleichen Annuitäten getilgt werden. Der erste Tilgungsbetrag (Tilgungsrate) sei T_1.

$A = K_0 \cdot i + T_1 = z_1 + T_1$

Am Ende des 1. Jahres wird die Schuld um die Tilgungsrate T_1 verringert. Der Zinsbetrag am Ende des 2. Jahres ist dann:

$z_2 = (K_0 - T_1) \cdot i = K_0 \cdot i - T_1 \cdot i = z_1 - T_1 \cdot i$

$T_1 \cdot i$ gibt die „gesparten Zinsen" an. Die Tilgung wird um diese gesparten Zinsen größer: $T_2 = T_1 + T_1 \cdot i$. Diese Abnahme des Zinsanteiles und Zunahme des Tilgungsanteiles der Annuität läßt sich wie folgt darstellen:

$$\begin{aligned} \mathrm{A} = z_1 + T_1 &= z_2 + T_2 \text{ (muß konstant bleiben)} \\ &= (z_1 - T_1 \cdot i) + (T_1 + T_1 \cdot i) \end{aligned}$$

Die gleiche Entwicklung ergibt sich für jedes der folgenden Jahre, d. h. zum Ende eines jeden Jahres werden die Zinsen um $p\%$ des Tilgungsbetrags vom vorhergehenden Jahr kleiner, während die Tilgungsbeträge um den gleichen Wert wachsen.

Es ergibt sich das folgende finanzmathematische Bild der Komponenten eines **Tilgungsplans:**

Jahr	Kapital am Anfang	Zinsen am Ende	Tilgung am Ende
1	K_0	z_1	T_1
2	$K_1 = K_0 - T_1$	$z_2 = z_1 - T_1 \cdot i$	$T_2 = T_1 + T_1 \cdot i$ $= T_1 \cdot (1+i) = T_1 \cdot q$
3	$K_2 = K_1 - T_2$	$z_3 = z_2 - T_2 \cdot i$	$T_3 = T_2 + T_2 \cdot i$ $= T_2 \cdot (1+i) = T_1 \cdot q^2$
4	$K_3 = K_2 - T_3$	$z_4 = z_3 - T_3 \cdot i$	$T_4 = T_3 + T_3 \cdot i$ $= T_3 \cdot (1+i) = T_1 \cdot q^3$
usw.			

Aus dieser Entwicklung lassen sich besondere Formeln für die Tilgung einer **Annuitätenanleihe** herleiten.

(a) Die Tilgungsrate am Ende des k-ten Jahres ist:

$$\boxed{T_k = T_1 \cdot q^{k-1}} \tag{39}$$

(b) Die Restschuld am Ende des k-ten Jahres ist:

$$K_k = K_0 - (T_1 + T_2 + \ldots\ldots + T_k)$$
$$= K_0 - (T_1 + T_1 \cdot q + \ldots\ldots + T_1 \cdot q^{k-1}) \text{ (geom. Reihe!)}$$

$$\boxed{K_k = K_0 - T_1 \cdot \frac{q^k - 1}{q - 1} = K_0 - T_1 \cdot s_k} \tag{40}$$

(c) Ist n die Zahl aller Tilgungsjahre, also $K_n = 0$, dann folgt aus (b):

$0 = K_0 - T_1 \cdot s_n$, d. h.

$$\boxed{K_0 = T_1 \cdot s_n} \tag{41}$$

Die Zahlung der gleichbleibenden Annuitäten zur Tilgung und Verzinsung der Anfangsschuld K_0 ist ein nachschüssiger Rentenvorgang. K_0 ist der **Barwert** aller n Annuitäten A.

(d)

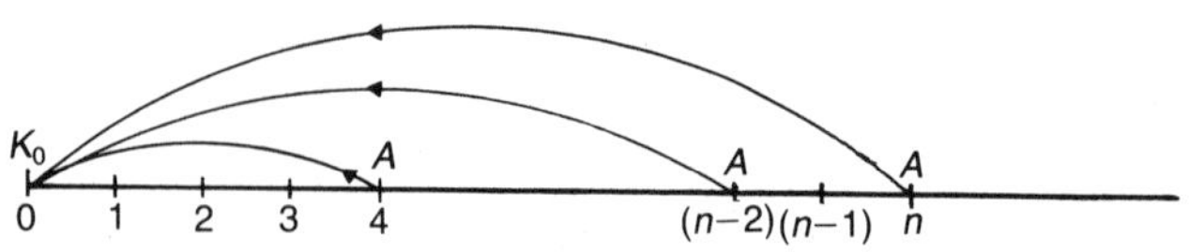

$$\boxed{K_0 = A \cdot a_\text{n}} \quad \text{hieraus:} \quad A = K_0 \cdot \frac{1}{a_\text{n}} \tag{42}$$

Die Annuität A kann aus dem Anfangskapital K_0 durch Anwendung des nachschüssigen Barwertfaktors a_n unmittelbar berechnet werden.

(Tabelle e) der Annuitätenfaktoren im Anhang!)

Im Sinne der Rentenrechnung kann man K_0 und sämtliche Annuitäten der ersten k Jahre auf den Termin k beziehen.

Die Restschuld zum Termin „k" ist dann:

$$\boxed{K_k = K_0 \cdot q^k - A \cdot s_k} \tag{43}$$

Die Übereinstimmung der Formeln (40) und (43) für K_k, also

$K_k = K_0 - T_1 \cdot s_k = K_0 \cdot q^k - A \cdot s_k$

kann bewiesen werden, wenn man setzt: $A = T_1 + Z_1$ und

$Z_1 = K_0 \cdot i = K_0 \cdot (q-1)$

(e) Zum Zeitpunkt „k" ist K_k die noch aus den künftigen Annuitäten zu tilgende Restschuld, also der Barwert der nach dem Termin „k" noch folgenden Annuitäten.

Nach dem Termin „k" fallen noch $(n-k)$ Annuitäten an. Also muß auch sein:

$$K_k = A \cdot a_{(n-k)} \tag{44}$$

(f) Aus den beiden Formeln $K_0 = T_1 \cdot s_n$ und $K_0 = A \cdot a_n$ ergibt sich:

$$T_1 \cdot s_n = A \cdot \frac{s_n}{q^n} \text{ oder } \qquad \left(\text{weil } a_n = s_n \cdot \frac{1}{q^n}\right)$$

$$A = T_1 \cdot q^n, \text{ bzw.}$$

$$\boxed{q^n = \frac{A}{T_1}} \tag{45}$$

Die letztere Umformung bietet sich vor allem für die Berechnung von n an.

Beispiel 18: Ein Hauseigentümer erhält von einem Kapitalgeber eine Hypothek in Höhe von 240000,– DM zugesichert, deren Rückzahlung bei 7,5% Zinseszinsen und 1,5% Tilgung in gleichbleibenden Annuitäten vorgenommen werden soll. Die erste Annuität ist dabei nach einem Jahr zur Zahlung fällig.

(a) Wieviel Jahre muß die volle Annuität bezahlt werden?

(b) Wie lautet die erste, zweite und letzte Zeile des Tilgungsplanes, wenn ein sich ergebender Restbetrag mit der letzten vollen Tilgungsrate zur Zahlung fällig wird?

(c) Um wieviel Jahre verlängert sich die Tilgungszeit, wenn bei gleichbleibender Annuität der Zinssatz nach drei Jahren auf 8,5% erhöht wird?

Zu (a) $K_0 = A \cdot a_n(7{,}5\%)$ $\quad A = 0{,}09 \cdot 240\,000 = 21\,600,-$

$240\,000 \quad = 21\,600 \cdot a_n(7{,}5\%)$

$a_n(7{,}5\%) = 11{,}111;$ $\quad N = 24$ volle Jahre.

Zu (b) $K_{23} = K_0 \cdot q^{23} - A \cdot s_{23}$

$= 240\,000 \cdot 5{,}27709 - 21\,600 \cdot 57{,}02790$

$= 34\,699.$

Jahr	*K* am Anfang	Zinsen	Tilgung	Annuität
1	240000	18000	3600	21600
2	236400	17730	3870	21600
⋮				
24	34699	2602,43	18997,57 +15701,43	37301,43

Zu (c) $K_3 \quad = 228\,369{,}70 = K_0\,(\text{neu})$

$K_0\,(\text{neu}) = A \cdot a_n(8{,}5\%)$

$a_n(8{,}5\%) = 228\,369{,}70 : 21\,600 = 10{,}57299.$

$N(\text{neu}) \quad = 28$ Jahre; 31 Tilgungsjahre insgesamt statt 24.

6.4.2 Berechnung der Tilgungszeit aus der Annuität

Aufgabe 97: Eine mit 6% zu verzinsende Anleihe von 100000,– DM soll, vom Ende des ersten Jahres an, durch jährliche Zahlungen von 10000,– DM getilgt werden.

(a) Nach wieviel Jahren wird die Anleihe getilgt sein?

(b) Wie lauten die erste und die beiden letzten Zeilen des Tilgungsplanes?

Zu (a) Nach der Formel $K_0 = A \cdot a_n$ muß sein: $100\,000 = 10\,000 \cdot a_n$

$a_n = 10$; aus der Tabelle der Barwertfaktoren a_n ergibt sich:

$15 < n < 16$

oder auch: $Z_1 = 6000,-$ $\quad T_1 = 4000,-$ $\quad q^n = \dfrac{A}{T_1} = 2{,}5$

aus der Tabelle der Aufzinsungsfaktoren findet man:

$15 < n < 16$

Zu (b) Restschuld zum Ende des 14. Jahres (= Anfang des 15. Jahres)

$$K_{14} = K_0 - T_1 \cdot s_{14} = 100000 - 4000 \cdot 21{,}01507 = 15940,-$$

Von K_{14} aus können die 15. und die 16. Zeile des Tilgungsplans gefunden werden.

Jahr	Schuld zu Anfang	Zinsen	Tilgung	Annuität
1	100000,–	6000,–	4000,–	10000,–
⋮				
15	15940,–	956,40	9043,60	10000,–
16	6896,40	413,76	6896,40	7310,16

Zum Ende des 16. Jahres sind nur die Restschuld vom Ende des 15. Jahres (= Anfang des 16. Jahres!) und die Zinsen davon zu zahlen.

An Stelle dieses Abschlusses am Ende des 16. Jahres wäre es aber auch möglich, schon am Ende des 1. Jahres einen Ausgleichsbetrag zu zahlen, der so zu bemessen wäre, daß vom Ende des 2. Jahres bis zum Ende des 16. Jahres die volle Annuität von 10000,– DM angesetzt werden könnte.

Diese beiden Möglichkeiten könnten, wie folgt, einander gegenübergestellt werden:

Fall 1

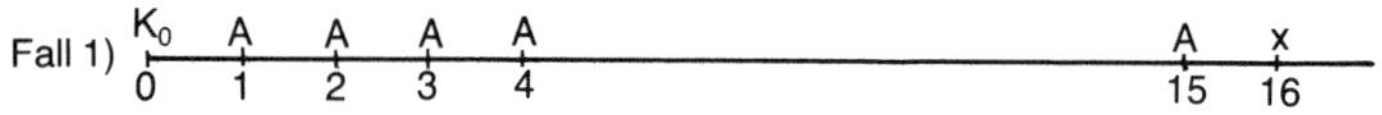

$$K_0 = A \cdot a_{15} + x \cdot v^{16}; \quad x = \frac{K_0 - A \cdot a_{15}}{v^{16}}$$

$$x = (K_0 - A \cdot a_{15}) \cdot q^{16} = K_0 \cdot q^{16} - A \cdot s_{15} \cdot q$$

Fall 2

$K_0 = A \cdot a_{15} \cdot v + y \cdot v$; $y = K_0 \cdot q - A \cdot a_{15}$ ($y = 8877{,}50$)

Die rechnerische Beziehung zwischen x (am Ende des 16. Jahres) und y (am Ende des 1. Jahres) kann hergestellt werden, wenn man die Ausdrücke für x und y nach K_0 auflöst und die beiden Ergebnisse einander gleichsetzt (also K_0 eliminiert).

$x = y \cdot q^{15} - A \cdot s_{15} \cdot (q-1)$

Hinweis zur Aufgabe: Um die Zahlen der 15. Zeile des Tilgungsplans zu finden, kann man auch, unter Anwendung der Formel $T_k = T_1 \cdot q^{k-1}$, die Tilgungsrate der 15. Zeile ermitteln.

$T_{15} = T_1 \cdot q^{14} = 4000 \cdot 2{,}26090 = 9043{,}60.$

$Z_{15} = A - T_{15} = 10\,000 - 9043{,}60 = 956{,}40.$ Dieses Z_{15} entspricht aber 6% der Schuld zu Anfang des 15. Jahres (= Ende des 14. Jahres)

$K_{14} = 956{,}40 : 6 \cdot 100 = 15\,940{,}-$

Aufgabe 98: (Originalaufgabe der wissenschaftlichen Vorprüfung für das Lehramt an den Gymnasien im Herbst 1979)
Eine Anleihe in Höhe von 2 Millionen DM wird mit 7% verzinst und in jährlichen nachschüssigen Raten getilgt. Die Tilgung erfolgt in den ersten 8 Jahren in gleichen Annuitäten und ist so bemessen, daß nach Ablauf der 8 Jahre 1 Million DM getilgt ist. Anschließend erfolgt die Tilgung im Verlauf weiterer 8 Jahre in gleichen Tilgungsraten.

(a) Wie hoch ist die Annuität in den ersten 8 Jahren?
(b) Wie lautet der Tilgungsplan für das 8. Jahr? (Ohne Aufstellen des gesamten Tilgungsplanes zu berechnen!)
(c) Wie lautet der Tilgungsplan für das 16. Jahr?

Zu (a) Aus $K_8 = K_0 - T_1 \cdot s_8(7\%)$ folgt $T_1 = 97\,467{,}79$ DM.
Wegen $Z_1 = 140\,000{,}-$ folgt $A = 237\,467{,}79$ DM.

Zu (b) und (c)

Jahr	*K* am Anfang	Zinsen	Tilgung	Annuität
8	1 156 511,83	80 955,83	156 511,83	237 467,66
⋮				
16	125 000,–	8 750,–	125 000,–	133 750,–

6.4.3 Die Prozentannuität

Aufgabe 99: Eine Anleihe soll bei gleichen Annuitäten mit 6% verzinst und mit 1% getilgt werden.

(a) Nach wieviel Jahren wird die Anleihe getilgt sein?
(b) Wie ändert sich die Tilgungszeit, wenn bei gleicher Annuität die Verzinsung mit 5% durchgeführt wird?

Zu (a) Die Prozentangaben beziehen sich auf das Anfangskapital K_0.

Es soll sein: $Z_1 = 0{,}06 \cdot K_0$, $T_1 = 0{,}01 \cdot K_0$, also: $A = 0{,}07 \cdot K_0$

Zur Bestimmung der Tilgungszeit benützt man die Formel $q^n = \dfrac{A}{T_1}$

$$q = 1{,}06; \quad 1{,}06^n = \frac{0{,}07 \cdot K_0}{0{,}01 \cdot K_0} = \frac{6+1}{1} = 7$$

Aus der Tabelle der Aufzinsungsfaktoren findet man: $33 < n < 34$

Zu (b) Analog ergibt sich: $1{,}05^n = \dfrac{7}{2} = 3{,}5$: $\quad 25 < n < 26$

Bei 5% Verzinsung entfallen 2% auf die Tilgung! Die Tilgung ist größer, also wird die Tilgungszeit kürzer sein.

Aufgabe 100: Eine Schuld von 50000,– DM soll, bei gleichen Annuitäten, mit 6% verzinst und mit 2% getilgt werden.

Wie lauten die beiden letzten Zeilen des Tilgungsplans?

Aus $q^n = \frac{A}{T_1}$ ergibt sich $1{,}06^n = \frac{6+2}{2} = 4$; $23 < n < 24$

Restschuld am Ende des 22. Tilgungsjahrs: $K_{22} = K_0 - T_1 \cdot s_{22}$

Jahr	Schuld zu Anfang	Zinsen	Tilgung	Annuität
23	6607,70	396,46	3603,54	4000,–
24	3004,16	180,24	3004,16	3184,40

Aufgabe 101: Eine Annuitätenschuld $K_0 = 10000$,– DM soll, bei einer Verzinsung mit 5%, so getilgt werden, daß nach 20 Jahren nur noch die halbe Schuld vorhanden ist.

(a) Wie groß ist die 1. Tilgung?
(b) Wieviel Prozent der Anfangsschuld beträgt die 1. Tilgung?
(c) Wie groß ist die jährliche Zahlung?
(d) Wann ist die ganze Schuld getilgt?

Zu (a) $5000 = 10000 - T_1 \cdot s_{20}$; $T_1 = 151{,}21$
Zu (b) T_1 auf K_0 bezogen: 1,51%.
Zu (c) $A = (500{,}00 + 151{,}21) = 651{,}21$
Zu (d) $q^n = A : T_1 = 4{,}3066$; $n = 29{,}9$ Jahre ($29 < n < 30$).

Aufgabe 102: Eine **Annuitätenanleihe** von 600000,– DM soll mit 6% verzinst und mit 2% zuzüglich der gesparten Zinsen getilgt werden. Ein sich ergebender Restbetrag ist 1 Jahr nach der letzten vollen Annuität zur Zahlung fällig.

(a) Stellen Sie den Tilgungsplan für die ersten drei Jahre auf.
(b) Welche Laufzeit hat die Anleihe?
(c) Welche Abschlußzahlung muß ein Jahr nach der letzten vollen Annuität geleistet werden?

Zu (a)

Jahr	K am Anfang	Zinsen	Tilgung	Annuität
1	600000,–	36000,–	12000,–	48000,–
2	588000,–	35280,–	12720,–	
3	575280,–	34516,80	13483,20	

Zu (b) Aus $a_n\,(6\%) = \dfrac{K_0}{A} = 12{,}5$ folgt $N = 23$ volle Jahre.

Zu (c) $K_{23} = K_0 - T_1 \cdot s_{23}(6\%)$
$K_{23} = 600\,000 - 12\,000 \cdot 46{,}99583 = 36\,050{,}04.$
Als Ergebnis hat man $36\,050{,}04 \cdot 1{,}06 = 38\,213{,}04.$

6.4.4 Berechnung der Annuität aus der Tilgungszeit

Aufgabe 103: Eine Schuld von 100 000,– DM ist mit 6% zu verzinsen und in 15 Jahren in gleichen Annuitäten zu tilgen.

(a) Welche Annuität ist hierbei aufzubringen?
(b) Wie lauten die beiden ersten Zeilen des Tilgungsplans?

Zu (a) $K_0 = A \cdot a_n; \quad A = K_0 \cdot \dfrac{1}{a_n}$
$A = 100\,000 \cdot 0{,}102963 = 10\,296{,}30$ DM.

Zu (b)

Jahr	K am Anfang	Zinsen	Tilgung	Annuität
1	100 000,–	6000,–	4296,30	10 296,30
2	95 703,70	5742,18	4554,12	10 296,30

Aufgabe 104: Eine mit 5% zu verzinsende Anleihe von 1 000 000,– DM soll in gleichen Annuitäten in 20 Jahren getilgt werden.

(a) Wie groß ist der Tilgungsbetrag am Ende des ersten Jahres?
(b) Wie groß ist die Restschuld nach 10 Jahren?

Zu (a) $A = \dfrac{K_0}{a_{20}(5\%)} = \dfrac{1\,000\,000}{12{,}46221} = 80\,242{,}589.$
Wegen $Z_1 = 50\,000{,}-$ DM hat man $T_1 = 30\,242{,}59$ DM.

Zu (b) $K_{10} = 1\,000\,000 - 30\,242{,}59 \cdot s_{10}(5\%) = 619\,612{,}10.$

6.4.5 Berechnung der Höhe der Anleihe aus der Annuität

Aufgabe 105: Ein Unternehmen benötigt eine Anleihe und geht davon aus, daß in den kommenden 20 Jahren für Verzinsung und Tilgung je 30 000,– DM aufgebracht werden können. In welcher Höhe kann die Anleihe aufgenommen werden, wenn mit einem Zinsfuß von (a) 5%, (b) 6% gerechnet werden muß?

Allgemein ist: $K_0 = A \cdot a_n$
bei 5%: $K_0 = 373\,866{,}-$ DM
bei 6%: $K_0 = 344\,097{,}-$ DM

Aufgabe 106: (Teil einer Originalaufgabe der wissenschaftlichen Vorprüfung für das Lehramt an den Gymnasien im Herbst 1982)
Bei einer Bank, die 7% Zinseszinsen gewährt, wurde zu Beginn eines Jahres ein Betrag eingezahlt mit dem Auftrag, vom Anfang des ersten Jahres an eine zehnmalige Jahresrente in Höhe von je 10000,– DM zur Auszahlung zu überweisen. Nach der zehnten Überweisung ergibt sich ein Restguthaben von 5000,– DM.

Welcher Betrag wurde bei der Bank eingezahlt?

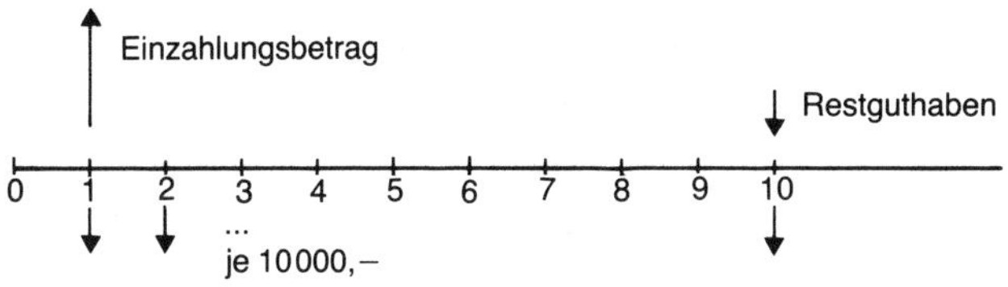

Notwendiger Einzahlungsbetrag K_0 für 10 nachschüssige Annuitäten:

$K_0 = A \cdot a_{10}(7\%) = 10000 \cdot 7{,}02358 = 70235{,}80.$
$K_1 = K_0 \cdot q(7\%) = 70235{,}80 \cdot 1{,}07 = 75152{,}31.$

Diskontiert man den Restbetrag von 5000,– DM ebenfalls auf den Termin „1" hin, so hat man $5000 \cdot v^9(7\%) = 2719{,}67$.

Einzahlungsbetrag: $75152{,}31 + 2719{,}67 = 77871{,}98$.

Anmerkung: Natürlich hätte man die Aufgabe ebenso mit Hilfe der Rentenformeln für vorschüssige Renten lösen können.

6.4.6 Berechnung des Zinssatzes einer Anleihe

Aufgabe 107: Ein Hausbesitzer erhält von einem Kapitalgeber eine Hypothek in Höhe von 401290,– DM zugesichert, deren Tilgung und Verzinsung in 25 gleichbleibenden Annuitäten zu 36000,– DM vorgenommen werden soll.

Mit welchem Zinssatz kalkuliert der Kapitalgeber?

$$a_{25} = \frac{K_0}{A} = \frac{401290}{36000} = 11{,}14694.$$

Hieraus ergibt sich $i = 7{,}5\%$.

Anmerkung: Falls der errechnete Barwertfaktor in der entsprechenden Zeile der Tabellen zur Finanzmathematik nicht vorkommt, so kann man den gesuchten Zinssatz durch Interpolation ermitteln.

6.4.7 Aufgeschobene Annuitätentilgung

Aufgabe 108: Eine Anleihe von 500000,– DM ist mit 6% zu verzinsen und, nach einer tilgungsfreien Zeit von 5 Jahren, in 12 Jahren mit gleichen Annuitäten zu tilgen.

(a) Wie groß ist die Belastung des Schuldners in der tilgungsfreien Zeit?
(b) Wie gestaltet sich der Tilgungsplan für die beiden ersten Tilgungsjahre?
(c) Wie wird der Tilgungsplan abzuändern sein, wenn die Zahlungen in der tilgungsfreien Zeit (also die Zinsen) nicht erbracht werden können, dem Schuldner aber zugestanden wird, daß diese nicht erbrachten Zahlungen jeweils zum Fälligkeitstermin „kapitalisiert", d.h. der Anleiheschuld zugeschlagen werden?

Zu (a) In der tilgungsfreien Zeit betragen die Zinsen $z=30000,-$ DM.

Zu (b) $A=K_0\cdot(1:a_n)=500000\cdot 0{,}119277=59638{,}50$.

Jahr	Restschuld	Zinsen	Tilgung	Annuität
1	500000,–	30000,–	29638,50	59638,50
2	470361,50	28221,69	31416,81	59638,50

Zu (c)

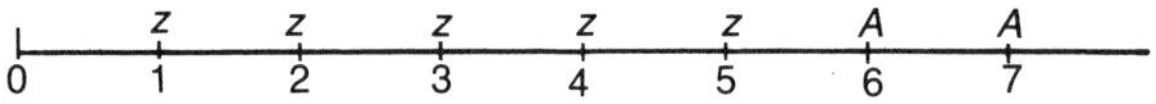

Die gleichbleibenden Zinsen wachsen (im Sinn einer nachschüssigen Rente) bis zum Ende des 5. Jahres an auf $R_5=z\cdot s_5$. Um diesen Betrag erhöht sich die in den anschließenden 12 Jahren in gleichen Annuitäten zu tilgende Anleihe. ($R_5=30000\cdot 5{,}63709=169112{,}70$)

Die gleichbleibende Annuität nach (b) (59638,50) erhöht sich um $169112{,}70\cdot 0{,}119277=20171,-$ DM.

(Es wurde hierbei vorausgesetzt, daß bei der Kapitalisierung der nicht erbrachten Zinsen der Zinsfuß nicht verändert wird!)

Jahr	Restschuld	Zinsen	Tilgung	Annuität
1	669112,70	40146,76	39662,74	79809,50
2	629449,96	37767,–	42042,50	79809,50

Aufgabe 109: Eine mit 8% zu verzinsende Anleihe von 500000,– DM soll, nach 4 tilgungsfreien Jahren, in weiteren 10 Jahren durch gleich große Annuitäten zurückgezahlt werden.

(a) Wie groß ist die jährliche Zinsbelastung des Schuldners in der tilgungsfreien Zeit?
(b) Stellen Sie den Tilgungsplan für die ersten drei Tilgungsjahre auf.

Zu (a) $z=40000,-$ DM.

Zu (b) $A=\dfrac{K_0}{a_{10}\ (8\%)}=74514{,}76;\quad T_1=34514{,}76$ DM.

Jahr	K am Anfang	Zinsen am Ende	Tilgung am Ende
1	500000,–	40000,–	34514,76
2	465485,24	37238,82	37275,94
3	428209,30	34256,74	40258,02

Aufgabe 110: Eine Stadtgemeinde will eine 8,5%-Anleihe von 1000000,– DM aufnehmen und nach einer Sperrfrist von 10 Jahren durch 20 gleich große Annuitäten tilgen. Während der Sperrfrist werden die Zinsen bezahlt.

(a) Wie groß sind die Annuitäten?
(b) Wie groß wäre der Barwert aller Zahlungen der Gemeinde zu Beginn der Sperrfrist, wenn mit einem Zinsfuß von 9% gerechnet werden würde?
(c) Wieviel Prozent des nominellen Anleihebetrages von DM 1000000,– beträgt dieser Barwert?
(d) Welche Annuitäten wären in der Tilgungszeit zu begleichen, wenn die während der Sperrfrist anfallenden Zinsen nicht bezahlt werden?

Zu (a) Während der ersten 10 Jahre: $z = 85000,-$ DM

$$A = \frac{1000000}{a_{20}(8{,}5\%)} = 105671,-$$

Zu (b) $K_0(9\%) = 105671 \cdot a_{20}(9\%) \cdot v^{10}(9\%) + 85000 \cdot a_{10}(9\%)$
$= 952968{,}46.$

Zu (c) 95,30%.

Zu (d) $K_{10} = 1000000 \cdot q^{10}(8{,}5\%) = 2260980.$
$A = 238920,-$

6.4.8 Annuitätentilgung mit Konversion

Wird der Zinssatz während der Laufzeit geändert, so bezeichnet man dies als Konversion.

Aufgabe 111: Für eine Hypothek von 50000,– DM sind 5% Zinsen und 2% Tilgung in gleichen Annuitäten zu zahlen.

(a) Nach wieviel Jahren wird die Hypothek getilgt sein?
(b) Wie groß ist die Restschuld zu Beginn des 11. Jahres?
(c) Ab Beginn des 11. Tilgungsjahres wird der Zinsfuß auf 6% angehoben. Die Annuität soll sich nicht ändern. Wie lautet bei diesen neuen Bedingungen die 11. Zeile des Tilgungsplans?
(d) Von dieser 11. Zeile aus ist die nunmehr verbleibende Tilgungszeit zu bestimmen.

Zu (a) $q^n = A : T_1$; $1{,}05^n = 7:2 = 3{,}5$ hieraus: $25 < n < 26$

Zu (b) $K_{10} = K_0 - T_1 \cdot s_{10} = 37\,422{,}-$ DM.

Zu (c)

Jahr	Schuld zu Anfang	Zinsen 6%	Tilgung	Annuität
11	37422,–	2245,32	1254,68	3500,–

Zu (d) $1{,}06^n = 3500 : 1254{,}68 = 2{,}7896$; $17 < n < 18$.

Aufgabe 112: Eine Hypothek von 100000,– DM ist mit 5% zu verzinsen und in gleichen Annuitäten von 6500,– DM zu tilgen.

(a) Welche Tilgungszeit ergibt sich hieraus?
(b) Wie groß ist die Restschuld am Ende des 20. Tilgungsjahrs?
(c) Zusätzlich zur laufenden Tilgung leistet der Schuldner am Ende des 20. Jahres eine Sonderzahlung von 25000,– DM. Vom Ende des 21. Tilgungsjahrs an soll die Annuität aber um 1500,– DM verringert werden.
(d) Wann wird die Hypothek endgültig getilgt sein?

Zu (a) $1{,}05^n = A : T_1 = 6500 : 1500 = 4{,}33\ldots (T_1 = A - z_1)$
$30 < n < 31$

Zu (b) $K_{20} = K_0 - T_1 \cdot s_{20} = 100\,000 - 1500 \cdot 33{,}06595$
$K_{20} = 50\,401{,}-$

Zu (c)

	Schuld	Zinsen	Tilgung	Annuität
21. Zeile alt:	50401,–	2520,–	3980,–	6500,–
21. Zeile neu:	25401,–	1270,–	3730,–	5000,–

Zu (d) Von der neuen 21. Zeile ausgehend, ergibt sich:
$1{,}05^n = 5000 : 3730 = 1{,}34048$, d.h. $6 < n < 7$

Aufgabe 113: Eine Schuld von 50000,– DM, die mit 5% zu verzinsen ist, soll durch jährlich nachschüssige Zahlungen von 4000,– DM getilgt werden.

(a) Über wieviel Jahre erstreckt sich die Tilgung?
(b) Wie groß ist die Restzahlung am Ende des letzten Jahres?
(c) Der Schuldner möchte die Tilgungszeit auf 12 Jahre verkürzen, indem er die jährlichen Zahlungen jeweils um einen gleichbleibenden Betrag, mit der zweiten Zahlung beginnend, erhöht.
Wie groß muß der Zuwachsbetrag sein?

Zu (a) $A = 4000{,}-\quad T_1 = (A - z_1) = 1500{,}-$
$q^n = A : T_1$; $1{,}05^n = 2{,}66666$; hieraus: $20 < n < 21$

Zu (b) Die Restschuld am Ende des 20. Jahres: $K_{20} = K_0 - T_1 \cdot s_{20}$
$K_{20} = 50\,000 - 1500 \cdot 33{,}06595 = 401{,}10$ (DM)

Die Restzahlung am Ende des 21. Jahres ist dann:
401,10 + 20,05 = 421,15 (DM)

Zu (c) Die jährlichen Zahlungen sollen jetzt sein:
Ende des 1. Jahres: 4000,– $= r$
Ende des 2. Jahres: 4000,– $+ d$ $= r + d$
Ende des 3. Jahres: 4000,– $+ 2d$ $= r + 2d$ usw. ...

Für die Berechnung des Zuwachsbetrags d steht die Formel (32) für den Barwert einer arithmetisch-fortschreitenden Rente zur Verfügung.

Die Auflösung nach der gesuchten Größe d ergibt:

$$d = \frac{(R_0 - r \cdot a_n) \cdot i}{a_n - n \cdot v^n}$$

Bei den gegebenen Zahlen ist: $d = \dfrac{(50\,000 - 4000 \cdot 8{,}86325) \cdot 0{,}05}{8{,}86325 - 12 \cdot 0{,}556837}$

hieraus: $d = 333{,}46$

Beispiel 19: Eine Anleihe ist mit 5% zu verzinsen und bei gleichen Annuitäten mit 3% zu tilgen.

(a) Wie groß ist die Tilgungszeit, wenn ein eventueller Restbetrag zusammen mit der letzten vollen Tilgungsrate zur Zahlung fällig ist?
(b) Wie ändert sich die Tilgungszeit, wenn die Annuitäten gleich bleiben, die Verzinsung aber mit 7% durchzuführen ist?
(c) Wie lauten im Fall (a) die drei ersten Zeilen und die letzte Zeile des Tilgungsplanes, wenn der Anleihebetrag 100 000,– DM ist?

Zu (a) $A = 0{,}08 \cdot K_0$
$K_0 = 0{,}08 \cdot K_0 \cdot a_n(5\%)$
Aus $a_n(5\%) = 12{,}5$ folgt: Die Tilgung dauert volle 20 Jahre.

Zu (b) Aus $a_n(7\%) = 12{,}5$ folgt: Die Tilgung dauert volle 30 Jahre.

Zu (c)

Jahr	K am Anfang	Zinsen	Tilgung
1	100 000,–	5000,–	3000,–
2	97 000,–	4850,–	3150,–
3	93 850,–	4692,50	3307,50
⋮			
20	8 383,–	419,15	8383,–

Aufgabe 114: Herr S. verhandelt mit Herrn G. wegen der Gewährung eines Darlehens in Höhe von 50 000,– DM mit folgendem Ergebnis:

Herr S. wird die jährlichen nachschüssigen Zinsen zu 5,5% und nach 10 Jahren die volle Schuld von 50 000,– DM zahlen, Herr G. stellt zu Jahresbeginn das Darlehen zur Verfügung, wird aber den Darlehensbetrag so reduzieren, daß die künftigen Zahlungen des Herrn S. eine Verzinsung des tatsächlichen Darlehens mit 7% erbringen (die künftigen Zahlungen des Herrn S. sind also einer Bewertung mit dem Zinsfuß 7 zu unterwerfen).

(a) In welcher Höhe wird Herr G. das Darlehen auszahlen?

(b) Wieviel Prozent des nominellen Darlehensbetrages von 50000,– DM beträgt die Auszahlung?

(c) Welchen Darlehensbetrag wird Herr G. auszahlen, wenn die Erhöhung des Zinsfußes auf 7% erst mit Beginn des 6. Jahres wirksam werden soll?

Zu (a)

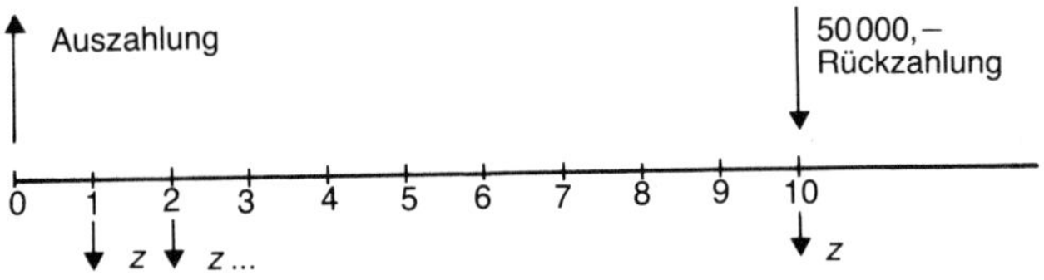

Die jährlichen Zinsen betragen 5,5% von 50000,– gleich 2750,– DM. Der Auszahlungsbetrag ist der Barwert aller künftigen Zahlungen des Schuldners:

$K_0 = 2750 \cdot a_{10}(7\%) + 50000 \cdot v^{10}(7\%) = 44732{,}30.$

Zu (b) Bezogen auf den Nominalbetrag entspricht dies 89,46%.

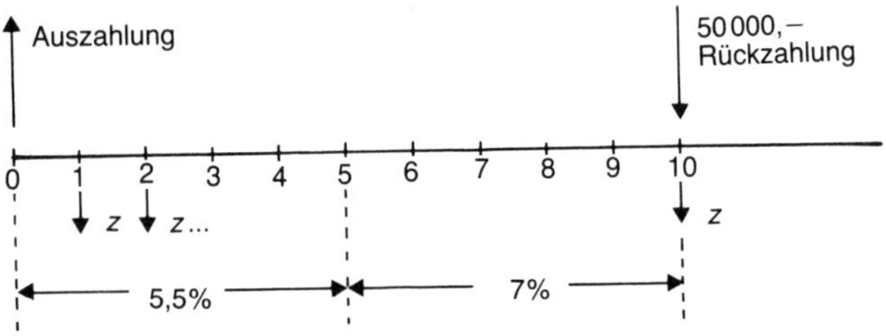

Zu (c)

Jetzt ist

$$K_0 = 2750 \cdot a_5(5{,}5\%) + 2750 \cdot a_5(7\%) \cdot v^5(5{,}5\%) + 50000 \cdot v^5(7\%) \cdot v^5(5{,}5\%) = 47647{,}07.$$

6.5 Zinsanleihe mit Rücklagentilgung

Aufgabe 115: Zur Amortisation (Tilgung) einer Schuld von 100000,– (DM), für die jeweils die Jahreszinsen zu 4% zu zahlen sind, stehen jährlich 8000,– DM zur Verfügung. Nach wieviel Jahren kann die Schuld durch die auf Zinseszinsen angelegten Rücklagen T auf einmal bezahlt werden?

Für die Schuld müssen bis zum Ende der Zeit, in der die Rücklagen auf 100 000,– DM anwachsen, die Zinsen bezahlt werden. Die jährliche Belastung des Schuldners umfaßt Zinsen und Rücklage!

$A = K_0 \cdot i + T;\; T = A - Z = 8000 - 100\,000 \cdot 0{,}04 = 4000$

Dieser Betrag $T = 4000,-$ wird jährlich nachschüssig auf Zinseszinsen angelegt. Es muß sein: $T \cdot s_n = K_0$; hieraus ergibt sich zur Bestimmung der Zeit, in der die Beträge T mit Zinseszinsen auf $K_0 = 100\,000,-$ DM anwachsen: $s_n = K_0 : T = 100\,000 : 4000 = 25$.

Aus der Tabelle der s'-Werte ($s_n = s'_{n-1} + 1$) kann die Anzahl der Jahre gefunden werden!

In der Aufgabe wurde gesagt, daß die aufgenommene Schuld mit 4% zu verzinsen ist. Das kann aber nicht bedeuten, daß die Rücklagen ebenfalls mit 4% verzinst werden.

Wenn nun tatsächlich die Rücklagen ebenfalls mit 4% verzinst werden, dann ergibt sich aus $s_n = 25$ (mit Hilfe der Tabelle der s'_n)

$(s_n = s'_{n-1} + 1) \quad 16 < n - 1 < 17$, d. h. $17 < n < 18$

In diesem Fall ist dann auch: $A = K_0 \cdot \mathrm{i} + T = T \cdot s_n \cdot i + T =$

$$= T \cdot \frac{q^n - 1}{q - 1} \cdot (\mathrm{q} - 1) + T = T \cdot (q^n - 1) + T = T \cdot (q^n - 1 + 1) = T \cdot q^n$$

Dieser Wert T (Betrag der Rücklage) entspricht also dem Wert T_1 bei der Annuitätentilgung.

Werden die Rücklagen aber etwa nur mit 3,5% verzinst, die Zinsen von K_0 aber mit 4% berechnet, dann ist nach wie vor $s_n = 25$.

Bei 3,5% ergibt dies aber eine „Rücklagenzeit" von $18 < n < 19$. Die jährlichen Kapitalzinsen zu 4% müssen also entsprechend länger bezahlt werden.

6.6 Annuitätentilgung mit Gebührenverrechnung

Hat ein Schuldner bei der Tilgung einer Anleihe neben den jährlichen Zinsen (p%) und den Tilgungsbeträgen auch noch Gebühren zu zahlen, so kann der Gebührenanteil in einem Prozentwert (p_1%) angesetzt werden, d. h. die Gebühren werden mit p_1% vom jeweiligen Schuldrest, von dem ja auch die Zinsen berechnet werden, ermittelt. Der Tilgungsplan ist mit dem Zinsfuß $(p + p_1)$% aufzustellen.

Beispiel 20: Ein Darlehen in Höhe von 100 000,– DM ist mit 4,5% zu verzinsen und in 20 Jahren durch gleiche Annuitäten zu tilgen. Von der jeweiligen Restschuld werden jährlich $p_1 = 0{,}5$% für Gebühren zugeschlagen. Wie gestaltet sich der Tilgungsplan?

Die Annuität ist für den Zinsfuß $(4{,}5+0{,}5)\% = 5\%$ zu ermitteln.

$A = K_0 : a_n$; $A = 100000 \cdot 0{,}0802426 = 8024{,}26$

Jahr	Schuld zu Anfang	5% davon	Zinsen	Gebühren	Tilgung	Annuität
1	100000,–	5000,–	4500,–	500,–	3024,–	8024,–
2	96976,–	4848,80	4363,92	484,88	3175,20	8024,–
usw.						

Wie gestaltet sich der Tilgungsplan, wenn die Gebühren **nicht** in die Annuität eingeschlossen sein sollen, sondern jeweils mit 0,5% von der Restschuld berechnet werden.

Die Annuität ist jetzt für 4,5% Verzinsung zu berechnen.

$A = 100000 \cdot 0{,}0768761 = 7687{,}61$

Jahr	Schuld zu Anfang	4,5% Zinsen davon	Tilgung	Annuität	Gebühren
1	100000,–	4500,–	3187,61	7687,61	500,–
2	96812,39	4356,55	3331,06	7687,61	484,06
usw.					

Sollen die im Laufe der Tilgungszeit anfallenden Gebühren im voraus bezahlt werden, so ist ihr Barwert zu ermitteln. (Die Gebühren werden von der Darlehenssumme sofort abgezogen!)

In jedem Fall betragen die Zinsen $p\%$, die Gebühren $p_1\%$ der jeweiligen Restschuld. Das Verhältnis (Zinsen):(Gebühren) bleibt stets $p : p_1$. Will man also den **Barwert der Gebühren** ermitteln, so kann man zunächst den Barwert aller Zinsen suchen.

Bezieht man alle in einem Tilgungsplan vorkommenden Größen auf den Termin „0“, dann gilt:

Barwert aller Annuitäten = Barwert aller Tilgungen + Barwert aller Zinsen.

(a) Barwert aller Annuitäten: $A \cdot a_n = K_0$

(b) Barwert aller Tilgungen: $T_0 = n \cdot T_1 \cdot v$, denn zinst man irgendeine Tilgungsrate $T_k = T_1 \cdot q^{k-1}$ auf den Termin „0“ ab, so ergibt sich als Barwert für dieses T_k: $T_1 q^{k-1} \cdot v = T_1 \cdot v^k$

(c) Barwert aller Zinsen: $Z_0 = K_0 - T_0$

$Z_0 = K_0 - n \cdot T_1 \cdot v$

Der Barwert aller Gebühren P_0 ist dann:

Zuteilungsprovision: $P_0 = \frac{p_1}{p} \cdot Z_0 = \frac{p_1}{p} \cdot (K_0 - n \cdot T_1 \cdot v)$

Dieses Ergebnis gilt sowohl für den Fall, daß der Gebührenzuschlag in der Annuität eingeschlossen ist, oder mit $p_1\%$ vom jeweiligen Schuldrest zusätzlich berechnet wird.

6.7 Unterjährliche Annuitätentilgung

6.7.1 Annuitätentilgung mit unterjährlicher Zinszahlung

1. Zinsen und Tilgungsrate sind **beide halbjährlich** zu zahlen.

Aufgabe 116: Für ein Darlehen von 100000,– DM sind 4,5% Zinsen und 3% Tilgung halbjährlich in gleichen Annuitäten zu zahlen.

(a) Nach wieviel Halbjahren ist die Rückzahlung abgeschlossen?
(b) Wie hoch ist die Restschuld zu Beginn des 11. Halbjahres?

Zu (a) die relativen Halbjahreszinsfüße sind 2,25% für die Zinsen und 1,5% für die Tilgung. Wenn n die Zahl der Halbjahre bedeutet, ist: $1{,}0225^n = 3{,}75 : 1{,}5 = 2{,}5$; hieraus: $n = 41{,}1$ (Halbjahre).

Zu (b) Erg.: 83386,75.

2. Die **Zinsen sind halbjährlich,** die **Tilgungsrate jährlich** zu zahlen.

Aufgabe 117: Eine Anleihe von 100000,– DM ist mit 8% zu verzinsen und in 20 Jahren zu tilgen. Die Zinsen sind halbjährlich zu zahlen.

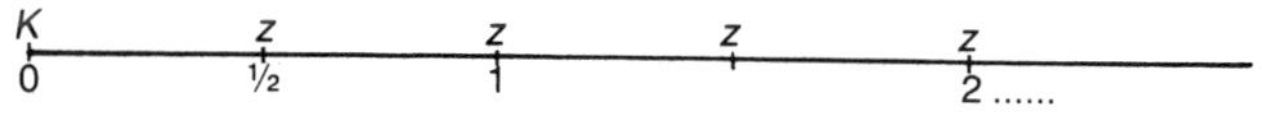

Die Zinstermine sind rechnerisch den Tilgungsterminen anzupassen! Die halbjährliche Verzinsung mit 4% entspricht einem effektiven Jahreszinsfuß von 8,16% (Jahresaufzinsungsfaktor: $1{,}04^2 = 1{,}0816$). Die Annuität ist mit 8,16% zu berechnen.

Der Annuitätenfaktor zu 8,16% ist 0,103068 [Berechnung aus dem vollen Ausdruck für $(1 : a_n) = \frac{q^n \cdot (q-1)}{q^n - 1}$]

Halbjahr	Schuld zu Anfang	Zinsen	Tilgung	Annuität
1	100000,–	↓4000,–		
2		(4160,–) 4000,–	2146,80	10306,80
3	97853,20	↓3914,13		
4		(4070,69) 3914,13	2321,98	10306,80

Die Zinsen am Ende eines jeden ganzen Jahres betragen 8,16% der Restschuld, werden aber zu Ende eines jeden Halbjahres mit 4% der Restschuld ausgewiesen.

Beispiel 21: Eine Bank bietet für eine siebenjährige Ansparung von jährlich 2400,– DM als Gegenleistung eine Rente mit zwölfjähriger Laufzeit an. Die erste Rentenauszahlung erfolgt ein Jahr nach der letzten Ansparungseinzahlung. Für Ansparung und Rentenzahlung soll stets vorschüssige Zahlungsweise gelten.

(a) Welche Jahresrente wird die Bank auszahlen, wenn sie mit einer Verzinsung von 6% kalkuliert?

(b) Welcher Rentenbetrag ergibt sich, wenn anstelle der jährlichen Rentenzahlungen unter (a) eine halbjährliche Auszahlungsweise angeboten und die Effektivverzinsung von 6% beibehalten werden soll?

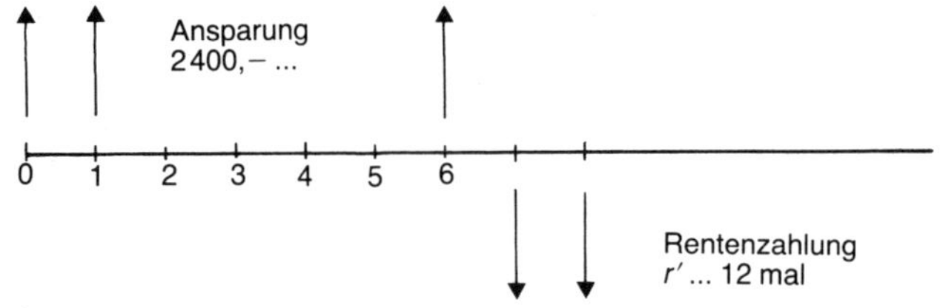

Zu (a) $K_7 = 2400 \cdot s_7'(6\%) = 21\,353{,}928.$

$$r' = \frac{K_7}{a_{12}'(6\%)} = 2402{,}86.$$

Zu (b) **Erste Lösungsart:** Man diskontiert Jahresrente r' und Halbjahresrente x auf einen gemeinsamen Termin (hier Termin „1") hin.

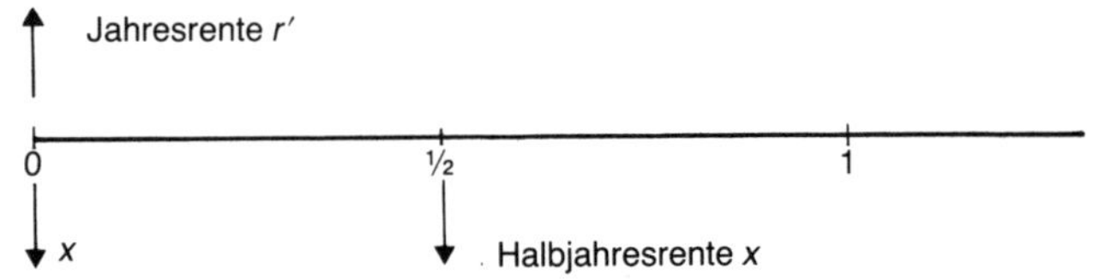

$$2402{,}86 \cdot q(6\%) = x \cdot \left(1 + \frac{1 \cdot 6}{2 \cdot 100}\right) + x \cdot \left(1 + \frac{6}{100}\right)$$

$$x = 1218{,}68.$$

Zweite Lösungsart: Man verwendet anstelle des effektiven Zinssatzes von 6% den dazugehörigen konformen Halbjahreszinssatz.

Konformer Zinsfaktor $\bar{q} = \sqrt{1{,}06} = 1{,}029563.$

$$x = \frac{K_7}{a_{24}'(2{,}9563\%)} = 1\,218{,}92.$$

6.7.2 Ratenkredite ohne Bearbeitungsgebühren

In Abschnitt 1.6 wurde bereits auf das Ratenkreditgeschäft hingewiesen, an einem Beispiel auch der Zusammenhang von Nominalverzinsung und Effektivverzinsung dargelegt. Bei einem Ratenkreditgeschäft handelt es sich im Grundsatz um eine unterjährliche Annuitätentilgung einer Anfangsschuld K_0, wobei in den Konditionen meist jener Zinssatz $\frac{p(mon)}{100}$ ausgewiesen wird, der als Laufzeitzinssatz auf eine Tilgungsperiode, zuallermeist ein Monat, bezogen wird. Andererseits ist den Kreditinstituten zwingend vorgegeben, daß bei jedem Ratenkreditvertrag der effektive Zinssatz vermerkt sein muß. Im folgenden soll also der monatliche Laufzeitzinssatz $p(mon)$ % ermittelt werden, der einem effektiven Zinssatz i (Jahreszinssatz) entspricht.

Es bedeuten:

A: Annuität (Jahresrate),
$\bar{A}$: Monatsrate,
M: Laufzeit in Tilgungsperioden (Monaten),
N: Laufzeit in vollen Jahren
= größte nat. Zahl $- \frac{M}{12}$ (bei Monaten),
m: restliche Laufzeit in Tilgungsperioden (Monaten)
$= M - 12N$ (bei Monaten),
K_0: Anfangsschuld,
$K_{N+\frac{m}{12}}$: auf den Zeitpunkt „nach N Jahren plus m Monaten" hin diskontierte Anfangsschuld K_0,
s_N: nachschüssiger Rentenendwertfaktor.

Die Monatsraten $\bar{A}$ müssen im Laufe eines Jahres auf die Höhe der Annuität A anwachsen, da ja der Effektivzins eine p.a.-Angabe und der Kapitaldienst deshalb in Annuitäten zu sehen ist. Die vor Fälligkeit der Annuität A geleisteten Monatsraten $\bar{A}$ werden einfach mit dem Effektivzinssatz i verzinst.

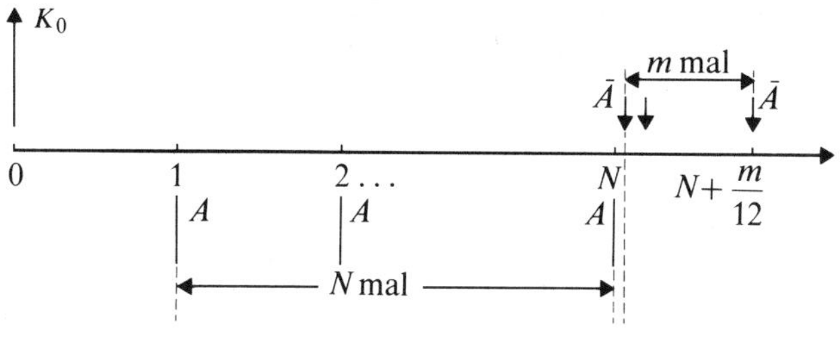

Man hat also:

$$A=\bar{A}+\bar{A}\left(1+\frac{i}{12}\right)+\bar{A}\left(1+\frac{2i}{12}\right)+\ldots+\bar{A}\left(1+\frac{11i}{12}\right)$$

$$A=12\bar{A}+\frac{\bar{A}i}{12}(1+2+\ldots+11)$$

$$A=\bar{A}\left(12+\frac{11i}{2}\right) \text{ bzw.}$$

$$\boxed{\bar{A}=\frac{A}{12+\frac{11i}{2}}} \tag{46}$$

Werden die Annuitäten A und die Monatsraten $\bar{A}$ auf den Zeitpunkt „$N+\frac{m}{12}$" hin diskontiert, so ergibt sich:

$$K_{N+\frac{m}{12}}=A\cdot s_N\cdot\left(1+\frac{mi}{12}\right)+\bar{A}\left[\left(1+\left(1+\frac{1i}{12}\right)+\ldots+\left(1+\frac{m-1}{12}i\right)\right]$$

$$=A\cdot\frac{q^N-1}{q-1}\cdot\left(1+\frac{mi}{12}\right)+\bar{A}\cdot m+\bar{A}\cdot\frac{i}{12}\cdot(1+2+\ldots+m-1)$$

$$=A\cdot\frac{q^N-1}{q-1}\cdot\left(1+\frac{mi}{12}\right)+\bar{A}\cdot m+\bar{A}\cdot\frac{i}{12}\cdot\frac{m(m-1)}{2}$$

Ersetzt man gemäß (46) die Annuität A durch die Monatsrate $\bar{A}$, so erhalten wir:

$$K_{N+\frac{m}{12}}=\bar{A}\cdot\left[\frac{q^N-1}{q-1}\cdot\left(1+\frac{mi}{12}\right)\cdot\left(12+\frac{11i}{2}\right)+m\cdot\left(1+\frac{m-1}{2\cdot 12}\cdot i\right)\right]$$

Wird die Anfangsschuld K_0 vom Zeitpunkt 0 auf den Zeitpunkt $N+\frac{m}{12}$ hin diskontiert, so hat man:

$$K_{N+\frac{m}{12}}=K_0\cdot q^N\cdot\left(1+\frac{mi}{12}\right) \tag{47}$$

Für die Monatsrate $\bar{A}$ also:

$$\bar{A}=\frac{K_0\cdot q^N\cdot\left(1+\frac{mi}{12}\right)}{\frac{q^N-1}{q-1}\cdot\left(1+\frac{mi}{12}\right)\cdot\left(12+\frac{11i}{2}\right)+\left(1+\frac{m-1}{24}\cdot i\right)\cdot m} \tag{48}$$

Unter Verwendung von $i=q-1$:

$$\boxed{\bar{A}=\frac{K_0\cdot q^N}{(q^N-1)\cdot\left(\frac{12}{i}+\frac{11}{2}\right)+\left(1+\frac{m-1}{24}\cdot i\right)\cdot\frac{12m}{12+mi}}} \tag{49}$$

Auf jede der M Monatsraten $\bar{A}$ entfällt im Mittel ein Tilgungsanteil von $\frac{K_0}{M}$ und ein Verzinsungsanteil von $\frac{K_0 \cdot p(mon)}{100}$. Wegen (49) besteht also zwischen dem effektiven Zinssatz i bzw. Zinsfaktor q einerseits und dem monatlichen Laufzeitzinsfuß $p(mon)$ die Gleichung

$$\boxed{\frac{1}{M} + \frac{p(mon)}{100} = \frac{q^N}{(q^N - 1) \cdot \left(\frac{12}{i} + \frac{11}{2}\right) + \left(1 + \frac{m-1}{24} \cdot i\right) \cdot \frac{12m}{12+mi}}} \qquad (50)$$

Aufgabe 118: Ein aufgenommener Kredit von 80000,– DM soll bei 11% Effektivverzinsung durch 18 nachschüssige Monatsraten zurückgezahlt werden.

(a) Wie groß ist die monatliche Rate?
(b) Welchen monatlichen Laufzeitzinsfuß wird der Kreditgeber in seinen Konditionen ausweisen?

Zu (a) Setzt man in (49) die Werte $N = 1$, $m = 6$, $K_0 = 80000$, $i = 0{,}11$ und $q = 1{,}11$ ein, so erhält man als Ergebnis $\bar{A} = 4820{,}18$ DM.

Zu (b) Ergebnis aufgrund von (50): $\frac{p(mon)}{100} = 0{,}0046966$.

6.7.3 Ratenkredite mit Bearbeitungsgebühren

Neben Zinsen wird bei Ratenkrediten in der Regel auch eine laufzeitunabhängige Bearbeitungsgebühr, etwa α% des beantragten Kreditbetrages, erhoben. Auf jeden Tilgungsmonat entfällt dann der Tilgungsanteil $K_0 \frac{1 + \frac{\alpha}{100}}{M}$. Die Gleichungen (49) und (50) gehen dann über in

$$K_0 \left(\frac{1 + \frac{\alpha}{100}}{M} + \frac{p(mon)}{100} \right) = \bar{A} \qquad \text{bzw.} \qquad (51)$$

$$\boxed{\frac{1 + \frac{\alpha}{100}}{M} + \frac{p(mon)}{100} = \frac{q^N}{(q^N - 1) \cdot \left(\frac{12}{i} + \frac{11}{2}\right) + \left(1 + \frac{m-1}{24} \cdot i\right) \cdot \frac{12m}{12+mi}}} \qquad (52)$$

Beispiel 22: Ein aufgenommener Kredit von 50000,– DM ist anschließend im Laufe von 4 Jahren in 48 nachschüssigen Monatsraten zu je 1257,50 DM zurückzuzahlen. In die monatliche Rückzahlungsrate ist eine einmalige Bearbeitungsgebühr von $\alpha = 2\%$ des Kreditbetrages miteinkalkuliert. Wie groß sind effektiver Zinssatz und monatlicher Laufzeitzinssatz?

Einschließlich Bearbeitungsgebühr müssen 50000,– DM + 1000,– DM = 51000,– DM zurückgezahlt werden, monatliche Laufzeitzinsen von $p(mon)\%$ werden jedoch nur aus dem geliehenen Kapital von 50000,– DM berechnet. Gemäß (51) erhält man aus

$$50000\left(\frac{1{,}02}{48} + \frac{p(mon)}{100}\right) = 1257{,}50$$

$p(mon) = 0{,}39$ bzw. $0{,}39\%$ Laufzeitzinssatz.

Gemäß (52) hat man

$$\frac{q^4}{\left(\frac{12}{i} + \frac{11}{2}\right) \cdot (q^4 - 1)} = 0{,}02515.$$

Durch Interpolation erhält man hieraus
$i = 10{,}03\%$.
Monatsrate ohne Bearbeitungsgebühr:

$$\bar{A} = \frac{A}{12 + \frac{11i}{2}} \tag{46}$$

$$\bar{A} = \frac{K_0 \cdot q^N}{(q^N - 1) \cdot \left(\frac{12}{i} + \frac{11}{2}\right) + \left(1 + \frac{m-1}{24} \cdot i\right) \cdot \frac{12m}{12 + mi}} \tag{49}$$

$$\frac{1}{M} + \frac{p(mon)}{100} = \frac{q^N}{(q^N - 1) \cdot \left(\frac{12}{i} + \frac{11}{2}\right) + \left(1 + \frac{m-1}{24} \cdot i\right) \cdot \frac{12m}{12 + mi}} \tag{50}$$

Monatsrate mit Bearbeitungsgebühr:

$$\frac{1 + \frac{1}{100}}{M} + \frac{p(mon)}{100} = \frac{q^N}{(q^N - 1) \cdot \left(\frac{12}{i} + \frac{11}{2}\right) + \left(1 + \frac{m-1}{24} \cdot i\right) \cdot \frac{12m}{12 + mi}} \tag{52}$$

6.8 Anleihentilgung mit Aufgeld

Aufgeld = Agio!
Bei der Tilgung einer Schuld (Anleihe) werden gelegentlich besondere Zuschläge (Aufgeld) bezahlt, deren **Höhe in Prozenten des Tilgungsbetrags** festgelegt ist. Das Aufgeld bietet somit einen besonderen Anreiz für die Übernahme einer Schuld, eines Anleihescheins (Schuldverschreibung).

Der **Aufgeldprozentsatz** wird allgemein mit $\alpha\%$ bezeichnet.

Bei jeder Art von Tilgung ergibt sich zu jedem Tilgungsbetrag T ein um das Aufgeld erhöhter Betrag:

$$T_1' = T_1 + T_1 \cdot \frac{\alpha}{100} = T_1 \cdot \left(1 + \frac{\alpha}{100}\right)$$

$$T_2' = T_2 + T_2 \cdot \frac{\alpha}{100} = T_2 \cdot \left(1 + \frac{\alpha}{100}\right)$$

$$\vdots$$

$$T_n' = T_n + T_n \cdot \frac{\alpha}{100} = T_n \cdot \left(1 + \frac{\alpha}{100}\right)$$

Die Summe aller T'-Beträge ergibt dann

$$T_1' + T_2' + \ldots + T_n' = (T_1 + T_2 + \ldots + T_n) \cdot \left(1 + \frac{\alpha}{100}\right)$$

Da die Summe aller Tilgungsbeträge der Anfangsschuld K_0 gleich ist, kann man für die Summe aller T'-Beträge ein (an sich nicht vorhandenes, fiktives) **Ersatzkapital K'_0** einsetzen.

Es ist dann:

$$K'_0 = K_0 \cdot \left(1 + \frac{\alpha}{100}\right) \tag{53}$$

Die Tilgung einer Aufgeldschuld ist gleichbedeutend mit der Tilgung der fiktiven Schuld K'_0.

6.8.1 Aufgeldtilgung einer Ratenschuld

Aufgabe 119: Eine Anleihe von $K_0 = 1\,000\,000,-$ DM soll mit 5% verzinst und in 10 Jahren in gleichen Raten zuzüglich eines Aufgelds von 8% getilgt werden. Wie gestaltet sich der Tilgungsplan?

Jahr	Schuld zu Anfang	Zinsen	Tilgung	Aufgeld	Jahres-aufwand
1	1000000,–	50000,–	100000,–	8000,–	158000,–
2	900000,–	45000,–	100000,–	8000,–	153000,–
3	800000,–	40000,–	100000,–	8000,–	148000,–
usw.					

Die (fiktive) Schuld $K'_0 = 1\,000\,000 \cdot \left(1 + \frac{\alpha}{100}\right) = 1\,080\,000,-$ wird durch die gleichbleibenden Beträge von 108000,– getilgt. Der Jahresaufwand verringert sich von Jahr zu Jahr um die gesparten Zinsen, nämlich 5% von 100000,– DM.

6.8.2 Annuitätentilgung mit zusätzlichem Aufgeld

Aufgabe 120: Eine Anleihe von $K_0 = 1\,000\,000,-$ DM ist mit 5% zu verzinsen und in 10 Jahren in gleichen Annuitäten zu tilgen. Die Tilgungsbeträge werden mit einem **zusätzlichen** Aufgeld von 10% bezahlt. Der Tilgungsplan ist zu erstellen!

Zunächst ist: Annuität $A = 1\,000\,000 \cdot \frac{1}{a_{10}} = 1\,000\,000 \cdot 0{,}129505$

$A = 129\,505,-$

Jahr	Schuld zu Anfang	Zinsen (5%)	Tilgung	Aufgeld	Jahres-aufwand
1	1000000,–	50000,–	79505,–	7950,50	137455,50
2	920495,–	46024,75	83480,25	8348,25	137853,25
3	837014,75	41850,75	87654,25	8765,43	138270,43
usw.					

Die Summe aus Zinsen und Tilgung bleibt konstant. Die Tilgung wächst von Jahr zu Jahr um die gesparten Zinsen. Da aber das Aufgeld auf den Tilgungsbetrag bezogen ist, wachsen auch die Aufgeldzuschläge von Jahr zu Jahr. Damit wächst schließlich der gesamte Jahresaufwand (bestehend aus Zinsen, Tilgung und Aufgeld) von Jahr zu Jahr.

6.8.3 Annuitätentilgung mit eingeschlossenem Aufgeld

Bei dieser Tilgungsform soll die Summe aus Zinsen, Tilgung und Aufgeld konstant bleiben.

Beispiel 23: Eine Anleihe von 500000,– DM, die mit 6% zu verzinsen ist, soll **einschließlich** eines Aufgelds von 20% durch gleiche Annuitäten (die also Zinsen, Tilgung und Aufgeld umfassen sollen) in 20 Jahren getilgt werden. Wie gestaltet sich der Tilgungsplan?

Der Forderung, daß das Aufgeld in der Annuität enthalten sein soll, kann dadurch entsprochen werden, daß man bei der Berechnung der Annuität nicht von der reinen Schuld K_0, sondern von der fiktiven Schuld K'_0 ausgeht.

$$K'_0 = K_0 \cdot \left(1 + \frac{\alpha}{100}\right) = 500\,000 \cdot \left(1 + \frac{20}{100}\right)$$
$$= 600\,000,-$$

Die jährlichen Zinsen können nur von den „echten" Schuldresten berechnet werden!

Man muß deshalb einen **Ersatzzinsfuß** p' ermitteln, der, auf K'_0 angewandt, den gleichen Zinsbetrag ergibt, wie man ihn durch den Zinsfuß p von K_0 erhält.

$$\frac{K'_0 \cdot p'}{100} = \frac{K_0 \cdot p}{100};$$

Setzt man für $K'_0 = K_0 \left(1 + \frac{\alpha}{100}\right)$, dann erhält man

$$K_0 \cdot \left(1 + \frac{\alpha}{100}\right) \cdot p' = K_0 \cdot p, \quad \text{d.h.}$$

$$\boxed{p' = \frac{p}{1 + \frac{\alpha}{100}}} \qquad (54)$$

Bei $p = 6$ und einem Aufgeldzinssatz von 20% ergibt sich $p' = 5$.

Die Anleihe $(K_0 - p\% - n)$ ist zu transformieren in die

Anleihe $(K'_0 - p'\% - n)$

Die Annuität A' (mit eingeschlossenem Aufgeld) wird gefunden

aus $A' = K'_0 : a_{20}(5\%)$

$A' = 600\,000 \cdot 0{,}0802426 = 48\,145{,}56$

Jahr	Schuld zu Anfang	Zinsen (6%)	Tilgung mit Aufgeld (20%)	Tilgung	Annuität
1	500 000,–	30 000,–	18 145,–	15 120,–	48 145,–
2	484 880,–	29 092,80	19 052,20	15 876,80	48 145,–
usw.					

Aufgabe 121: (Originalaufgabe der wissenschaftlichen Vorprüfung im Herbst 1978 für das Lehramt an den Gymnasien) Eine Anleihe von

500 000,– DM ist mit 6% zu verzinsen. Sie soll in 5 Jahren getilgt werden und zwar bei 10% Agio.

(a) Stellen Sie den vollständigen Tilgungsplan für den Fall auf, daß die jährliche Summe aus Zinsen und Tilgung konstant bleiben. Der Tilgungsplan soll dabei enthalten: Jahr, Tilgungsquote, Zins, Agio, Annuität und Restschuld.
(b) Welche Annuität, bestehend aus Zins plus Tilgung plus Agio ergibt sich, wenn diese in den 5 Jahren gleich bleiben soll?

Zu (a)

Jahr	Tilgungs-quote	Zins	Agio	Annuität	Restschuld
1	88 698,30	30 000,–	8 869,83	127 568,13	411 301,70
2	94 020,20	24 678,10	9 402,02	128 100,32	317 281,50
3	99 661,41	19 036,89	9 966,14	128 664,44	217 620,09
4	105 641,10	13 057,21	10 564,11	129 262,41	111 978,99
5	111 978,99	6 718,74	11 197,90	129 896,20	

Zu (b)
Ersatzkapital K'_0

$$K'_0 = K_0 \cdot \left(1 + \frac{\alpha}{100}\right) = 500\,000 \cdot 1{,}1 = 550\,000,-.$$

Ersatzzinsfuß p'

$$p' = \frac{60}{11} = 5{,}45.$$

Annuität A' mit eingeschlossenem Aufgeld

$$A' = \frac{K'_0}{a_5(5{,}45\%)} = 128\,620{,}50.$$

Da $z_1 = 30\,000,-$ gilt, hat man für die erste Tilgungsrate einschließlich Agio 98 620,50.

Die Tilgung mit Aufgeld umfaßt jeweils 110% der „echten“ Tilgung! Die Tilgung T_1 ist deshalb $(98\,620{,}50 \cdot 100) : 110 = 98\,620{,}50 : 1{,}1 = 89\,655,-$

(P.S. Die Zahlen dieses vorstehenden Beispiels sind natürlich „freundlich“ gewählt, damit der Entwicklungsgang nicht von unangenehmem Zahlenrechnen überlagert wird!)

6.8.4 Prämienanleihen

Prämienanleihen sind Aufgeldanleihen, bei denen die Aufgeldbeträge bei der Tilgung, also der Einlösung, nicht gleichmäßig jedem Tilgungsbetrag zugeschlagen, sondern in größere Teilbeträge zusammengefaßt und unter den einzulösenden Stücken verlost werden.

Aufgabe 122: Eine 5%ige Anleihe von 1 000 000,– DM ist in 10 Jahren durch gleichgroße Annuitäten zu tilgen. Am Ende eines jeden Jahres sollen 10 Gewinne ausgelost und verteilt werden. Der Gesamtwert dieser jährlichen Gewinne ist so zu bemessen, daß die einer 6%igen Verzinsung entsprechende Annuität ausreicht, um den Mehraufwand für diese Gewinne zu decken.

Annuität bei 5%: $A = 1\,000\,000 \cdot 0{,}129505 = 129\,505{,}-$ DM
bei 6%: $A = 1\,000\,000 \cdot 0{,}135868 = 135\,868{,}-$ DM
Für die Gewinne stehen also jährlich 6 363,– DM
zur Verfügung.

6.9 Tilgung von Serienanleihen

Bei den bisherigen Überlegungen zur Tilgung einer Schuld wurde stillschweigend davon ausgegangen, daß dem Anleiheschuldner nur ein Anleihegläubiger gegenübersteht, der die Zinsen und Tilgungsbeträge jeweils zum Ende eines Jahres in der durch den Tilgungsplan festgelegten Höhe erhält.

6.9.1 Tilgung in gleichen Raten

Anders ist die Situation, wenn die Anleihe in Stücken (d. h. in Teilbeträgen, Teilschuldverschreibungen, **Obligationen**) ausgegeben wird, so daß dem Anleiheschuldner jetzt viele Gläubiger gegenüberstehen, die Anteilscheine (Anleihestücke) erworben haben.

Bei der Tilgung müssen diese **Stücke,** die auf einen bestimmten Nennbetrag lauten, eingelöst, also zurückgekauft werden. Der gesamte Tilgungsbetrag, der für das Ende eines jeden der Tilgungsjahre vorgesehen ist, muß dem Nennwert der einzulösenden Stücke angepaßt werden.

Die zu tilgenden Stücke können dabei nach einer Auslosung zur Rückzahlung (Einlösung) aufgerufen werden.

Aufgabe 123: Eine Anleihe von 1 000 000,– DM, eingeteilt in Stücke zu je 1000,– DM, ist mit 5% zu verzinsen und **in gleichen Raten** im Laufe von 10 Jahren zu tilgen. Wie lautet der Tilgungsplan?

Jahr	Schuld zu Anfang	Zinsen (5%)	Tilgung	Stücke	Annuität
1	1000000,–	50000,–	100000,–	100	150000,–
2	900000,–	45000,–	100000,–	100	145000,–
3	800000,–	40000,–	100000,–	100	140000,–
usw.					

Wäre die Anleihe in Stücke zu je 500,– DM eingeteilt, dann wäre natürlich die Stückzahl zu verdoppeln.

6.9.2 Tilgung einer Annuitätenanleihe in Stücken gleichen Nennwerts

Beispiel 24: Wie gestaltet sich der Tilgungsplan, wenn die in der vorhergehenden Aufgabe genannte Anleihe bei **gleichen Annuitäten** zu tilgen ist?

Berechnung der Annuität: $A = K_0 \cdot \frac{1}{a_n} = 1000000 \cdot 0{,}129505 = 129505,-$.

Weil $Z_1 = 50000,-$ DM beträgt, ergibt sich: $T_1 = 79505,-$ DM.

Bei der Annuitätentilgung gilt nun:

$T_k = T_1 \cdot q^{k-1}$

Dies bedeutet aber, daß alle späteren Tilgungsraten T_k berechnet werden können, wenn T_1 bekannt ist.

Es ist also: $T_2 = T_1 \cdot q = T_1 \cdot (1+i) = T_1 + T_1 \cdot i$

$T_3 = T_1 \cdot q^2 = T_2 \cdot q = T_2 \cdot (1+i) = T_2 + T_2 \cdot i$

Man erhält also den Tilgungsbetrag eines Jahres, indem man den Tilgungsbetrag des vorhergehenden Jahres um die Zinsen davon (das sind die gesparten Zinsen!) vermehrt. Statt dessen kann natürlich der Tilgungsbetrag des Vorjahres auch mit dem Verzinsungsfaktor q multipliziert werden.

Dies gibt eine einfache Möglichkeit, zur Vorbereitung des Tilgungsplans zunächst eine Übersicht über die Tilgungsbeträge der einzelnen Jahre zu erstellen:

T_k		Stücke	Rückstand	Summe der Rückstände
T_1	79505,–	79	505,–	
+5%	3975,25			505,–
T_2	83480,25	83	480,–	
+5%	4174,–			985,–
T_3	87654,25	87	654,–	
+5%	4382,70	1 ←		1|639,–

T_k		Stücke	Rückstand	Summe der Rückstände
T_4	92036,95	92	37,–	
+5%	4601,80			676,–
T_5	96638,75	96	638,–	
+5%	4831,90	1 ←		1|314,–
T_6	101470,65	101	470,–	
+5%	5073,50			784,–
T_7	106544,15	106	544,–	
+5%	5327,20	1 ←		1|328,–
T_8	111871,35	111	871,–	
+5%	5593,55	1 ←		1|199,–
T_9	117464,90	117	464,–	
+5%	5873,20			663,–
T_{10}	123338,10	123	338,–	
		1 ←		1|001,–

Summe der Stücke: 1000

Hinweis: Sobald in der Spalte „Summe der Rückstände" der Betrag für 1 Stück zur Verfügung steht, kann dieses zusätzlich vorgetragen werden.

Nach diesem Vorausplan kann jetzt der Gesamttilgungsplan aufgestellt werden:

Tilgungsplan

Jahr	Schuld zu Anfang	Zinsen (5%)	Tilgung	Stücke	Rückstände	Annuität
1	1000000,–	50000,–	79000,–	79	505,–	129000,–
2	921000,–	46050,–	83000,–	83	985,–	129050,–
3	838000,–	41900,–	88000,–	88	639,–	129900,–
4	750000,–	37500,–	92000,–	92	676,–	129500,–
5	658000,–	32900,–	97000,–	97	314,–	129900,–
6	561000,–	28050,–	101000,–	101	784,–	129050,–
7	460000,–	23000,–	107000,–	107	328,–	130000,–
8	353000,–	17650,–	112000,–	112	199,–	129650,–
9	241000,–	12050,–	117000,–	117	663,–	129050,–
10	124000,–	6200,–	124000,–	124	1,–	130200,–
			1000000,–	1000		

Es ist offensichtlich, daß man diesen Tilgungsplan statt mit den vollen Werten, die sich aus dem Betrag 1000,– für ein Stück ergeben, auch sofort mit der Stückzahl hätte rechnen können.

Je 1000,– DM entsprechen dann 1 Stück, der Rückstand in der ersten Zeile entspricht 0,505 Stück, die Annuität 129 Stück.

Aufgabe 124: Eine 5%ige Anleihe von 12 Millionen DM ist in Stücken zu 1000,– DM ausgegeben. Sie soll vom Ende des ersten Jahres an - in gleichen Annuitäten - in 10 Jahren getilgt werden.

(a) Berechnen Sie, ohne Berücksichtigung der Stückelung, Annuität und letzte Tilgungsrate.
(b) Stellen Sie, unter Berücksichtigung der Stückelung, den Tilgungsplan für die ersten drei Jahre auf.

Zu (a)

$$A = \frac{K_0}{a_{10}(5\%)} = \frac{12\,000\,000}{7{,}72173} = 1\,554\,055{,}90 \text{ DM.}$$

$z_1 = 600\,000,-$ DM und damit $T_1 = 954\,055{,}90$ DM.

$T_{10} = T_1 \cdot q^9 = 954\,055{,}90 \cdot 1{,}55133 = 1\,480\,055{,}50$ DM.

Zu (b)

T_k	Stücke	Rückstand	Rückstands-summe
$T_1 = 954\,055{,}90$	954	55,90	55,90
$T_2 = 1\,001\,758{,}70$	1001	758,70	814,60
$T_3 = 1\,051\,846{,}60$	1051	846,60	1661,20

Tilgungsplan

Jahr	*K* am Anfang	Zinsen	Tilgung	Rückstand	Annuität
1	12 000 000,–	600 000,–	954 000,–	55,90	1 554 000,–
2	11 046 000,–	552 300,–	1 001 000,–	814,60	1 553 300,–
3	10 045 000,–	502 250,–	1 052 000,–	661,20	1 554 250,–

6.9.3 Tilgung einer Annuitätenanleihe in Stücken verschiedenen Nennwerts

Beispiel 25: Eine Anleihe von 1 000 000,– DM ist mit 5% zu verzinsen und in 5 Jahren in gleichen Annuitäten zu tilgen.

Die Anleihe ist eingeteilt in:

Gruppe I: 500 Stücke zu je 1000,– DM = 500 000,– DM
Gruppe II: 600 Stücke zu je 500,– DM = 300 000,– DM
Gruppe III: 1000 Stücke zu je 200,– DM = 200 000,– DM
1 000 000,– DM

Jede Gruppe ist zunächst als (Teil-)Anleihe zu sehen und rechnerisch für sich zu behandeln. Zusätzlich erstellt man sich eine Übersicht der gesamten Anleihe für eine einheitliche Stückelung mit geringerem Nennwert.

Rechnung in Stücken!

Gruppe I: Annuität: $500 \cdot \frac{1}{a_5} = 500 \cdot 0{,}230975 = 115{,}45$ Stücke

Zinsen (z_1): 5% von 500 Stücken = 25 Stücke

Tilgung (T_1) somit = 90,45 Stücke

Ermittlung der jährlich zu tilgenden Stücke:

		Stücke	Rückstand
T_1	= 90,45	90	0,45
+5%	4,52		
T_2	= 94,97	95	0,42
+5%	4,75		
T_3	= 99,72	100	0,14
+5%	4,98		
T_4	= 104,70	104	0,84
+5%	5,23		
T_5	= 109,93	111	−0,23
		500	

Gruppe II: Annuität: $600 \cdot \frac{1}{a_5} = 600 \cdot 0{,}230975 = 138{,}58$ Stücke

Zinsen (z_1): 5% von 600 Stücken = 30 Stücke

Tilgung (T_1) somit 108,58 Stücke

Ermittlung der jährlich zu tilgenden Stücke:

		Stücke	Rückstand
T_1	= 108,58	108	0,58
+5%	5,42		
T_2	= 114,00	114	0,58
+5%	5,70		
T_3	= 119,70	120	0,28
+5%	5,98		
T_4	= 125,68	126	−0,04
+5%	6,28		
T_5	= 131,96	132	−0,08
		600	

Gruppe III: Annuität: $1000 \cdot 0{,}230975$ = 230,98 Stückc
Zinsen (z_1): 5% von 1000 Stücken = 50,– Stücke
Tilgung (T_1) somit 180,98 Stücke

Ermittlung der jährlich zu tilgenden Stücke:

		Stücke	Rückstand
T_1	= 180,98	180	0,98
+ 5%	9,04		
T_2	= 190,02	191	–,–
+ 5%	9,50		
T_3	= 199,52	199	0,52
+ 5%	9,98		
T_4	= 209,50	210	0,02
+ 5%	10,48		
T_5	= 219,98	220	–,–
		1000	

Die für die Gruppen I, II und III gefundenen Ergebnisse können jetzt in je einer Übersicht (a) nach den Stückzahlen (b) nach den tatsächlichen DM-Beträgen zusammengefaßt werden. Diesen Übersichten wird eine weitere Spalte für eine einheitliche Stückelung zu je 100,– DM beigefügt, denn bei der Festsetzung der Stückzahlen wirken sich die Rückstände beim Auf- und Abrunden um so stärker aus, je höher der Einzelwert der Stücke ist. (Theoretisch gesehen, würden - bei einer Einteilung der Anleihe in Stücke zu je 1,– DM - die Rückstände nur noch Pfennigbeträge ausmachen.)

Gesamtanleihe:
Annuität: $10000 \cdot 0{,}230975$ = 2309,75 Stücke
Zinsen (z_1): 5% von 10000 Stücken = 500 Stücke
Tilgung (T_1) somit 1809,75 Stücke

Ermittlung der jährlich zu tilgenden Stücke:

	Stücke	Rückstand
$T_1 = 1809{,}75$	1809	0,75
$T_2 = 1900{,}24$	1900	0,99
$T_3 = 1995{,}25$	1996	0,24
$T_4 = 2095{,}01$	2095	0,25
$T_5 = 2199{,}75$	2200	–,–
	10000	

Die besondere Spalte für eine Stückelung der Anleihe in Stücke zu je 100,– DM soll beim abschließenden Tilgungsausgleich ihre Anwendung finden.

(a) Die Gesamtübersicht, in Stücken dargestellt:

Ende des Jahres	Stücke zu je			
	100,–	500,–	200,–	1000,–
1	90	108	180	1809
2	95	114	191	1900
3	100	120	199	1996
4	104	126	210	2095
5	111	132	220	2200
Summe	500	600	1000	10000

(b) Die Gesamtübersicht, in DM-Beträgen dargestellt:

Ende des Jahres	I	II	III	(I+II+III)	Stückelung zu je 100,–
1	90000,–	54000,–	36000,–	180000,–	180900,–
2	95000,–	57000,–	38200,–	190200,–	190000,–
3	100000,–	60000,–	39800,–	199800,–	199600,–
4	104000,–	63000,–	42000,–	209000,–	209500,–
5	111000,–	66000,–	44000,–	221000,–	220000,–
	500000,–	300000,–	200000,–	1000000,–	1000000,–

Die DM-Tilgungsbeträge, die in den einzelnen Jahren für die Gruppen I, II und III aufzubringen sind, entsprechen in guter Annäherung dem Verhältnis 5 : 3 : 2, wie es für die Teilanleihen selbst gegeben ist.

Tilgungsausgleich

Zweck des Tilgungsausgleichs ist, den jährlichen Gesamtbetrag für die Einlösung der Stücke aus den Gruppen I, II und III unter Bezugnahme auf den Betrag bei einer Stückelung (hier zu je 100,– DM) auszugleichen.

Vorläufige Stückzahlen			**Endgültige Stückzahlen**	
1. Jahr				
90 zu 1000,–	90000,–	aus 5. Jahr + 500,–	90 zu 1000,–	90000,–
108 zu 500,–	54000,–	aus 2. Jahr + 200,–	109 zu 500,–	54500,–
180 zu 200,–	36000,–	aus 3. Jahr + 200,–	182 zu 200,–	36400,–
	180000,–			180900,–
1809 zu 100,–	180900,–			
zu wenig	900,–			

Vorläufige Stückzahlen		Endgültige Stückzahlen
2. Jahr		
95 zu 1000,– 95 000,–		95 zu 1000,– 95 000,–
114 zu 500,– 57 000,–		114 zu 500,– 57 000,–
191 zu 200,– 38 200,–	an 1. Jahr – 200,–	190 zu 200,– 38 000,–
190 200,–		190 000,–
1900 zu 100,– 190 000,–		
zu viel 200,–		
3. Jahr		
100 zu 1000,– 100 000,–		100 zu 1000,– 100 000,–
120 zu 500,– 60 000,–		120 zu 500,– 60 000,–
199 zu 200,– 39 800,–	an 1. Jahr – 200,–	198 zu 200,– 39 600,–
199 800,–		199 600,–
1996 zu 100,– 199 600,–		
zu viel 200,–		
4. Jahr		
104 zu 1000,– 104 000,–		104 zu 1000,– 104 000,–
126 zu 500,– 63 000,–		127 zu 500,– 63 500,–
210 zu 200,– 42 000,–	aus 5. Jahr + 500,–	210 zu 200,– 42 000,–
209 000,–		209 500,–
2095 zu 100,– 209 500,–		
zu wenig 500,–		
5. Jahr		
111 zu 1000,– 111 000,–		111 zu 1000,– 111 000,–
132 zu 500,– 66 000,–	an 1. Jahr – 500,–	130 zu 500,– 65 000,–
220 zu 200,– 44 000,–	an 4. Jahr – 500,–	220 zu 200,– 44 000,–
221 000,–		220 000,–
2200 zu 100,– 220 000,–		
zu viel 1 000,–		

Auf Grund der endgültigen Stückzahlen kann jetzt abschließend der **Gesamttilgungsplan** aufgestellt werden.

Jahr	Kapital zu Anfang	Zinsen 5(%)	Stück der Gruppe			Tilgungsrate	Annuität
			I	II	III		
1	1 000 000,–	50 000,–	90	109	182	180 900,–	230 900,–
2	819 100,–	40 955,–	95	114	190	190 000,–	230 955,–
3	629 100,–	31 455,–	100	120	198	199 600,–	231 055,–
4	429 500,–	21 475,–	104	127	210	209 500,–	230 975,–
5	220 000,–	11 000,–	111	130	220	220 000,–	231 000,–
		154 885,–	500	600	1000	1 000 000,–	1 154 885,–

Aufgabe 125: Für die Tilgung einer acht-prozentigen Anleihe von 12000000,– DM, ausgegeben in 600 Stücken zu je 10000,– DM, 800 Stücken zu je 5000,– DM und 800 Stücken zu je 2500,– DM Nennwert, wird eine Frist von 10 Jahren festgesetzt. Die Schuld soll durch möglichst gleichbleibende Annuitäten abgetragen werden. Wie gestaltet sich der Tilgungsplan?

Gruppe I: 600 Stücke zu je 10000,– DM = 6000000,– DM
Gruppe II: 800 Stücke zu je 5000,– DM = 4000000,– DM
Gruppe III: 2000 Stücke zu je 1000,– DM = 2000000,– DM

Gruppe I: Annuität: $600 \cdot \frac{1}{a_{10}(8\%)} =$ 89,42 Stücke
Zinsen (z_1): 8% von 600 Stücken = 48 Stücke
Tilgung (T_1) somit = 41,42 Stücke

Tilgung	Stücke	Rückstand
T_1 = 41,42	41	0,42
T_2 = 44,73	45	0,15
T_3 = 48,31	48	0,46
T_4 = 52,18	52	0,64
T_5 = 56,35	56	0,99
T_6 = 60,86	61	0,85
T_7 = 65,73	66	0,58
T_8 = 70,99	71	0,57
T_9 = 76,67	77	0,24
T_{10} = 82,80	83	0,04
	600	

Gruppe II: Annuität: $800 \cdot \frac{1}{a_{10}}$ = 119,22 Stücke
Zinsen (z_1): 8% von 800 Stücken = 64 Stücke
T_1 somit = 55,22 Stücke

Tilgung	Stücke	Rückstand
T_1 = 55,22	55	0,22
T_2 = 59,64	59	0,86
T_3 = 64,41	65	0,27
T_4 = 69,57	69	0,84
T_5 = 75,13	75	0,97
T_6 = 81,14	82	0,11
T_7 = 87,63	87	0,74
T_8 = 94,64	95	0,38
T_9 = 102,21	102	0,59
T_{10} = 110,39	111	–,–
	800	

Gruppe III: Annuität: $2000 \cdot \frac{1}{a_{10}}$ = 298,06 Stücke
Zins (z_1): 8% von 2000 Stücken = 160 Stücke
Tilgung (T_1) somit = 138,06 Stücke

Tilgung	Stücke	Rückstand
T_1 = 138,06	138	0,06
T_2 = 149,10	149	0,16
T_3 = 161,03	161	0,19
T_4 = 173,91	174	0,10
T_5 = 187,82	187	0,92
T_6 = 202,84	203	0,76
T_7 = 219,08	219	0,84
T_8 = 236,60	237	0,44
T_9 = 255,54	256	−0,02
T_{10} = 275,98	276	−0,04
	2000	

Gesamtanleihe: 120000 Stücke zu je 100,– DM
Annuität: $120000 \cdot \frac{1}{a_{10}}$ = 17883,54 Stücke
Zinsen (z_1): 8% von 120000 = 9600 Stücke
Tilgung (T_1) somit = 8283,54 Stücke

Tilgung	Stücke	Rückstand
T_1 = 8283,54	8283	0,54
T_2 = 8946,22	8946	0,76
T_3 = 9661,92	9662	0,68
T_4 = 10434,87	10435	0,55
T_5 = 11269,66	11270	0,21
T_6 = 12171,24	12171	0,45
T_7 = 13144,93	13145	0,38
T_8 = 14196,52	14196	0,90
T_9 = 15332,25	15333	0,15
T_{10} = 16558,83	16559	−0,02
	120000	

(a) Gesamtübersicht in Stücken dargestellt:

Ende des Jahres	Stücke zu je			
	10000,–	5000,–	1000,–	100,–
1	41	55	138	8283
2	45	59	149	8946
3	48	65	161	9662
4	52	69	174	10435
5	56	75	187	11270
6	61	82	203	12171
7	66	87	219	13145
8	71	95	237	14196
9	77	102	256	15333
10	83	111	276	16559

(b) Gesamtübersicht in DM-Beträgen dargestellt:

Ende des Jahres	I	II	III	(I+II+III)	Stückelung zu je 100,–
1	410000	275000	138000	823000	828300
2	450000	295000	149000	894000	894600
3	480000	325000	161000	966000	966200
4	520000	345000	174000	1039000	1043500
5	560000	375000	187000	1122000	1127000
6	610000	410000	203000	1223000	1217100
7	660000	435000	219000	1314000	1314500
8	710000	475000	237000	1422000	1419600
9	770000	510000	256000	1536000	1533300
10	830000	555000	276000	1661000	1655900

Es gilt, die Stückzahlen durch Tausch so zu verändern, daß die Abweichungen der Tilgungsquoten aus der Spalte „(I+II+III)“ gegenüber den Tilgungsbeträgen bei Stückelung zu ja 100,– DM möglichst klein werden.

	Abweichung am Anfang	Änderung Gruppe I	Änderung Gruppe II	Änderung Gruppe III	Abweichung am Ende
1	–5300,–	+10000,–	–5000,–		–300,–
2	– 600,–			+1000,–	+400,–
3	– 200,–				–200,–
4	–4500,–		+5000,–		+500,–
5	–5000,–		+5000,–		–,–
6	+5900,–	–10000,–	+5000,–	–1000,–	–100,–

	Abweichung am Anfang	Änderung Gruppe I	Änderung Gruppe II	Änderung Gruppe III	Abweichung am Ende
7	− 500,−				−500,−
8	+2400,−			−2 mal 1000,−	+400,−
9	+2700,−		−5000,−	+2 mal 1000,−	−300,−
10	+5100,−		−5000,−		+100,−

Der Tilgungsausgleich kann stets so weit durchgeführt werden, daß die einzelnen Abweichungen am Ende maximal den halben Nennwert der kleinsten Stücke erreichen.

6.9.4 Aufgeldanleihe bei eingeschlossenem Aufgeld

Die Annuitäten sollen Zinsen, Tilgung und Aufgeld umfassen.

Aufgabe 126: Eine Anleihe im Nennwert $K_0 = 500\,000,-$ DM, ausgegeben in Stücken zu je 1000,− DM, ist mit 6% zu verzinsen und bei einem eingeschlossenen Aufgeld von 20%, in 10 Jahren in gleichen Jahresbeträgen zu tilgen.

Die gegebenen Werte, die den Ablauf der Tilgung bestimmen, sind zunächst in die „fiktiven" Werte überzuführen.

$K_0 = 500\,000,-$ $\qquad K'_0 = K_0 \cdot \left(1 + \frac{20}{100}\right) = 600\,000,-$

$p \;= 6$ $\qquad p' \;= \dfrac{p}{1 + \frac{20}{100}} = 5$

$A \;= K_0 \cdot \dfrac{1}{a_{10}(6\%)}$ $\qquad A' \;= K'_0 \cdot \dfrac{1}{a_{10}(5\%)}$

$T_k \;= T_1 \cdot q^{k-1}$ (bei 6%) $\qquad T'_k = T'_1 \cdot q^{k-1}$ (bei 5%)

Stückwert: 1000,− $\qquad$ Stückwert: 1200,−

Ermittlung der Stückzahlen:

(a) **in DM** $\qquad$ (b) **in Stücken** (insgesamt 500)

$A' = 600\,000 \cdot 0{,}129505 = 77\,703,-$ $\qquad A' = 500 \cdot 0{,}129505 = 64{,}75$

$z_1 = (5\%$ von $600\,000,-) = 30\,000,-$ $\qquad z_1 = (5\%$ von $500) = 25{,}00$

$T'_1 = \;= 47\,703,-$ $\qquad T'_1 = \;= 39{,}75$

	Stücke zu je 1200,–	Rückstand		Stücke	Rückstand
T'_1 = 47703,–	39	903,–	T'_1 = 39,75	39	0,75
5% 2385,–			5% 1,99		
T'_2 = 50088,–	41		T'_2 = 41,74	42	0,49
5% = 2504,–	1	591,–	5% = 2,09		
T'_3 = 52592,–	43		T'_3 = 43,83	44	0,32
5% = 2629,–	1	383,–	5% = 2,19		
T'_4 = 55221,–	46	404,–	T'_4 = 46,02	46	0,34
5% = 2761,–			5% = 2,30		
T'_5 = 57982,–	48	786,–	T'_5 = 48,32	48	0,66
5% = 2899,–			5% = 2,42		
T'_6 = 60881,–	50		T'_6 = 50,74	51	0,40
5% = 3044,–	1	467,–	5% = 2,54		
T'_7 = 63925,–	53	792,–	T'_7 = 53,28	53	0,68
5% = 3196,–			5% = 2,66		
T'_8 = 67121,–	55		T'_8 = 55,94	56	0,62
5% = 3356,–	1	713,–	5% = 2,80		
T'_9 = 70477,–	58		T'_9 = 58,74	59	0,36
5% = 3523,–	1	390,–	5% = 2,94		
T'_{10} = 74000,–	61		T'_{10} = 61,68	62	0,04
	1	10,–			
	500			500	

Der Unterschied in den Rückständen bei (a) in DM und (b) in Stücken ergibt sich einmal aus der Abrundung der errechneten Tilgungsbeträge auf ganze DM-Beträge, aber auch daraus, daß bei (a) der Wert für $1 : a_{10} = 0{,}129505$ sich mit 6 Dezimalstellen, bei (b) sich aber nur mit 4 Dezimalstellen auswirkte.

Auf Grund des Vorausplans ergibt sich der **Gesamttilgungsplan.**

Jahr	Schuld zu Anfang	Zinsen 6%	Stücke	Tilgung mit Aufgeld (20%)	Tilgung	Annuität
1	500000,–	30000,–	39	46800,–	39000,–	76800,–
2	461000,–	27660,–	42	50400,–	42000,–	78060,–
3	419000,–	25140,–	44	52800,–	44000,–	77940,–
4	375000,–	22500,–	46	55200,–	46000,–	77700,–
5	329000,–	19740,–	48	57600,–	48000,–	77340,–
6	281000,–	16860,–	51	61200,–	51000,–	78060,–
7	230000,–	13800,–	53	63600,–	53000,–	77400,–
8	177000,–	10620,–	56	67200,–	56000,–	77820,–
9	121000,–	7260,–	59	70800,–	59000,–	78060,–
10	62000,–	3720,–	62	74400,–	62000,–	78120,–
		177300,–	500	600000,–	500000,–	777300,–

7. Kurs und Effektivverzinsung

7.1 Zusammenhang von Kurs und Effektivverzinsung

Anleihen werden in der Praxis selten zu dem angegebenen Nennwert, auch Nominalwert genannt, ausgegeben bzw. zur Zeichnung aufgelegt. Vielmehr geschieht dies zu einem vom Nominalwert abweichenden, meist niedrigeren Preis. Bei fast allen Investitions- und Finanzierungsproblemen, so beispielsweise bei Darlehen und Hypotheken, ist der Sachverhalt ähnlich: Es wird nicht die zu einem vorgegebenen Zinssatz vereinbarte Summe voll ausbezahlt, sondern nur ein bestimmter Prozentsatz, beispielsweise 96%, derselben. Zinsen und Tilgung werden jedoch nicht von der ausbezahlten Summe berechnet, sondern stets vom Nominalwert. Der allgemeine Sachverhalt soll am nachfolgenden Beispiel verdeutlicht werden.

Beispiel 25: Jemand erwirbt ein festverzinsliches Wertpapier, das auf 100,– DM lautet und eine Verzinsung von 6% erbringt. Das Wertpapier hat also einen Nominalwert von 100,– DM und einen Nominalzinssatz von 6%.

Nach einer Laufzeit von 5 Jahren wird das Wertpapier vom Schuldner zum Nominalwert wieder eingelöst. Während der Laufzeit zahlt der Schuldner zudem die am Ende jeden Jahres anfallenden Zinsen von 6% des Nominalwertes, also jeweils 6,– DM.

Es sind grundsätzlich drei Fälle zu unterscheiden:

(a) Der auf dem Kapitalmarkt herrschende reale Zinsfuß ist zum Zeitpunkt des Wertpapiererwerbes kleiner als der Nominalzinsfuß, er könnte z. B. 5,4 sein.

(b) Der auf dem Kapitalmarkt herrschende reale Zinsfuß stimmt zum Zeitpunkt des Wertpapiererwerbes mit dem Nomianlzinsfuß überein, er ist also ebenfalls 6.

(c) Der auf dem Kapitalmarkt herrschende reale Zinsfuß ist zum Zeitpunkt des Wertpapiererwerbes größer als der Nominalzinsfuß, er könnte z. B. 7,2 sei.

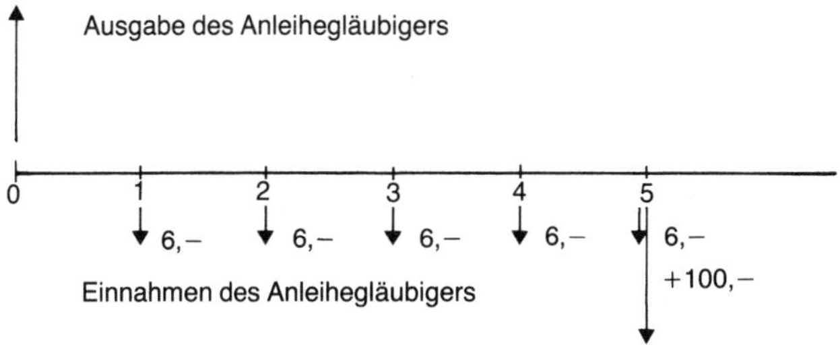

Zur weiteren Behandlung bestimmen wir den Barwert der Einnahmen des Gläubigers, wobei der auf dem Kapitalmarkt herrschende reale Zinsfuß zugrundegelegt wird. Folgende Bezeichnungsweisen werden dabei verwendet bzw. neu eingeführt:

$p\,(real)$: **realer** Zinsfuß,
$p\,(nom)$: **nomineller** Zinsfuß,
$K(nom)$: **Nominalkapital,**
$K(real)$: **Realkapital,** das sich als Barwert der Einnahmen ergibt, wenn zur Diskontierung der reale Zinsfuß $p(real)$ verwendet wird,

$C = \dfrac{K(real)}{K(nom)} \cdot 100$: **Kurs,**

C_0: **Begebungs-** oder **Emmissionskurs.**

Zu (a)
$$\begin{aligned} K(real) &= 100 \cdot v^5(\text{real}) + 6 \cdot a_5(\text{real}) \\ &= 100 \cdot v^5(5{,}4\%) + 6 \cdot a_5(5{,}4\%) \\ &= 100 \cdot 0{,}768771 + 6 \cdot 4{,}2820462 \\ &= 102{,}57 \\ K(nom) &= 100{,}- \text{ DM} \\ C &= \frac{K(real)}{K(nom)} \cdot 100 = \frac{102{,}57}{100} \cdot 100 = 102{,}57. \end{aligned}$$

Zu (b)
$$\begin{aligned} K(real) &= 100 \cdot v^5(6\%) + 6 \cdot a_5(6\%) \\ &= 100 \cdot 0{,}747258 + 6 \cdot 4{,}21236 = 100{,}- \\ K(nom) &= 100{,}- \text{ DM und somit } C = 100. \end{aligned}$$

Es ist evident, daß sich als Barwert wiederum 100,– DM ergibt, weil ja hier nomineller Zinsfuß und realer Zinsfuß übereinstimmen.

Zu (c)
$$\begin{aligned} K(real) &= 100 \cdot v^5(7{,}2\%) + 6 \cdot a_5(7{,}2\%) = 95{,}11 \text{ DM.} \\ K(nom) &= 100{,}- \text{ DM und somit } C = 95{,}11. \end{aligned}$$

Im Falle (a) wird ein Anleihegläubiger durchaus gewillt sein, für das Wertpapier den Preis von 100,– DM zu bezahlen, da diese Geldanlage ja über einen Barwert *K(real)* von 102,57 DM verfügt. Im Falle (c) hingegen wird sich kaum ein Anleihegläubiger finden, der gewillt ist, für das Wertpapier den Preis von 100,– DM zu bezahlen, da die Geldanlage lediglich einen Barwert *K(real)* von 95,11 DM hat. Um dennoch Käufer für seine Anleihe zu finden, wird der Anleiheschuldner (Emmittent) im Falle (c) die Wertpapiere zu einem niedrigeren Preis als 100,– DM anbieten müssen. Er wird sich dabei an dem auf dem Kapitalmarkt herrschenden Zinsfuß orientieren. Man bezeichnet jenen Zinsfuß, der der wirklichen Verzinsung des vom Anleihegläubiger in der Anleihe angelegten Betrages entspricht, als effektiven Zinsfuß.

Analoges gilt für den **effektiven Zinssatz.** Dieser wird manchmal auch als realer Zinssatz oder mit **„Rendite"** bezeichnet. Effektivverzinsung ist also ein Zinssatz, mit dem alle Leistungen des Gläubigers verzinst werden müßten, die der Schuldner zu tragen hat. In die Berechnung des Effektivzinses gehen sämtliche bei einem Kreditgeschäft vereinbarten Zahlungen ein, ganz gleich ob sie laufend oder einmalig sind.

Der grundsätzlich vom Anleiheschuldner festgelegte effektive Zinsfuß wird sich vorwiegend am sogenannten Landeszinsfuß orientieren, der sich dadurch ergibt, daß man den Durchschnitt von Effektivzinsfüßen einer hinreichenden Zahl von Anleihen bildet. Die Einführung der Begriffe Kurs und Effektivverzinsung erlaubt die Messung der Rentabilität einer Anleihe auch dann, wenn die vorkommenden Formen von Kapitalanlagen infolge äußerst unterschiedlicher Bedingungen stark voneinander abweichen. Ist der Kurs C eines Wertpapieres vorgegeben, so kann die Effektivverzinsung bestimmt werden, ist umgekehrt die Effektivverzinsung vorgegeben, so kann man den Kurs C des Wertpapieres berechnen. Es ist eine Hauptaufgabe der Finanzmathematik, für die verschiedenen Kapitalvorgänge einen Kurs zu ermitteln bzw., bei einem vorgegebenen Kurs, den realen Wert $K(real)$ zu bestimmen.

7.2 Kurs einer einmaligen (künftigen) Schuld

Jemand erhält ein Darlehen von 100000,– DM unter der Bedingung, daß nach 10 Jahren die Darlehensschuld einschließlich der bis dahin angefallenen Zinseszinsen zu 5% in einem Betrag zurückgezahlt werden wird. Nach drei Jahren sieht sich der Gläubiger (Darlehensgeber) veranlaßt, seine Forderung an eine Bank abzutreten, die allerdings eine Verzinsung zu 7% verlangt. Welchen Ablösungsbetrag wird die Bank zahlen?

Sowohl der ursprüngliche Darlehensgeber als auch die Bank gehen davon aus, daß (vom Termin „3" ausgehend) nach 7 Jahren das Darlehen einschließlich der Zinseszinsen zu 5% für 10 Jahre zurückgezahlt werden wird.

Dieser „künftige" Rückzahlungsbetrag ist

$$K_{10} = K_0 \cdot 1{,}05^{10} = 100\,000 \cdot 1{,}05^{10} = 162\,889,- \text{ (DM)}$$

Der Wert dieser künftigen Schuld zum Termin „3" ist $K_3 = K_{10} \cdot \frac{1}{q^7} = K_{10} \cdot v^7$

Der ursprüngliche Gläubiger rechnet dabei mit 5%, die übernehmende Bank dagegen mit 7%.

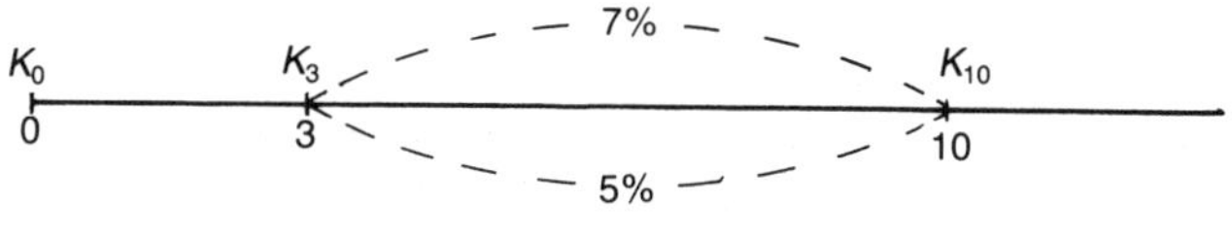

Für den ursprünglichen Gläubiger ist der **nominale** Wert zum Termin „3“:

$K_{nom} = \frac{K_{10}}{1{,}05^7} = \frac{K_0 \cdot 1{,}05^{10}}{1{,}05^7} = K_0 \cdot 1{,}05^3$ d. h. für den Gläubiger sind die Zinseszinsen für die ersten 3 Jahre mit enthalten.

Für die übernehmende Bank ergibt sich der **reale** Wert zum Termin „3“:

$$K(real) = \frac{K_{10}}{1{,}07^7} = \frac{K_0 \cdot 1{,}05^{10}}{1{,}07^7}$$

In Zahlen (zum Termin „3“): $K(nom) = 115\,763,-$ $K(real) = 101\,439,-$

Sowohl $K(nom)$ als auch $K(real)$ werden in 7 Jahren auf das künftige K_{10} anwachsen:

$$K(nom) \cdot 1{,}05^7 = \frac{K_{10}}{1{,}05^7} \cdot 1{,}05^7 = K_{10}$$

$$K(real) \cdot 1{,}07^7 = \frac{K_{10}}{1{,}07^7} \cdot 1{,}07^7 = K_{10}$$

Den realen Wert zum Termin „3“ kann man in Prozenten des nominalen Wertes zum Termin „3“ ausdrücken. Den hierbei sich ergebenden Prozentsatz, bezogen auf $K(nom)$ nennt man den **Kurs,** zu dem die Bank zum Termin „3“ das Darlehen ablöst (übernimmt!).

In Zahlen:

$$C = \frac{101\,439 \cdot 100}{115\,763} \qquad \left(1\% = \frac{115\,763}{100}\right)!$$

Allgemein ist:

$$\boxed{C = \frac{K(real)}{K(nom)} \cdot 100} \tag{55}$$

$$C = \frac{K_0 \cdot 1{,}05^{10} \cdot 1{,}05^7}{1{,}07^7 \cdot K_0 \cdot 1{,}05^{10}} \cdot 100$$

$$= \frac{1{,}05^7}{1{,}07^7} \cdot 100 \; (=87{,}6)$$

Es muß betont werden, daß die Ermittlung des Kurses sich nur auf die „künftigen“ Werte beziehen kann.

Der Kurs C hängt offenbar vom Verhältnis der beiden Zinsfüße (genauer vom Verhältnis der Aufzinsungsfaktoren) und von der „künftigen“ Zeit ab. Würde z. B. die Bank die Forderung erst zum Termin „7“ übernehmen, wäre der Übernahmekurs

$$C = \frac{1{,}05^3}{1{,}07^3} \cdot 100 = 94{,}5$$

Je näher der Übernahmetermin beim späteren Fälligkeitstermin liegt, desto weniger wird sich der vom nominalen Zinsfuß abweichende reale Zinsfuß auswirken und der Kurs sich dem Wert 100 nähern.

Wird die Forderung **ohne Änderung des Zinsfußes** übernommen, dann sind – zu jedem Übernahmetermin – *K(real)* und *K(nom)* gleich. Der Kurs ist dann $C=100$.

Diesen Kurs nennt man den **Parikurs** (Die Forderung wird zu pari übernommen)!

Ein Kurs $C>100$ bedeutet Kurs über pari,
$C<100$ bedeutet Kurs unter pari.

Setzt man in der allgemeinen Kursformel den Wert $K(nom)=100$, dann ist $C=K(real)$.

Bedenkt man, daß die Bestimmung eines *K(real)* gleichbedeutend ist mit der Abzinsung **künftiger** Werte auf (einen früher liegenden Termin), so wird klar, daß bei einem

$p(real)>p(nom)$ das $K(real)<K(nom)$ und somit $C<100$ sein muß.

(Die Werte der abzinsenden Faktoren a_n und v^n werden bei gleichbleibenden n kleiner, wenn p größer wird.)

Aufgabe 127: Jemand hat folgende Zahlungen zu leisten: 10000,– DM nach 2 Jahren, 25000,– DM nach 5 Jahren und 20000,– DM nach 8 Jahren.

(a) Mit welchem Betrag könnte die Gesamtschuld zum Anfang des 1. Jahres abgelöst werden, wenn eine Verzinsung mit 4% zugrunde gelegt wird?
(b) Eine Bank wäre bereit, die Forderungen bei einem Zinsfuß von 5,5% zu übernehmen. Mit welchem Betrag würde dies geschehen? Welches wäre der Übernahmekurs?

Der Barwert der Forderungen ist: $K_0=10000\cdot v^2+25000\cdot v^5+20000\cdot v^8$

Beim nominalen Zinsfuß ist $K(nom)=44407,-$ DM
beim realen Zinsfuß 5,5% ist $K(real)=41145,-$ DM.

$$C=\frac{K(real)}{K(nom)}\cdot 100=92{,}6$$

7.3 Kurs einer Zinsschuld

Aufgabe 128: Für ein auf 10 Jahre gewährtes Darlehen von $K_0=100000,-$ DM werden jährlich die Zinsen zu 5% bezahlt. Die Rückzahlung des Darlehens erfolgt am Ende des 10. Jahres.

In welcher Höhe kann das Darlehen ausgezahlt werden, wenn eine reale Verzinsung zu 6% erreicht werden soll?

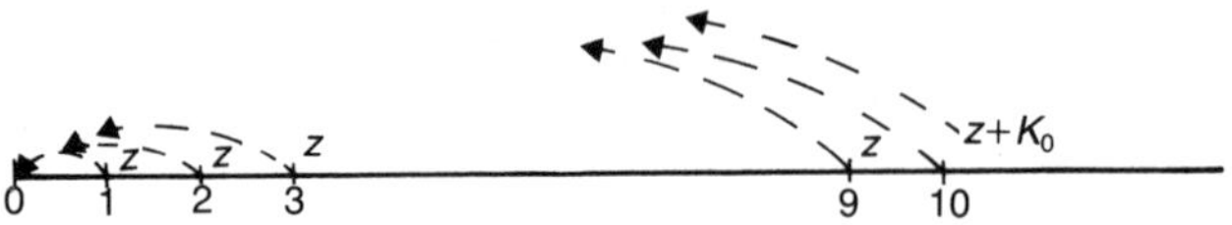

Die Rückzahlung der Schuld erfolgt zum Nominalwert $K_0 = 100000,-$. Die Zinsen z sind die Nominalzinsen, d.h. 5% von K_0.

Der Barwert B_0 (Termin „0") aller künftigen Zahlungen z und K_0 ist:

$B_0 = z \cdot a_{10} + K_0 \cdot v^{10}$

Setzt man $K_0 = 100$, dann ist $z = p = 100 \cdot i = 100 \cdot (q-1)$.

Die Gleichung für B_0 geht dann über in

$B_0 = p \cdot a_{10} + 100 \cdot v^{10}$

(a) Soll für die Zinsberechnung und für die „abzinsenden Faktoren" a_{10} und v^{10} der **gleiche** Zinsfuß gelten, dann ist

$$B_0 = 100 \cdot (q-1) \cdot \frac{1 \cdot (q^{10}-1)}{q^{10} \cdot (q-1)} + 100 \cdot \frac{1}{q^{10}}$$

$$= 100 \cdot \left[\frac{(q-1) \cdot (q^{10}-1)}{(q-1) \cdot q^{10}} + \frac{1}{q^{10}}\right] = 100 \cdot 1 = 100 = \text{Parikurs}$$

(b) Soll aber der Wert der künftigen Zahlungen mit dem gewünschten realen Zinsfuß (6%) ermittelt werden, so sind die abzinsenden Faktoren a_n und v^n für $P(real) = 6\%$ zu verwenden. Jetzt ist

$B_0 = z(nom) \cdot a_{10}(real) + K_0 \cdot v^{10}(real)$ oder für $K_0 = 100$

$B_0 = C = p(nom) \cdot a_{10}(real) + 100 \cdot v^{10}(real)$ oder in Zahlen:

$C = 5 \cdot 7{,}36009 + 100 \cdot 0{,}558395 = 92{,}64$.

Damit eine reale Verzinsung zu 6% erreicht werden kann, muß das Darlehen zum Kurs 92,64, d.h. mit 92640,– DM ausgezahlt werden.

Die allgemeine Formel für den Kurs einer Zinsschuld lautet:

$$\boxed{C = p(nom) \cdot a_n(real) + 100 \cdot v^n(real)} \qquad (56)$$

Aufgabe 128: Eine neue Bundesanleihe wird mit nachstehender Ausstattung zur Zeichnung aufgelegt:
Volumen: 2 Milliarden DM,
Laufzeit: 10 Jahre,
Nominalverzinsung: 7,625%.

Welcher Emmissionskurs ist zu wählen, damit eine Rendite von 7,7% erzielt wird?

$C = p(nom) \cdot a_{10}(real) + 100 \cdot v^{10}(real)$

$$= 7{,}625 \cdot \frac{1}{1{,}077^{10}} \cdot \frac{1{,}077^{10}-1}{0{,}077} + 100 \cdot \frac{1}{1{,}077^{10}}$$

$= 51{,}86401 + 47{,}625851$

$= 99{,}49$.

7.4 Kurs einer Zinsschuld mit halbjähriger Zinszahlung

Aufgabe 130: Eine Anleihe ist mit 4% zu verzinsen und nach 25 Jahren zum Nennwert zurückzuzahlen.

(a) Zu welchem Begebungskurs kann die Anleihe ausgezahlt werden, wenn eine reale Verzinsung mit 6% erreicht werden soll?

(b) Welcher Begebungskurs errechnet sich, wenn die Zinsen halbjährlich mit 2% bezahlt werden?

Die Aufgabenstellung ist hier von vornherein auf $K_0 = 100$ bezogen. Der jährliche Zinsbetrag ist $z = 4$.

Zu (a) Der Begebungskurs ist:

$$C_0 = 4 \cdot a_{25}(6\%) + 100 \cdot v^{25}(6\%) = 74{,}43$$

Zu (b) Die Zinszahlungen zu 2% halbjährlich sind als künftige Zahlungen der Bewertung mit dem realen Zinssatz 6% zu unterstellen.

Der Zinsbetrag vom Ende des ersten Halbjahres bringt bis zum Ende des zweiten Halbjahres Zinsen nach dem realen Zinsfuß, nämlich in Höhe von

$$\frac{p(nom)}{2} \cdot \frac{p(real)}{100} \cdot \frac{1}{2}$$

Am Ende eines ganzen Jahres kommen also zusammen: die Zinsen vom Ende des 2. Halbjahres, die Zinsen vom Ende des 1. Halbjahres und die Zinsen davon.

Der Jahreszins, auf 100 bezogen, ist also:

$$z = \frac{p(nom)}{2} \cdot \frac{p(real)}{100} \cdot \frac{1}{2} + \frac{p(nom)}{2} + \frac{p(nom)}{2} = p(nom) +$$

$$\frac{p(nom) \cdot p(real)}{100} \cdot \frac{1}{4} = p(nom) \cdot \left(1 + \frac{1}{4} \cdot \frac{p(real)}{100}\right)$$

In Zahlen: $z = 4 \cdot \left(1 + \frac{0{,}06}{4}\right) = 4{,}06$

$$C_0 = 4{,}06 \cdot a_{25}(6\%) + 100 \cdot v^{25}(6\%) = 75{,}20$$

Die Berechnung von p' wurde hier mit den relativen Halbjahreszinsfüßen durchgeführt.

Im Sinne der Zinseszinsrechnung kann man aber auch den **konformen Halbjahreszinsfuß** ermitteln, der zu einer effektiven Jahresverzinsung mit 6% führt.

Der konforme Aufzinsungsfaktor q wird gefunden aus: $q^2 = 1{,}06$, d. h.

$q = \sqrt{1{,}06} = 1{,}0296$ und $p(konform) = 2{,}96$

Für die Berechnung der Gesamtverzinsung am Ende eines Jahres folgt:

$$z = \frac{p(nom)}{2} + \left[\frac{p(nom)}{2} + \frac{p(nom)}{2} \cdot \frac{2{,}96}{100}\right] = \frac{p(nom)}{2} + \frac{p(nom)}{2}\left[1 + \frac{2{,}96}{100}\right]$$

$$z = \frac{p(nom)}{2} \cdot 2{,}0296$$

also: $C_0 = 4{,}0592 \cdot a_{25}(6\%) + 100 \cdot v^{25}(6\%) = 75{,}18$

7.5 Kurs einer Zinsschuld mit Aufgeld

Aufgabe 131: Für eine Schuld $K_0 = 100{,}-$ DM werden jährlich die Zinsen zu $p(nom)\%$ bezahlt. Am Ende des $n$ten Jahres wird die Schuld mit einem Aufgeld von α DM zurückgezahlt.

Die jährlichen Zinsen, bezogen auf $100{,}-$ DM, sind $p(nom)$ die Rückzahlung beträgt aber jetzt $(100 + \alpha)$DM.

In Abänderung der Kursformel für die einfache Zinsschuld ergibt sich bei der Rückzahlung mit Aufgeld

$$C_0 = p(nom) \cdot a_n(real) + (100 + \alpha)\ v^n(real) \qquad (57)$$

Für $K_0 = 100{,}-$ DM, $p(nom) = 5$, $p(real) = 6$, $n = 10$, $\alpha = 10$ ergibt sich:

$$C_0 = 5 \cdot 7{,}36009 + 110 \cdot 0{,}558395 = 98{,}22$$

7.6 Kurs einer ewigen Rente

Eine ewige Rente liegt vor, wenn die Rentenzahlung ohne zeitliche Beschränkung erfolgt (wie z. B. bei Pfandbriefen)

Der Barwert einer ewigen Rente ist $K = \frac{r}{i} = \frac{100}{p} \cdot r$

Zu einem Zinsfuß $p(nom)$ ergibt sich ein $K(nom) = \frac{100}{p(nom)} \cdot r$,

zu einem Zinsfuß $p(real)$ also ein $K(real) = \frac{100}{p(real)} \cdot r$

Für den Kurs C_0 einer ewigen Rente gilt somit:

$$\boxed{C_0 = \frac{p(nom)}{p(real)} \cdot 100} \qquad (58)$$

Diese Formel kann zur groben Abschätzung eines Kurses auch für andere Anleiheformen verwendet werden. (Sie wird um so ungünstiger sein, je stärker die Tilgungszeit einer Anleihe von der zeitlich nicht beschränkten Form abweicht, d. h. je kürzer die Laufzeit einer Anleihe-(Schuld-)form ist.

7.7 Kurs einer Annuitätenanleihe

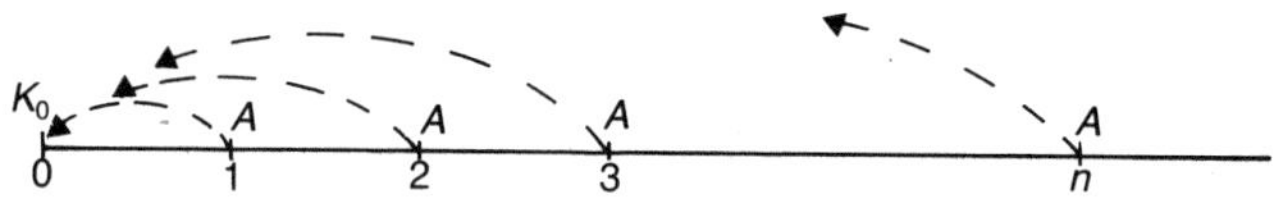

Eine Annuitätenanleihe soll in *n* Jahren mit gleichen Annuitäten getilgt werden. (Die Zahl *n* der Tilgungsjahre sei also vorgegeben. Die Annuität muß dazu passend gewählt, d. h. berechnet werden.)

$K(nom) = A \cdot a_n(nom)$

Sollen die (vom Termin „0" aus gesehen) künftigen Zahlungen aber mit einem realen Zinsfuß $p(real)$ bewertet werden, so ergibt sich als Barwert der *n* Zahlungen zu je *A* ein $K(real) = A \cdot a_n(real)$.

Der zu einem vorgegebenen $p(real)$ sich ergebende Begebungskurs ist dann

$$C_0 = \frac{K(real)}{K(nom)} \cdot 100 = \frac{A \cdot a_n(real)}{A \cdot a_n(nom)} \cdot 100 = \frac{a_n(real)}{a_n(nom)} \cdot 100 \qquad (59)$$

oder auch $C_0 = a_n(real) \cdot \dfrac{1}{a_n(nom)} \cdot 100$, wobei $1 : a_n(nom)$ der Annuitätenfaktor (Tabelle e) der Annuitätenfaktoren im Anhang) ist.

Durch die Größen $a_n(real)$ und $a_n(nom)$ werden sämtliche Annuitäten zur Verzinsung und Tilgung der Gesamtanleihe K_0 erfaßt.

Es kann daher die Frage aufgeworfen werden, ob der für die Gesamtanleihe errechnete Kurs auch für jede einzelne Annuität gilt. Für die 1. Annuität ist, bezogen auf den Termin „0", der Kurs

$C_0 = \dfrac{A \cdot v(real)}{A \cdot v(nom)} \cdot 100 = \dfrac{v(real)}{v(nom)} \cdot 100$ (Abzinsung mit $v = 1/q$ für 1 Jahr)

Für die *m*te Annuität $(1 < K < n)$ ergibt sich sinngemäß

$C_0 = \dfrac{v^K(real)}{v^K(nom)} \cdot 100 = \left[\dfrac{v(real)}{v(nom)}\right]^K \cdot 100$, d. h.

(1) für jede einzelne Annuität ergibt sich ein anderer Kurs

(2) nur für $p(real) = p(nom)$, also bei Parikurs, sind die Kurse für die einzelnen Annuitäten gleich, nämlich 100

(3) Ist $v(real) < v(nom)$ (also $p(real) > p(nom)$, so werden die Kurse für die einzelnen, aufeinanderfolgenden Annuitäten immer kleiner (und umgekehrt!)

Der für die Gesamtanleihe errechnete Begebungskurs C_0 ist der durchschnittliche Kurs.

Beispiel 27: Eine Annuitätenanleihe von 1 000 000,– DM ist mit 5% zu verzinsen und in 30 Jahren zu tilgen. In welcher Höhe kann die Anleihe ausgezahlt werden, wenn eine Verzinsung zu 5,5% erreicht werden soll?

$$C_0 = \frac{a_{30}(5{,}5\%)}{a_{30}(5\%)} \cdot 100$$

a_{30} bei 5,5% = 14,53375; a_{30} bei 5% = 15,37245, bzw.

$\frac{1}{a_{30}}$ bei 5% = 0,0650514

$$C_0 = \frac{14{,}53375}{15{,}37245} \cdot 100 \quad \text{oder} \quad C_0 = 14{,}53375 \cdot 0{,}0650514 \cdot 100 = 94{,}54$$

Die Anleihe wird mit 945 400,– DM ausgezahlt.

Aufgabe 132: (Originalaufgabe der wissenschaftlichen Vorprüfung für das Lehramt an den Gymnasien). Die Lage am Kapitalmarkt erfordert derzeit eine Effektivverzinsung von 8,5%. Der Emittent einer Anleihe von nominell 100 Millionen DM möchte jedoch an dem Nominalzinssatz von 8% festhalten. Die Anleihe wird vom Ende des ersten Jahres an in 15 gleich hohen Annuitäten zu pari getilgt.

(a) Welcher Ausgabekurs errechnet sich?
(b) Wie lautet der Tilgungsplan für die ersten vier Jahre, wenn die kleinsten Stücke 1000,– DM betragen?
(c) Welcher Ausgabekurs ergäbe sich, wenn die Rückzahlung der Anleihe in einer Summe nach 15 Jahren erfolgen würde?

Zu (a)

$$C_0 = \frac{K(real)}{K(nom)} \cdot 100 = \frac{a_{15}(8{,}5\%)}{a_{15}(8\%)} = \frac{8{,}30424}{8{,}55948} \cdot 100 = 97{,}018.$$

Zu (b)

T_k	Stücke	Rückstand	Rückstandssumme
$T_1 = 3\,682\,953,–$	3682	953,–	953,–
$T_2 = 3\,977\,589{,}20$	3977 +1	589,20	(1542,20) 542,20
$T_3 = 4\,295\,796{,}30$	4295 +1	796,30	(1338,50) 338,50
$T_4 = 4\,639\,460,–$	4639	460,–	798,50

$$A = \frac{K_0}{a_{15}(8\%)} = 11\,682\,953,-$$

$T_1 = 11\,682\,953,- \;\; 8\,000\,000,- = 3\,682\,953,-$

Tilgungsplan:

K am Anfang	Zinsen	Tilgung	Stücke	Annuität
100 000 000,–	8 000 000,–	3 682 000,–	3682	11 682 060,–
96 318 000,–	7 705 440,–	3 978 000,–	3978	11 683 440,–
92 340 000,–	7 387 200,–	4 296 000,–	4296	11 683 200,–
88 044 000,–	7 043 520,–	4 639 000,–	4639	11 682 520,–

Zu (c) $C_0 = \frac{K(real)}{K(nom)} \cdot 100 = \frac{K_0 \cdot 1{,}08^{15}}{K_0 \cdot 1{,}085^{15}} \cdot 100 = 93{,}306.$

Aufgabe 132: (Originalaufgabe der wissenschaftlichen Vorprüfung 1982 für das Lehramt an den Gymnasien). Eine 8%-ige Anleihe von 2 Millionen ist in Stücken zu je 1000,– DM ausgegeben. Sie soll, vom Ende des ersten Jahres an, in 10 Jahren durch gleichbleibende Annuitäten getilgt werden.

(a) Stellen Sie, unter Berücksichtigung der Stückelung, den Tilgungsplan für die ersten 4 Jahre auf.

(b) Welche jährliche Belastung errechnet sich für den Fall, daß in die Annuität zusätzlich ein Aufgeld von 5% der Tilgungsrate miteinbezogen werden soll?

(c) Zu welchem Emissionskurs wird eine Bank im Fall (b) die Anleihe übernehmen, wenn sie mit einer Verzinsung von 10% kalkuliert?

Zu (a) $A = K_0 : a_n = 2\,000\,000 : 6{,}71008 = 298\,059,-$
$z_1 = 160\,000,-;\quad T_1 = 138\,059,-$

Tilgungen	Stücke	Rückstand	Rückstands-summe
$T_1 = 138\,059,-$	138	59,–	59,–
$T_2 = 149\,103{,}72$	149	103,72	162,72
$T_3 = 161\,032,-$	161	32,–	194,72
$T_4 = 173\,914{,}56$	173	914,56	(1109,28)
	+1		109,28

Tilgungsplan:

Jahr	*K* am Anfang	Zinsen	Tilgung	Annuität
1	2 000 000,–	160 000,–	138 000,–	298 000,–
2	1 862 000,–	148 960,–	149 000,–	297 960,–
3	1 713 000,–	137 040,–	161 000,–	298 040,–
4	1 552 000,–	124 160,–	174 000,–	298 160,–

Zu (b) Für das fiktive Anfangskapital K'_0 gilt:

$K'_0 = K_0(1+5/100) = 2\,000\,000 \cdot 1{,}05 = 2\,100\,000,-$

Aus dem fiktiven Zinsfuß $p' = 8:1{,}05 = 7{,}62$ erhält man für die Annuität mit eingeschlossenem Aufgeld A' aus

$$A' = 2\,100\,000 : a_{10}(7{,}62\%)$$
$$= 307\,618{,}92 \text{ (DM)}.$$

Zu (c) $K(real) = 307\,618{,}92 \cdot a_{10}(10\%)$
$= 1\,889\,186,-$

$$C_0 = \frac{K(real)}{K(nom)} \cdot 100 = \frac{1\,889\,186,-}{2\,000\,000} \cdot 100 = 94{,}51.$$

7.8 Kurs einer Annuitätenanleihe mit Restzahlung

In Teil 7.6 war vorausgesetzt, daß die Annuität A für eine ganze Zahl von Jahren fällig sein soll, d.h. mit der letzten Annuität die Schuld gerade getilgt sein wird.

Ist dagegen die Annuität A vorgegeben, wird sich aus $a_n = K_0 : A$ im allgemeinen kein ganzzahliges n ergeben, sondern ein $n = N + t$, das zwischen N und $N+1$ liegt. (N also die ganze Zahl!)

Für *N Jahre ergibt sich:* $C_0 = \dfrac{a_N(real)}{a_N(nom)} \cdot 100$

Für $N+1$ Jahre entsprechend $C = \dfrac{a_N+1(real)}{a_N+1(nom)} \cdot 100$

In erster Annäherung wird eine Interpolation zwischen C_0 für N und C_0 für $N+1$ genügen. C_0 für $N+t$ liegt dazwischen! (Vgl. Aufgabe 88)

Aufgabe 134: Eine Annuitätenschuld von 1 000 000,– DM ist mit 5% zu verzinsen und mit 3% zuzüglich der gesparten Zinsen zu tilgen. Eine sich ergebende Restzahlung ist 1 Jahr nach der letzten vollen Annuität fällig. Wie muß der Begebungskurs gewählt werden, damit eine Verzinsung mit 6% erreicht wird?

Die nominale Annuität ist als Prozentannuität gegeben. Die Tilgungszeit ergibt sich deshalb aus $q^n = A : T_1$. Für A sind 8%, für T_1 sind 3% anzusetzen.

$1{,}05^n = 8:3 = 2{,}66666$; aus der Tabelle der Aufzinsungsfaktoren kann abgelesen werden: $20 < n < 21$.

Geht man von $K_0 = A \cdot a_n$ aus, dann ist $a_n = K_0 : A = 100 : (5+3) = 12{,}5$. Aus der Tabelle der Barwertfaktoren ergibt sich ebenfalls: $20 < n < 21$

für $N = 20$: $\quad C_0 = \dfrac{a_{20}(6\%)}{a_{20}(5\%)} \cdot 100 = 92{,}0$

für $N=21$: $C_0 = \frac{a_{21}(6\%)}{a_{21}(5\%)} \cdot 100 = 91{,}7$

Für die Interpolation zwischen den Kursen muß zunächst t für $n = N + t$ aus den Werten für a_{20} und a_{21} gefunden werden.

bei 5%	a_{20}	12,46221	a_{20}	12,46221
			$a_{20}+t$	12,5
	a_{21}	12,82115		
	1 :	0,35894 =	t : 0,03779;	$t = 0{,}105$

Interpolation zwischen den Kursen

$C_0(20)$ 92,0		$C_0(20)$	92,0
		$C_0(21,105)$	$92-x$
$C_0(21)$ 91,7			
1 :	0,3 =	0,105 :	x; $x=0{,}0315$

Also ist für $n=20{,}105$: $C_0 = 91{,}9685$

Wird die Restzahlung R ein Jahr nach der letzten vollen Annuität A bezahlt, dann ist

$K(nom) = A \cdot a_N(nom) + R \cdot v^{N+1}(nom) = K_0$

$K(real) = A \cdot a_N(real) + R \cdot v^{N+1}(real)$ und somit der Begebungskurs

$$C_0 = \frac{A \cdot a_N(real) + R \cdot v^{N+1}(real)}{K_0} \cdot 100 \qquad (60)$$

Der Wert der Restzahlung zum Termin „21“ ist: $(K_0 - A \cdot a_{20})\, q^{21}$

Bezogen auf $K_0 = 100$ ist $A = 8$ und somit die Restzahlung

$(100 - 8 \cdot 12{,}46221) \cdot 2{,}78596 = 0{,}30232 \cdot 2{,}78596 = 0{,}8423$

$C_0 = 8 \cdot 11{,}46992 + 0{,}8423 \cdot 0{,}294155 = 92{,}00706$

Dieses Ergebnis weicht von dem durch Interpolieren gefundenen Wert nur unwesentlich ab.

7.9 Kurs einer Ratenschuld

Im Rahmen der Tilgungsrechnung war die Aufstellung des Tilgungsplans für die Ratentilgung eine besonders einfache Angelegenheit. Die Kursberechnung für eine Ratenschuld ist eine bei weitem aufwendigere Aufgabe.

Ist eine Schuld K_0 bei gleichen Raten in n Jahren zu tilgen, dann sind jährlich zu zahlen

(a) die gleichbleibenden Tilgungsraten $K_0 : n$ und
(b) die Zinsen für die jeweilige Restschuld

Die folgende Übersicht soll den Tilgungsablauf klarstellen.

Jahr	Schuld zu Anfang		Zinsen am Ende bei K_0	Zinsen am Ende bei $K_0=100(100\cdot i=p)$	
1	K_0	$=\frac{n}{n}\cdot K_0$	$\frac{n}{n}\cdot K_0\cdot i$	$\frac{n}{n}\cdot p$	$=n\cdot\frac{p}{n}$
2	$K_0-\frac{K_0}{n}$	$=\frac{n-1}{n}\cdot K_0$	$\frac{n-1}{n}\cdot K_0\cdot i$	$\frac{n-1}{n}\cdot p$	$=(n-1)\cdot\frac{p}{n}$
3	$K_0-2\cdot\frac{K_0}{n}$	$=\frac{n-2}{n}\cdot K_0$	$\frac{n-2}{n}\cdot K_0\cdot i$	$\frac{n-2}{n}\cdot p$	$=(n-2)\cdot\frac{p}{n}$
⋮					
$n-1$	$K_0-(n-2)\cdot\frac{K_0}{n}$	$=\frac{2}{n}\cdot K_0$	$\frac{2}{n}\cdot K_0\cdot i$	$\frac{2}{n}\cdot p$	$=2\cdot\frac{p}{n}$
n	$K_0-(n-1)\cdot\frac{K_0}{n}$	$=\frac{1}{n}\cdot K_0$	$\frac{1}{n}\cdot K_0\cdot i$	$\frac{1}{n}\cdot p$	$=1\cdot\frac{p}{n}$

Die **Tilgungsbeträge** sind n Jahre lang, jeweils zum Ende des Jahres zu zahlen. Sie können als nachschüssige Rente von je $(K_0:n)$ aufgefaßt werden.

Der Barwert (bezogen auf den Beginn des 1. Tilgungsjahrs) ist

$$B_0=\frac{K_0}{n}\cdot a_n \text{ bzw. bei } K_0=100: \quad B_0=\frac{100}{n}\cdot a_n$$

Die **Zinsbeträge** bilden eine arithmetisch fallende Folge mit dem ersten Glied $n\cdot\frac{p}{n}=p$. Der Betrag, um den die folgenden Glieder jeweils kleiner werden, ist $d=(-)\frac{p}{n}$.

Der Barwert sämtlicher Zinsbeträge kann mit der Formel (32) für die arithmetisch fortschreitende Rente angegeben werden.

$$R_0=r\cdot a_n+\frac{d}{i}\cdot(a_n-n\cdot v^n)$$

In dieser Formel sind einzusetzen: für $r=n\cdot\frac{p}{n}=p$ und $d=-\frac{p}{n}$.

Damit ergibt sich für den Barwert aller Zinsbeträge:

$$B(Zins)=p\cdot a_n-\frac{p}{n\cdot i}(a_n-n\cdot v^n)$$

Der Barwert aller „künftigen" Zahlungen, nämlich der Zinsen und der Tilgungsbeträge, bezogen auf $K_0=100$, gibt den **Begebungskurs der Ratenschuld.**

$$C_0=B_0+Z_0=\frac{100}{n}\cdot a_n+p(nom)\cdot a_n-\frac{p(nom)}{n\cdot i}\cdot(a_n-n\cdot v^n)$$

$$C_0 = \frac{100}{n} \cdot a_n + p(nom) \cdot a_n - \frac{p(nom) \cdot 100}{p \cdot n}(a_n - n \cdot v^n) \qquad i = \frac{p}{100} \tag{61}$$

Die Größe $p(nom)$ ist der Zinsfuß, mit dem die Zinsen am Ende der einzelnen Jahre berechnet werden. Alle übrigen Größen entsprechen dem realen Zinsfuß, mit dem die Abzinsung der Tilgungs- und Zinsbeträge auf den Termin „0" durchzuführen ist.

Der zuletzt gefundene Ausdruck für C_0 läßt sich umwandeln in

$$C_0 = \frac{100}{n}\left[a_n + \frac{n}{100} \cdot p(nom) \cdot a_n - \frac{p(nom)}{p} \cdot (a_n - n \cdot v^n)\right]$$

$$= \frac{100}{n}\left[a_n + \frac{p(nom)}{p} \cdot \left(\frac{p}{100} \cdot n \cdot a_n - a_n + n \cdot v^n\right)\right]; \quad \frac{p}{100} = q - 1$$

$$= \frac{100}{n}\left[a_n + \frac{p(nom)}{p} \cdot \left((q-1) \cdot n \cdot a_n - a_n + n \cdot v^n\right)\right]$$

$$= \frac{100}{n}\left[a_n + \frac{p(nom)}{p} \cdot \left(n \cdot [(q-1) \cdot a_n + v^n] - a_n\right)\right]; \; a_n = \frac{1}{q^n} \cdot \frac{q^n - 1}{q - 1}$$

$$= \frac{100}{n}\left[a_n + \frac{p(nom)}{p} \cdot \left(n \cdot [1] - a_n\right)\right]$$

$$C_0 = \frac{100}{n}\left[a_n + \frac{p(nom)}{p} \cdot \left(n - a_n\right)\right] \quad \text{oder:}$$

$$\boxed{C_0 = 100\left[\frac{a_n}{n} + \frac{p(nom)}{p} \cdot \left(1 - \frac{a_n}{n}\right)\right]} \tag{62}$$

Aufgabe 134: Eine Schuld von nominal 50000,– DM ist mit 4,5% zu verzinsen und in 10 Jahren mit gleichen Raten zu tilgen. Welchen Betrag zahlt der Gläubiger an den Schuldner aus, wenn er durch Kürzung des Nominalbetrags eine Verzinsung mit 6% anstrebt?

Der Begebungskurs berechnet sich zu

$$C_0 = 100 \cdot \left[\frac{7{,}36009}{10} + \frac{4{,}5}{6} \cdot \left(1 - \frac{7{,}36009}{10}\right)\right]$$

$$C_0 = 93{,}4$$

Der Schuldner erhält von seinem Gläubiger statt nominal 50000,– DM nur 46700,– DM. Für die Tilgung hat er jährlich 5000,– DM zu erbringen. Die Zinsen vom jeweiligen Schuldrest sind mit 4,5% zu berechnen.

7.10 Kurs einer Ratenschuld mit Aufgeld

Werden die Tilgungsbeträge K_0/n mit einem Aufgeld von $\alpha\%$ zurückgezahlt, so sind an Stelle dieser Tilgungsbeträge die Werte $\frac{K_0}{n}+\frac{K_0}{n}\cdot\frac{\alpha}{100}$ $=\frac{K_0}{n}\cdot\left(1+\frac{\alpha}{100}\right)$ zu setzen. Bezogen auf $K_0=100$ ergibt dies:

$$B_0=\frac{100}{n}\cdot\left(1+\frac{\alpha}{100}\right)\cdot a_n$$

In der Formel für den Kurs der Ratenschuld tritt zu a_n, das vom Tilgungsanteil herrührt, der Faktor $\left(1+\frac{\alpha}{100}\right)$ hinzu, so daß die Formel für den Begebungskurs einer Ratenschuld mit Aufgeld lautet:

$$C_0=\frac{100}{n}\cdot\left[a_n\cdot\left(1+\frac{\alpha}{100}\right)+\frac{p(nom)}{p}\cdot(n-a_n)\right]$$

Aufgabe 136: Eine Schuld von 50000,– DM ist mit 4,5% zu verzinsen und in 10 Jahren durch gleiche Raten zu tilgen. Die Tilgungsraten werden um ein Aufgeld von 10% erhöht. Wie hoch ist der Begebungskurs, wenn mit einer effektiven Verzinsung von 6% gerechnet wird?

$$C_0=\frac{100}{n}\cdot\left[\left(1+\frac{10}{100}\right)\cdot a_n+\frac{4{,}5}{6}(10-a_n)\right]=100{,}76$$

Durch die Zahlung eines Aufgelds von 10% ergibt sich ein Begebungskurs über pari.

7.11 Kurs einer Annuitätenanleihe bei aufgeschobener Tilgung

Eine Anleihe sei mit $p\%$ zu verzinsen und, nach einer tilgungsfreien Zeit von k Jahren, in weiteren n Jahren durch gleich große Annuitäten zu tilgen.

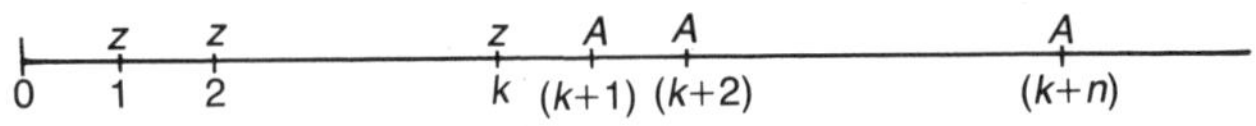

Wird der Wert der künftigen Zahlungen, bezogen auf den Termin „0“ mit dem Zinsfuß $p(nom)$ erfaßt, so hat man:

$$K_0=z\cdot a_k(nom)+A\cdot a_n(nom)\cdot v^k$$

Die Zinsen sind mit $p(nom)\%$ von K_0 zu berechnen: Für die Annuitäten A hat man: $A=K_0\cdot\frac{1}{a_n(nom)}$.

Bezogen auf $K_0 = 100$ ist $z = \text{p(nom)}$ und $A = 100 \cdot \dfrac{1}{a_n(nom)}$

$z \cdot a_k(nom) + A \cdot a_k(nom) \cdot v^k$ geht dann über in:
$100 = p(nom) \cdot a_n(nom) + 100 \cdot v^k(nom)$

Sind die künftigen Zahlungen mit einem *p(real)* zu erfassen, dann ergibt sich für K_0 der Begebungskurs

$$C_0 = p(nom) \cdot a_k(real) + 100 \cdot \frac{1}{a_n(nom)} a_n(real) \cdot v^k(real)$$

$$C_0 = p(nom) \cdot a_k(real) + 100 \cdot \frac{a_n(real)}{a_n(nom)} \cdot v^k(real)$$

Der Ausdruck $100 \cdot \dfrac{a_n(real)}{a_n(nom)}$ ist der Kurs der Annuitätentilgung zu Beginn des 1. Tilgungsjahres, also: C_k

Für den Begebungskurs bei aufgeschobener Tilgung ergibt sich also:

$$C_0 = p(nom) \cdot a_k(real) + C_k \cdot v^k(real) \tag{63}$$

Aufgabe 137: Eine Anleihe über 100000,– DM ist mit 6% zu verzinsen und nach einer tilgungsfreien Zeit von 10 Jahren durch gleiche Annuitäten in 20 Jahren zu tilgen. Wie hoch ist der Begebungskurs, wenn eine reale Verzinsung mit 6,5% verlangt wird?

$C_0 = 6 \cdot 7{,}18883 + 100 \cdot 11{,}01851 \cdot 0{,}0871846 \cdot 0{,}532726 = 94{,}3$

Der Begebungskurs ist 94,3.

7.12 Kurs einer Anleihe zu einem Zeitpunkt innerhalb der Tilgungszeit

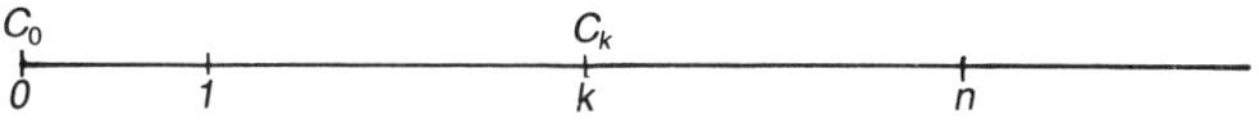

Soll der Kurs einer in n Jahren zu tilgenden Schuld zum Zeitpunkt k $(0 < k < n)$ bestimmt werden, so müssen die Werte aller „künftigen" Zahlungen auf diesen Termin bezogen werden.

Ist der reale Wert der künftigen, also zum Termin k noch ausstehenden Zahlungen, *K(real)* und ihr nominaler Wert *K(nom)* dann ist in Abänderung der allgemeinen Kursformel

$$C_k = \frac{K(real)}{K(nom)} \cdot 100$$

Aufgabe 138: Eine Anleihe von 100000,– DM ist mit 5% zu verzinsen und in 20 Jahren in gleichen Annuitäten zu tilgen.

(a) Bei welchem Begebungskurs wird eine reale Verzinsung zu 6% erreicht?

(b) Welche Kurse ergeben sich zum Ende des 10. und des 15. Tilgungsjahres?

Zu (a) Es ist: $K(nom) = A \cdot a_{20}(5\%)$ und $K(real) = a_{20}(6\%)$

$$C_0 = \frac{a_{20}(6\%)}{a_{20}(5\%)} \cdot 100 = 92$$

Zu (b) Zum Termin „10" stehen noch 10 Annuitäten aus. Also ist

$$C_{10} = \frac{a_{10}(6\%)}{a_{10}(5\%)} \cdot 100 = 95{,}4 \text{ und } C_{15} = \frac{a_5(6\%)}{a_5(5\%)} \cdot 100 = 97{,}2$$

Die Kurse nähern sich offenbar dem Parikurs, wenn der Termin der Kursbestimmung sich dem Ende der Tilgungszeit nähert.

Aufgabe 139: Ein Geldgeber möchte einen Betrag von 100000,– DM bei einer Verzinsung mit 8% (nominal) als Annuitätenanleihe mit einer Tilgungszeit von 20 Jahren unterbringen. Ein Interessent will diese Anleihe in Anspruch nehmen, würde aber nur 6,5% Zinsen zahlen. Zu welchem Begebungskurs müßte er die Anleihe erhalten?

$$C_0 = \frac{a_{20}(6{,}5\%)}{a_{20}(8\%)} \cdot 100 = 112{,}2$$

Wie groß wäre der Kurs zum Ende des 10. bzw. des 15. Tilgungsjahres? Zum Ende des 10. Jahres wäre: $C_{10} = 107{,}1$ und zum Ende des 15. Jahres 104.

Der Begebungskurs liegt hier über pari. Die Kurse für spätere Termine nähern sich auch hier (von oben her!) dem Parikurs, wenn die Termine sich dem Ende der Tilgungszeit nähern.

Aufgabe 140: Ein Geldgeber gewährt ein mit 4% zu verzinsendes Darlehen von 100000,– DM, das durch gleichbleibende Annuitäten, beginnend mit dem Ende des 1. Jahres, in 15 Jahren getilgt werden soll. Zu Beginn des 6. Jahres läßt er sich die noch ausstehenden Jahreszahlungen von einer Bank ablösen, die jedoch eine Verzinsung zu 5% verlangt.

(a) Wie groß ist der Ablösungsbetrag?

(b) Zu welchem Kurs übernimmt die Bank die noch ausstehenden Annuitäten?

Zu (a) Ablösung: 69449,–

Zu (b) 95,2.

7.13 Kursberechnung durch die „Mittlere Laufzeit"

Bei der Kursberechnung ergeben sich für die verschiedenen Schuld- und Anleiheformen zum Teil aufwendige Formeln, deren rechnerische Auswertung mühevoll ist. Ein Hilfsmittel zur Vereinfachung ist die sog. mittlere Laufzeit.

Diese mittlere Laufzeit ist eine rein fiktive Rechengröße, die nichts zu tun hat mit der halben oder der durchschnittlichen Tilgungszeit. Sie macht es aber möglich, rein rechnerisch, etwa eine Ratenschuld oder eine Annuitätenanleihe in eine Zinsanleihe zu transformieren, deren Kursformel verhältnismäßig einfach ist.

Der Begriff „mittlere Laufzeit" (mathematische Lebensdauer) kann, wie folgt, beschrieben werden:

Eine Anleihe (allgemein) und eine Zinsanleihe sollen den gleichen Begebungskurs C_0, den gleichen nominalen Zinsfuß $p(nom)$ und den gleichen realen (effektiven) Zinsfuß p als Grunddaten haben. Die Laufzeit der Anleihe (allgemein) sei n, die der Zinsanleihe x. Das Problem ist dann: Die Laufzeit x der Zinsanleihe ist so zu bestimmen, daß bei gleichen Zinsfüßen $p(nom)$ und gleichen Zinsfüßen $p(real)$ sind gleiche Begebungskurse ergeben. Die Umkehrung dieser Problemstellung lautet dann: Die Laufzeit x der Zinsanleihe ist so zu bestimmen, daß bei gleichen nominalen Zinsfüßen $p(nom)$ und bei gleichen Begebungskursen C_0 sich die gleichen realen (effektiven) Zinsfüße ergeben.

7.14 Annuitätenanleihe - Zinsanleihe

Die Annuitätenanleihe mit der Laufzeit n soll in eine Zinsanleihe mit der Laufzeit x transformiert werden.

Gleiche Kurse C_0:

$$p(nom) \cdot a_x + 100 \cdot v^x = 100 \cdot \frac{a_n}{a_n(nom)}$$

$$p(nom)\left[\frac{1}{q^x} \cdot \frac{q^x - 1}{q - 1}\right] + 100 \cdot v^x = 100 \cdot \frac{a_n}{a_n(nom)}$$

$$p(nom) \cdot \left[\frac{q^x - 1}{q^x} \cdot \frac{1}{q - 1}\right] + 100 \cdot v^x = 100 \cdot \frac{a_n}{a_n(nom)} \left[\frac{1}{q - 1} = \frac{100}{p}!\right]$$

$$\frac{p(nom)}{p} \cdot 100 \cdot (1 - v^x) + 100 \cdot v^x = 100 \cdot \frac{a_n}{a_n(nom)} \text{ [durch 100 div.!]}$$

$$\frac{p(nom)}{p} - \frac{p(nom)}{p} \cdot v^x + v^x = \frac{a_n}{a_n(nom)}$$

$$v^x \cdot \left(1 - \frac{p(nom)}{p}\right) = \frac{a_n}{a_n(nom)} - \frac{p(nom)}{p}$$

$$v^x \cdot \frac{p - p(nom)}{p} = \frac{p \cdot a_n - p(nom) \cdot a_n(nom)}{p \cdot a_n(nom)}$$

$$v^x = \frac{p \cdot a_n - p(nom) \cdot a_n(nom)}{a_n(nom) \cdot (p - p(nom))}$$

Durch Logarithmieren erhält man:

$$x \cdot \log v = \log(p \cdot a_n - p(nom) \cdot a_n(nom) - \log a_n \cdot (p - p(nom))$$

$$x = \ldots\ldots\ldots\ldots$$

oder auch: für $v^x = \dfrac{1}{q^x}$

$$q^x = \frac{a_n(nom) \cdot [p - p(nom)]}{p \cdot a_n - p(nom) \cdot a_n(nom)}$$

Aufgabe 141: Eine Annuitätenanleihe ($K_0 = 100$) ist mit 4% zu verzinsen und in 20 Jahren zu tilgen. Welcher Begebungskurs entspricht einer realen Verzinsung mit 5,5%? Der Kurs soll mit Hilfe der mittleren Laufzeit einer entsprechenden Zinsanleihe ermittelt werden.

Die mittlere Laufzeit ergibt sich aus:

$$q^x = \frac{13{,}59033 \cdot 1{,}5}{5{,}5 \cdot 11{,}95038 - 4 \cdot 13{,}59033}$$

$$x = 10{,}9$$

Wählt man (aufgerundet) $x = 11$, dann ist der Begebungskurs für die Annuitätenanleihe, aus dem Begebungskurs der Zinsanleihe berechnet,

$$C_0 = 4 \cdot a_{11} + 100 \cdot v^{11}$$

$$= 4 \cdot 8{,}09254 + 100 \cdot 0{,}554910 = 87{,}86$$

Die direkte Berechnung des Begebungskurses der Annuitätenanleihe, also ohne die Verwendung der mittleren Laufzeit, ergibt: $C_0 = 87{,}9$.

7.15 Ratenschuld - Zinsanleihe

Bei gleichem Kurs muß sein:

$$p(nom) \cdot a_x + 100 \cdot v^x = \frac{100}{n}\left[a_n + \frac{p(nom)}{p} \cdot (n - a_n)\right]$$

Eine entsprechende Umformung, wie bei I), führt auf

$$v^x \cdot \frac{p - p(nom)}{p} = \frac{a_n}{n} \cdot \frac{p - p(nom)}{p} \quad \text{oder:}$$

$$v^x = \frac{a_n}{n} \text{ oder: } q^x = \frac{n}{a_n} \text{ d.h. } x \cdot \log q = \log n - \log a_n$$

Das Ergebnis ist von *p(nom)* unabhängig.

Aufgabe 142: Eine Schuld von $K_0 = 100$ ist mit 5% zu verzinsen und im Laufe von 10 Jahren in gleichen Raten zu tilgen. Wie groß muß der Begebungskurs sein, wenn eine effektive Verzinsung mit 7% erreicht werden soll?

Die mittlere Laufzeit ergibt sich aus $x = \dfrac{\log 10 - \log a_{10}}{\log 1{,}07}$

$x = 5{,}2$; (unter Vernachlässigung von 0,2 folgt daraus für

$$C_0 = 5 \cdot 4{,}10020 + 100 \cdot 0{,}712986 = 91{,}8$$

Die direkte Berechnung des Begebungskurses der Ratenschuld ergibt 91,5.

Die angeführten Beispiele lassen zunächst keinen Grund für die Einführung des Begriffs der mittleren Laufzeit erkennen. Vorteile treten aber z. B. in Erscheinung, wenn bei halbjährlichen Zinsen die Tilgung jährlich durchzuführen ist. In diesem Fall genügt es, den effektiven Jahreszins für einen vorgegebenen, relativen Halbjahreszinsfuß zu bestimmen (vergleiche auch 7.4).

Die mittlere Laufzeit bezieht sich nur auf die Tilgungszeit. Bei der aufgeschobenen Tilgung erhöht sich die mittlere Laufzeit (x)! um die tilgungsfreie Zeit.

Aufgabe 143: Eine Anleihe ist mit 5% zu verzinsen und ab dem Ende des 11. Jahres in gleichen Annuitäten so zu tilgen, daß zum Ende des 30. Jahres die Tilgung gerade abgeschlossen ist. Es wird eine reale Verzinsung zu 6% verlangt. Mit welchem Kurs kann die Anleihe begeben werden?

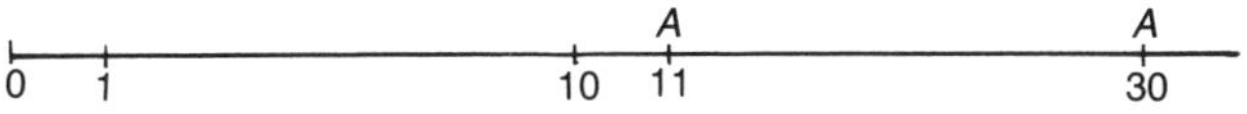

tilgungsfreie Zeit Tilgungszeit

Für die mittlere Laufzeit ($n = 20$) gilt: $q^x = \dfrac{a_n(nom) \cdot (p - p(nom))}{p \cdot a_n - p(nom) \cdot a_n(nom)}$

$$q^x = \frac{12{,}46221 \cdot (6 - 5)}{6 \cdot 11{,}46992 - 5 \cdot 12{,}46221}$$

$$x = \frac{1{,}09552 - 0{,}81345}{\log 1{,}06} = 11{,}(1)$$

Aus der Formel für den Kurs einer Zinsanleihe

$C_0 = p(nom) \cdot a_n + 100 \cdot v^n(real)$ ergibt sich für $n = 11 + 10 = 21$

$C_0 = 88{,}24$

Nach der Formel für den Kurs einer Annuitätenanleihe bei aufgeschobener Tilgung

$C_0 = p(nom) \cdot a_k + C_k \cdot v^k$ ergibt sich: $C_0 = 88{,}2$

7.16 Rentabilität einer Zinsanleihe (Gesamtanleihe)

Die **Rentabilitätsrechnung** bildet - rechnerisch gesehen - das Gegenstück zur Kursrechnung, denn die

Fragestellung der Kursrechnung lautet: Wie muß der Kurs einer Anleihe gewählt werden, damit sich eine bestimmte reale (effektive) Verzinsung ergibt? (Gegeben: *p(real);* gesucht: C_0)

Die **Fragestellung der Rentabilitätsrechnung** lautet: Welche reale Verzinsung ergibt sich, wenn eine Anleihe zu einem bestimmten Kurs ausgegeben wird? (Gegeben: C_0; gesucht: *p(real)*)

Eine Anleihe kann in einem Gesamtbetrag oder in Stücken ausgegeben werden. Die Einlösung (d.h. Rückzahlung des Schuldners an den Gläubiger) erfolgt zum Nennwert (Nominalbetrag), sofern kein Aufgeld zu zahlen ist. Die jeweils fälligen Zinsen sind vom Nominalwert mit dem Nominalzinsfuß zu berechnen.

Der Gläubiger, der die Anleihe (Stücke, Schuldverschreibungen) bei der Begebung (Ausgabe) der Anleihe übernommen hat, muß nur den Kurswert der Anleihe (Stücke) bezahlen.

Von der Kursrechnung her ist bekannt, daß bei $C_0 < 100$, $p(real) > p(nom)$ und umgekehrt.

Bei der Kursrechnung spielen die „abzinsenden" Größen a_n und v^n, die mit dem realen Zinsfuß zu verwenden sind, die bestimmende Rolle zur Ermittlung des Begebungskurses.

Bei der Rentabilitätsrechnung, bei der C_0 gegeben ist, steckt also der gesuchte (reale) Zinsfuß als Unbekannte in diesen Größen a_n, v^n. Es ergeben sich somit Gleichungen $n$ten Grades für die Unbekannte. Nachdem es sich, von der Sache her gesehen, um größere Werte von n handelt, kann eine algebraische Lösung nicht in Frage kommen. Somit ergibt sich die Notwendigkeit, mit Hilfe von **Näherungsverfahren** eine Lösung zu finden (soweit nicht Kurstabellen zur Verfügung stehen).

Beispiel 28: Eine Anleihe wird bei einer (nominalen) Verzinsung mit 5% zu einem Kurs $C_0 = 92$ ausgegeben. Nach 10 Jahren wird sie zu pari zurückgezahlt. Wie groß ist die reale Verzinsung?

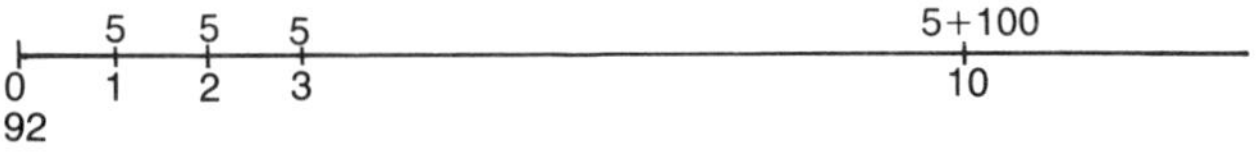

Die jährlichen Zinsen (5) und der zum Termin „10" auftretende Nominalwert 100 sind mit dem (noch unbekannten) realen Zinsfuß auf den Termin „0" abzuzinsen. Es muß sich der Wert C_0 ergeben.

$92 = 5 \cdot a_{10}(real) + 100 \cdot v^{10}(real)$

i. W.: C_0 = Kursanteil der Zinsen + Kursanteil der Rückzahlung. In allgemeiner Form wird die Gleichung lauten:

$C_0 = p(nom) \cdot a_n(real) + 100 \cdot v^n(real)$

oder in der ausführlichen Schreibweise:

$$C_0 = p(nom) \cdot \frac{1}{q^n} \cdot \frac{q^n - 1}{q - 1} + 100 \cdot \frac{1}{q^n(real)}$$

Zur Abschätzung des gesuchten *p(real)* können folgende Überlegungen angestellt werden:

Weil $C_0 < 100$, wird $p(real) > 5$ sein!

Zur groben Abschätzung kann die Formel für den Kurs der ewigen Rente herangezogen werden:

$$C_0 = 100 \cdot \frac{p(nom)}{p(real)} \text{ oder } p(real) = \frac{100}{C_0} \cdot p(nom) = 5{,}4(\%)$$

Setzt man diesen Wert 5,4% in die rechte Seite der Kurs-Gleichung ein, erhält man $C_0 = 97$. (Dieser Wert ist zu groß, also $p = 5{,}4$ zu klein.)

Man kann jetzt schrittweise immer größere Werte für *p(real)* wählen und in die Kursgleichung einsetzen, so lange, bis sich das vorgegebene $C_0 = 92$ einstellt.

Für 6% erhält man: $C_0 = 92{,}6$; für 6,5% ergibt sich: $C_0 = 89{,}21$. Der Versuch mit 6,1% führt auf den vorgegebenen Kurs 92.

Die Mühe des Verfahrens, durch Probieren den zutreffenden Zinsfuß zu finden, liegt vor allem darin, daß man für Zinsfüße, die in den Tabellen für a_n und v^n nicht aufgeführt sind, die Zahlenwerte aus der ausführlichen Schreibweise für a_n und v^n berechnen muß.

Ein anderes Verfahren* verlangt zwar auch Rechenarbeit (die sich bei Verwendung von Spezial-Rechenstäben schnell durchführen läßt), ist aber durchaus interessant.

Bedeuten E_0 die Anfangskosten (Kaufpreis einer Anleihe)
E die laufenden **Einnahmen** (Zinsen, Annuitäten)
E_n ein zum Termin „n" auftretender Restwert

dann ist (nach der Rentenrechnung!)

$$E_0 \cdot q^n = E \cdot \frac{q^n - 1}{q - 1} + E_n$$

Diese Ausgangsformel kann umgeformt werden in

$$E_0 \cdot q^n - E_0 = E \cdot \frac{q^n - 1}{q - 1} + E_n - E_0$$

* Angeführt von Dr. W. Ruppert in „Aristo-Mitteilungen", Heft 31, Hamburg 50.

$$E_0 \cdot (q^n - 1) = E \cdot \frac{q^n - 1}{q - 1} + (E_n - E_0)$$

Multipliziert man beide Seiten dieser Gleichung mit $\frac{1}{E_0} \cdot \frac{q-1}{q^n - 1}$, dann ergibt sich:

$$(q-1) = \frac{E}{E_0} + \frac{E_n - E_0}{E_0} \cdot \frac{(q-1)}{(q^n - 1)}$$

Diese Gleichung, eine **Iterationsformel,** kann zur näherungsweisen Berechnung des gesuchten realen Zinsfußes verwendet werden, wenn man immer wieder auf der rechten Seite verbesserte Werte für p bzw. q einsetzt. Der richtige Wert von q ist gefunden, wenn sich auf der linken Seite der gleiche Wert ergibt. (Beim Spezialrechenstab kann zu q sofort der Wert für q^n abgelesen werden!)

Auf die einleitende Aufgabe angewandt, ist $E_0 = C_0$, $E_n = 100$ und $E = (p)$. Hieraus ergibt sich

$$q - 1 = \frac{p(nom)}{C_0} + \frac{100 - C_0}{C_0} \cdot \frac{q-1}{q^n - 1}$$

$$q - 1 = \frac{5}{92} + \frac{8}{92} \cdot \frac{q-1}{q^n - 1}$$

$$q - 1 = 0{,}0543 + 0{,}0869 \cdot \frac{q-1}{q^n - 1}$$

p	linke Seite	rechte Seite	
6%	0,06	0,0608	
6,1%	0,061	0,061	d.h. 6,1% ist der reale Zinsfuß

Es ergibt sich somit folgende Übersicht:

Jahr	Guthaben am Anfang	Eff. Zinsen zu 6,1%	Ausgezahlt 5% (nom)	Guthaben am Ende
1	92,–	5,61	5,–	92,61
2	92,61	5,65	5,–	93,26
3	93,26	5,69	5,–	93,95
4	93,95	5,73	5,–	94,68
5	94,68	5,78	5,–	95,46
6	95,46	5,82	5,–	96,28
7	96,28	5,87	5,–	97,15
8	97,15	5,93	5,–	98,08
9	98,08	5,98	5,–	99,06
10	99,06	6,04	5,–	100,(10)

Der Schuldner kann für seinen Gläubiger ein Guthabenkonto führen, das - bezogen auf $K_0 = 100$ - mit der tatsächlichen Einzahlung von 92,– DM eröffnet wird. Zum Ende eines jeden Jahres werden 6,1% des Guthabens vom Ende des vorhergehenden Jahres gutgeschrieben. Weil aber am Ende eines jeden Jahres 5% vom Nominalwert 100 als Zinsen an den Gläubiger ausgezahlt werden, wächst das Guthaben jährlich nur um die Zinsdifferenz an.

Am Ende des 10. Jahres stehen 100,– DM zur Verfügung, mit denen der Schuldbrief in Höhe von 100,– DM (nominal) eingelöst werden kann.

7.17 Rentabilität einer Annuitätenanleihe (Gesamtanleihe)

Aufgabe 144: Eine Annuitätenanleihe ist mit 5% zu verzinsen und in 10 Jahren zu tilgen. Welche effektive Verzinsung ergibt sich, wenn die Anleihe zu einem Kurs $C_0 = 95$ ausgegeben wird?

Die Annuität ist $100 \cdot \dfrac{1}{a_{10}(5\%)} = 100 \cdot 0{,}129505 = 12{,}95$

Diese, jeweils am Ende eines Jahres fälligen Zahlungen sind mit dem realen Zinsfuß auf den Termin „0" abzuzinsen.

$$\begin{aligned} 12{,}95 \cdot a_{10}(real) &= 95 \\ p(real) &= 7{,}33593 \end{aligned}$$

Aus der Tabelle der a_n ergibt sich für $n = 10: 6\% < p(real) < 6{,}5\%$

Die näherungsweise Bestimmung des $p(real)$ kann durch eine einfache Interpolation erfolgen:

$$\begin{array}{lllll} a_{10}: 6\% & 7{,}36009 & 6\% & 7{,}36009 & \\ & & (6+x)\% & 7{,}33593 & \\ \quad 6{,}5\% & 7{,}18883 & & & \\ \hline \quad 0{,}5 : 0{,}17126 = & & x : & 0{,}02416; & \text{hieraus: } x = 0{,}0705 \\ & & & & (6+x) = 6{,}0705 \end{array}$$

Es ist zu prüfen, ob dieser durch einfache Interpolation gefundene Wert hinreichend genau ist.

In der Iterationsformel sind zu setzen: $E_0 = 95$, $E = A = 12{,}95$
$E_n = 0$

Die Formel geht über in:

$$\begin{aligned} q - 1 &= \frac{12{,}95}{95} + \frac{0-95}{95} \cdot \frac{q-1}{q^n - 1} \\ &= 0{,}13631 - \frac{q-1}{q^n - 1} \end{aligned}$$

für $p = 6{,}07$ ergeben beide Seiten dieses Ansatzes 0,0607, d.h. die Iterationsformel bestätigt die hinreichende Genauigkeit des durch Interpolation gefundenen Wertes.

Wie bei der Zinsanleihe kann auch hier eine Übersicht über den Guthabenablauf für die effektiven Werte aufgestellt werden. Ausgangswert ist der bezahlte Kurswert. Am Ende eines Jahres werden 6,07% des Guthabens vom Ende des vorhergehenden Betrags gutgeschrieben. Am Ende eines jeden Jahres wird die Annuität, die die nominalen Zinsen **und den Tilgungsanteil** enthält, bezahlt. Zum Ende des letzten Jahres muß die Schuld getilgt sein.

Jahr	Realwert zu Anfang	Gutschrift von 6,07% Zinsen	Zwischen-summe	Annuität	Restwert
1	95,–	5,77	100,77	12,95	87,82
2	87,82	5,33	93,15	12,95	80,20
3	80,20	4,87	85,07	12,95	72,12
4	72,12	4,38	76,50	12,95	63,55
5	63,55	3,86	67,41	12,95	54,46
6	54,46	3,30	57,76	12,95	44,81
7	44,81	2,72	47,53	12,95	34,58
8	34,58	2,09	36,67	12,95	23,72
9	23,72	1,43	25,15	12,95	12,20
10	12,20	0,74	12,94	12,95	(–0,01)

Abgesehen von der geringen Differenz (die durch Auf- und Abrundungen bei der Zinsberechnung bedingt ist) ist durch den in der Annuität enthaltenen Tilgungsanteil die Schuld ausgeglichen.

Aufgabe 145: Eine Baugesellschaft bietet Hypotheken unter folgenden Bedingungen an: Zinsen zu 7¾%, Tilgung 1%, Auszahlung zu 95%. Welche rechnerischen Überlegungen kann ein Interessent auf Grund dieses Angebots anstellen?

(a) Es liegt eine Annuitätentilgung vor. (Prozentannuität!)
(b) Die Laufzeit (= Tilgungszeit) kann berechnet werden.
(c) Wie groß ist die jährliche Belastung für Zinsen und Tilgung?
(d) Welche Rentabilität ergibt sich für die Baugesellschaft?

Zu (a) Die Annuität beträgt $(7{,}75 + 1)\% = 8{,}75\%$.

Zu (b) Die Tilgungszeit einer Annuitätenanleihe ergibt sich aus der Formel:
$q^n = A : T_1$, also: $1{,}0775^n = 8{,}75 : 1 = 8{,}75$
$n \cdot log\, 1{,}0775 = log\, 8{,}75$; $n = 29{,}05$ (Jahre)

Es sind also 29 Jahre lang die vollen Annuitäten, und am Ende des 29. Jahres noch ein zusätzlicher (hier offensichtlich geringer) Rest zu zahlen.

Zu (c) Die jährliche Belastung beträgt 8,75% des nominalen Hypothekenbetrags. (Bei einer Hypothek von 100000,– DM sind dies also jährlich 8750,– DM, wenn keine zusätzlichen Gebühren verlangt werden!)

Zu (d) Bei der Ermittlung der Rentabilität muß die Restschuld am Ende des 29. Jahres mit erfaßt werden.

Bezogen auf $K_0 = 100,-$ DM ergibt sich:

$$R_{29} = 100 \cdot q^{29} - 8{,}75 \cdot s_{29}$$
$$= 871{,}16 - 870{,}55 = 0{,}61$$

Für die Bestimmung des realen Zinsfußes ergibt sich:

$$C_0 = 95: \quad 95 = 8{,}75 \cdot a_{29} + 0{,}51 \cdot v^{29}$$

Will man den realen Zinsfuß mit der Iterationsformel eingrenzen, dann wäre:

$$q - 1 = \frac{8{,}75}{95} + \frac{0{,}61 - 95}{95} \cdot \frac{q-1}{q^{29}-1}$$

$$q - 1 = 0{,}0921 - 0{,}99358 \cdot \frac{q-1}{q^{29}-1}$$

Der Versuch mit den Zinsfüßen 8% und 8,5% ergibt, daß der gesuchte reale Zinsfuß zwischen 8% und 8,5% liegt.

Um einen noch besseren Wert zu bekommen, könnte man die Rechnung für 8,1% – 8,2% – 8,3% – 8,4% durchführen.

7.18 Vermischte Aufgaben

Aufgabe 146: Eine Bundesanleihe ist mit einer Verzinsung von nominell 7,5% und einem Emmissionskurs von 97 ausgestattet. Die Rückzahlung erfolgt in 10 gleichen Annuitäten, beginnend am Ende des ersten Jahres.

(a) Welche Rendite liegt dieser Anleihe zu Grunde?
(b) Wie groß wäre die Rendite, wenn die Anleihe nach 10 Jahren zum Nennbetrag getilgt werden würde?

Zu (a) Für ein Anleihestück von 100,– DM gilt:

$$A = \frac{100}{a_{10}(7{,}5\%)} = 14{,}568594$$

$$B_0 = A \cdot a_{10}(real)$$

$$a_{10}(x\%) = 97 : 14{,}568594 = 6{,}65816.$$

Durch einmalige Interpolation zwischen 8% und 8,5% erhält man *p(effekt)* = 8,17.

Setzt man zur Probe diesen Wert in $B_0 = 14{,}568594 \cdot a_{10}(real)$ ein, so ergibt sich ein Kurs von 97,01.

Zu (b) $C_0 = p(nom) \cdot a_{10}(real) + 100 \cdot v^{10}(real)$

$97{,}01 = 7{,}5 \cdot a_{10}(real) + 100 \cdot v^{10}(real)$

Sucht man aus den Tabellen zur Finanzmathematik (im Anhang) jeweils zwei geeignete Werte für v^{10} und a_{10} zur Interpolation, etwa 7,5% und 8%, so erhält man nach einmaliger Interpolation: $p(effekt) = 7{,}95$.

Aufgabe 147: Eine Hypothek von nominell 100000,– DM wird innerhalb von 22 Jahren durch gleiche Annuitäten in Höhe von 8669,– DM amortisiert.

(a) Welcher nominelle Zinssatz liegt zugrunde?

(b) Wie hoch ist die effektive Verzinsung, wenn von der Hypothek lediglich 98% ausbezahlt worden sind?

Zu (a) $K_0 = 8689 \cdot a_{22}(p\%)$

$a_{22}(p\%) = 11{,}5353$

$i = 6{,}5\%$

Zu (b) $98\,000 = 8689 \cdot a_{22}(p\%)$ mit $a_{22}(6{,}5\%) = 11{,}5352$

$a_{22}(6{,}5\%) = 11{,}5352$

$a_{22}(p\%) \;\; = 11{,}30465$

$a_{22}(7\%) \;\;\; = 11{,}06124$

Durch einmalige Interpolation zwischen den Werten 6,5% und 7% erhält man $i = 6{,}74\%$.

Eine Bank bietet Annuitätenanleihen alternativ zu nachstehenden Bedingungen an.

Erste Alternative: Zinsen zu 7%, Auszahlung 90% bei einer Laufzeit von 30 Jahren.

Zweite Alternative: Zinsen zu 8%, Auszahlung 98% bei einer Laufzeit von 20 Jahren.

Berechnen Sie für beide Fälle:

(a) den Prozentsatz vom nominalen Kapital, den ein Darlehensnehmer jährlich für Verzinsung und Tilgung aufzunehmen hat,

(b) die effektive Verzinsung.

Zu (a) Erste Alternative

$A = 7\% + x\% \qquad T_1 = x\%$

Gemäß Gleichung (45) hat man aus

$\frac{7+x}{x} = 1{,}07^{30}$ die Lösung $x = 1{,}0586404\%$

und damit $A = 8{,}0586404\%$.

Zweite Alternative

$x \cdot (1{,}08^{20} - 1) = 8$

$x = 2{,}1852191\%$ und damit $A = 10{,}1852191\%$.

Zu (b) Aus $a_{30}(p\%) = 0{,}9 \cdot a_{30}(7\%)$ errechnet man
p(effekt) $= 8{,}41$.
Aus $a_{20}(p\%) = 0{,}98 \cdot a_{20}(8\%)$ errechnet man
p(effekt) $= 8{,}28$.

Aufgabe 148: Ein Unternehmer will zu Beginn eines Jahres eine Anleihe von 500000,– DM aufnehmen, die bei 7,5% Verzinsung im Ablauf von 15 Jahren in Form von gleichen nachschüssigen Annuitäten getilgt werden soll.

(a) Wie lauten die beiden ersten und die letzte Zeile des Tilgungsplanes?
(b) Welchen Emmissionskurs muß der Unternehmer mindestens verlangen, wenn er aus seinem Betrieb für den Anleihedienst jährlich höchstens 11% des nominellen Anleihekapitals erwirtschaften kann?
(c) Wie gestaltet sich der Emmissionskurs im Fall (b), wenn zusätzlich ein Aufgeld von 5% vereinbart wird, das in seiner Gesamtheit mit der letzten Tilgungsrate zur Zahlung fällig ist?

Zu (a)

Jahr	*K* amAnfang	Zinsen	Tilgung	Annuität
1	500000,–	37500,–	19143,62	56643,62
2	480856,38	36064,23	20579,39	56643,62
15	52691,71	3951,88	52691,71	56443,59

Zu (b) Wegen $K(real) = 0{,}11 \cdot K_0 \cdot a_{15}(7{,}5\%)$ und $K(nom) = K_0$ errechnet sich $C_0 = 97{,}098$.

Zu (c) Wegen $K(nom) = K_0 + 0{,}05 \cdot K_0 \cdot v^{15}(7{,}5\%) = 1{,}0168985$
und $K(real) = 0{,}97098 \cdot K_0$ errechnet sich
$C_0 = 95{,}484$.

Aufgabe 149: Ein Rentenpapier, das sich mit nominell 7% verzinst, wird zum Kurs von 98 erworben und nach 7 Jahren zum Kurs von 102 verkauft.

Ermitteln Sie die Effektivverzinsung.

Der gesuchte Zinsfuß p muß die Gleichung

$98 = 7 \cdot a_7(p\%) + 102 \cdot v^7(p\%)$ erfüllen.

Die rechte Seite dieser Gleichung hat für $i = 7{,}5\%$ den Wert 98,56 und für $i = 8\%$ den Wert 95,96.

Es ist also $7{,}5\% < i < 8\%$. Durch einmalige Interpolation zwischen diesen beiden Werten errechnet man $i = 7{,}61\%$.

Anhang

Tabellen zur Finanzmathematik

n \ p	1 %	2 %	3 %	3,5 %	4 %	4,5 %	5 %	5,5 %	p / n
1	1,01	1,02	1,03	1,035	1,04	1,045	1,05	1,055	1
2	1,0201	1,0404	1,0609	1,07123	1,0816	1,09203	1,1025	1,11303	2
3	1,03030	1,06121	1,09273	1,10872	1,12486	1,14117	1,15763	1,17424	3
4	1,04060	1,08243	1,12551	1,14752	1,16986	1,19252	1,21551	1,23882	4
5	1,05101	1,10408	1,15927	1,18769	1,21665	1,24618	1,27628	1,30696	5
6	1,06152	1,12616	1,19405	1,22926	1,26532	1,30226	1,34010	1,37884	6
7	1,07214	1,14869	1,22987	1,27228	1,31593	1,36086	1,40710	1,45468	7
8	1,08286	1,17166	1,26677	1,31681	1,36857	1,42210	1,47746	1,53469	8
9	1,09369	1,19509	1,30477	1,36290	1,42331	1,48610	1,55133	1,61909	9
10	1,10462	1,21899	1,34392	1,41060	1,48024	1,55297	1,62889	1,70814	**10**
11	1,11567	1,24337	1,38423	1,45997	1,53945	1,62285	1,71034	1,80209	11
12	1,12683	1,26824	1,42576	1,51107	1,60103	1,69588	1,79586	1,90121	12
13	1,13809	1,29361	1,46853	1,56396	1,66507	1,77220	1,88565	2,00577	13
14	1,14947	1,31948	1,51259	1,61869	1,73168	1,85194	1,97993	2,11609	14
15	1,16097	1,34587	1,55797	1,67535	1,80094	1,93528	2,07893	2,23248	15
16	1,17258	1,37279	1,60471	1,73399	1,87298	2,02237	2,18287	2,35526	16
17	1,18430	1,40024	1,65285	1,79468	1,94790	2,11338	2,29202	2,48480	17
18	1,19615	1,42825	1,70243	1,85749	2,02582	2,20848	2,40662	2,62147	18
19	1,20811	1,45681	1,75351	1,92250	2,10685	2,30786	2,52695	2,76565	19
20	1,22019	1,48595	1,80611	1,98979	2,19112	2,41171	2,65330	2,91776	**20**
21	1,23239	1,51567	1,86029	2,05943	2,27877	2,52024	2,78596	3,07823	21
22	1,24472	1,54598	1,91610	2,13151	2,36992	2,63365	2,92526	3,24754	22
23	1,25716	1,57690	1,97359	2,20611	2,46472	2,75217	3,07152	3,42615	23
24	1,26973	1,60844	2,03279	2,28333	2,56330	2,87601	3,22510	3,61459	24
25	1,28243	1,64061	2,09378	2,36324	2,66584	3,00543	3,38635	3,81339	25
26	1,29526	1,67342	2,15659	2,44596	2,77247	3,14068	3,55567	4,02313	26
27	1,30821	1,70689	2,22129	2,53157	2,88337	3,28201	3,73346	4,24440	27
28	1,32129	1,74102	2,28793	2,62017	2,99870	3,42970	3,92013	4,47784	28
29	1,33450	1,77584	2,35657	2,71188	3,11865	3,58404	4,11614	4,72412	29
30	1,34785	1,81136	2,42726	2,80679	3,24340	3,74532	4,32194	4,98395	**30**
31	1,36133	1,84759	2,50008	2,90503	3,37313	3,91386	4,53804	5,25807	31
32	1,37494	1,88454	2,57508	3,00671	3,50806	4,08998	4,76494	5,54726	32
33	1,38869	1,92223	2,65234	3,11194	3,64838	4,27403	5,00319	5,85236	33
34	1,40258	1,96068	2,73191	3,22086	3,79432	4,46636	5,25335	6,17424	34
35	1,41660	1,99989	2,81386	3,33359	3,94609	4,66735	5,51602	6,51383	35
36	1,43077	2,03989	2,89828	3,45027	4,10393	4,87738	5,79182	6,87209	36
37	1,44508	2,08069	2,98523	3,57103	4,26809	5,09686	6,08141	7,25005	37
38	1,45953	2,12230	3,07478	3,69601	4,43881	5,32622	6,38548	7,64880	38
39	1,47412	2,16474	3,16703	3,82537	4,61637	5,56590	6,70475	8,06949	39
40	1,48886	2,20804	3,26204	3,95926	4,80102	5,81636	7,03999	8,51331	**40**
41	1,50375	2,25220	3,35990	4,09783	4,99306	6,07810	7,39199	8,98154	41
42	1,51879	2,29724	3,46070	4,24126	5,19278	6,35162	7,76159	9,47553	42
43	1,53398	2,34319	3,56452	4,38970	5,40050	6,63744	8,14967	9,99668	43
44	1,54931	2,39005	3,67145	4,54334	5,61652	6,93612	8,55715	10,54650	44
45	1,56481	2,43785	3,78160	4,70236	5,84118	7,24825	8,98501	11,12655	45
46	1,58046	2,48661	3,89504	4,86694	6,07482	7,57442	9,43426	11,73851	46
47	1,59626	2,53634	4,01190	5,03728	6,31782	7,91527	9,90597	12,38413	47
48	1,61223	2,58707	4,13225	5,21359	6,57053	8,27146	10,40127	13,06526	48
49	1,62835	2,63881	4,25622	5,39606	6,83335	8,64367	10,92133	13,78385	49
50	1,64463	2,69159	4,38391	5,58493	7,10668	9,03264	11,46740	14,54196	**50**
n / p	1 %	2 %	3 %	3,5 %	4 %	4,5 %	5 %	5,5 %	p \ n

a) Aufzinsungsfaktoren q^n

n \ p	6 %	6,5 %	7 %	7,5 %	8 %	9 %	10 %	p / n
1	1,06	1,065	1,07	1,075	1,08	1,09	1,1	1
2	1,1236	1,13423	1,1449	1,15563	1,1664	1,1881	1,21	2
3	1,19102	1,20795	1,22504	1,24230	1,25971	1,29503	1,331	3
4	1,26248	1,28647	1,31080	1,33547	1,36049	1,41158	1,4641	4
5	1,33823	1,37009	1,40255	1,43563	1,46933	1,53862	1,61051	5
6	1,41852	1,45914	1,50073	1,54330	1,58687	1,67710	1,77156	6
7	1,50363	1,55399	1,60578	1,65905	1,71382	1,82804	1,94872	7
8	1,59385	1,65500	1,71819	1,78348	1,85093	1,99256	2,14359	8
9	1,68948	1,76257	1,83846	1,91724	1,99900	2,17189	2,35795	9
10	1,79085	1,87714	1,96715	2,06103	2,15893	2,36736	2,59374	**10**
11	1,89830	1,99915	2,10485	2,21561	2,33164	2,58043	2,85312	11
12	2,01220	2,12910	2,25219	2,38178	2,51817	2,81266	3,13843	12
13	2,13293	2,26749	2,40985	2,56041	2,71962	3,06580	3,45227	13
14	2,26090	2,41487	2,57853	2,75244	2,93719	3,34173	3,79750	14
15	2,39656	2,57184	2,75903	2,95888	3,17217	3,64248	4,17725	15
16	2,54035	2,73901	2,95216	3,18079	3,42594	3,97031	4,59497	16
17	2,69277	2,91705	3,15882	3,41935	3,70002	4,32763	5,05447	17
18	2,85434	3,10665	3,37993	3,67580	3,99602	4,71712	5,55992	18
19	3,02560	3,30859	3,61653	3,95149	4,31570	5,14166	6,11591	19
20	3,20714	3,52365	3,86968	4,24785	4,66096	5,60441	6,72750	**20**
21	3,39956	3,75268	4,14056	4,56644	5,03383	6,10881	7,40025	21
22	3,60354	3,99661	4,43040	4,90892	5,43654	6,65860	8,14027	22
23	3,81975	4,25639	4,74053	5,27709	5,87146	7,25787	8,95430	23
24	4,04893	4,53305	5,07237	5,67287	6,34118	7,91108	9,84973	24
25	4,29187	4,82770	5,42743	6,09834	6,84848	8,62308	10,83471	25
26	4,54938	5,14150	5,80735	6,55572	7,39635	9,39916	11,91818	26
27	4,82235	5,47570	6,21387	7,04739	7,98806	10,24508	13,10999	27
28	5,11169	5,83162	6,64884	7,57595	8,62711	11,16714	14,42099	28
29	5,41839	6,21067	7,11426	8,14414	9,31727	12,17218	15,86309	29
30	5,74349	6,61437	7,61226	8,75496	10,06266	13,26768	17,44940	**30**
31	6,08810	7,04430	8,14511	9,41158	10,86767	14,46177	19,19434	31
32	6,45339	7,50218	8,71527	10,11745	11,73708	15,76333	21,11378	32
33	6,84059	7,98982	9,32534	10,87625	12,67605	17,18203	23,22515	33
34	7,25103	8,50916	9,97811	11,69197	13,69013	18,72841	25,54767	34
35	7,68609	9,06225	10,67658	12,56887	14,78534	20,41397	28,10244	35
36	8,14725	9,65130	11,42394	13,51154	15,96817	22,25123	30,91268	36
37	8,63609	10,27864	12,22362	14,52490	17,24563	24,25384	34,00395	37
38	9,15425	10,94675	13,07927	15,61427	18,62528	26,43668	37,40434	38
39	9,70351	11,65829	13,99482	16,78534	20,11530	28,81598	41,14478	39
40	10,28572	12,41607	14,97446	18,04424	21,72452	31,40942	45,25926	**40**
41	10,90286	13,22312	16,02267	19,39756	23,46248	34,23627	49,78518	41
42	11,55703	14,08262	17,14426	20,85237	25,33948	37,31753	54,76370	42
43	12,25045	14,99800	18,34435	22,41630	27,36664	40,67611	60,24007	43
44	12,98548	15,97286	19,62846	24,09752	29,55597	44,33696	66,26408	44
45	13,76461	17,01110	21,00245	25,90484	31,92045	48,32729	72,89048	45
46	14,59049	18,11682	22,47262	27,84770	34,47409	52,67674	80,17953	46
47	15,46592	19,29441	24,04571	29,93628	37,23201	57,41765	88,19749	47
48	16,39387	20,54855	25,72891	32,18150	40,21057	62,58524	97,01723	48
49	17,37750	21,88421	27,52993	34,59511	43,42742	68,21791	106,71896	49
50	18,42015	23,30668	29,45703	37,18975	46,90161	74,35752	117,39085	**50**
n / p	6 %	6,5 %	7 %	7,5 %	8 %	9 %	10 %	p \ n

a) Aufzinsungsfaktoren q^n

n \ p	1%	2%	3%	3,5%	4%	4,5%	5%	5,5%	p / n
1	990099	980392	970874	966184	961538	956938	952381	947867	1
2	980296	961169	942596	933511	924556	915730	907029	898452	2
3	970590	942322	915142	901943	888996	876297	863838	851614	3
4	960980	923845	888487	871442	854804	838561	822702	807217	4
5	951466	905731	862609	841973	821927	802451	783526	765134	5
6	942045	887971	837484	813501	790315	767896	746215	725246	6
7	932718	870560	813091	785991	759918	734828	710681	687437	7
8	923483	853490	789409	759412	730690	703185	676839	651599	8
9	914340	836755	766417	733731	702587	672904	644609	617629	9
10	905287	820348	744094	708919	675564	643928	613913	585431	**10**
11	896324	804263	722421	684946	649581	616199	584679	554910	11
12	887449	788493	701380	661783	624597	589664	556837	525981	12
13	878663	773032	680951	639404	600574	564272	530321	498561	13
14	869963	757875	661118	617782	577475	539973	505068	472569	14
15	861349	743015	641862	596891	555264	516720	481017	447933	15
16	852821	728446	623167	576706	533908	494469	458111	424581	16
17	844377	714163	605016	557204	513373	473176	436297	402446	17
18	836017	700159	587395	538361	493628	452800	415521	381466	18
19	827740	686431	570286	520156	474642	433302	395734	361579	19
20	819544	672971	553676	502566	456387	414643	376889	342729	**20**
21	811430	659776	537549	485571	438834	396787	358942	324862	21
22	803396	646839	521892	469151	421955	379701	341850	307926	22
23	795442	634156	506692	453286	405726	363350	325571	291873	23
24	787566	621721	491934	437957	390121	347703	310068	276656	24
25	779768	609531	477605	423147	375117	332731	295303	262234	25
26	772048	597579	463695	408838	360689	318402	281241	248563	26
27	764404	585862	450189	395012	346816	304691	267848	235604	27
28	756835	574374	437077	381654	333477	291571	255094	223322	28
29	749342	563112	424346	368748	320651	279015	242946	211679	29
30	741923	552071	411987	356278	308319	267000	231377	200644	**30**
31	734577	541246	399987	344230	296460	255502	220359	190184	31
32	727304	530633	388337	332590	285058	244500	209866	180269	32
33	720103	520229	377026	321343	274094	233971	199872	170871	33
34	712973	510028	366045	310476	263552	223896	190355	161963	34
35	705914	500028	355383	299977	253415	214254	181290	153520	35
36	698925	490223	345032	289833	243669	205028	172657	145516	36
37	692005	480611	334983	280032	234297	196199	164436	137930	37
38	685153	471187	325226	270562	225285	187750	156605	130739	38
39	678370	461948	315753	261412	216621	179665	149148	123924	39
40	671653	452890	306557	252572	208289	171929	142046	117463	**40**
41	665003	444010	297628	244031	200278	164525	135282	111339	41
42	658419	435304	288959	235779	192575	157440	128840	105535	42
43	651900	426769	280543	227806	185168	150660	122704	100033	43
44	645445	418401	272372	220102	178046	144173	116861	948181	44
45	639055	410197	264439	212659	171198	137964	111296	898750	45
46	632727	402154	256736	205468	164614	132023	105997	851896	46
47	626463	394268	249259	198520	158282	126338	100949	807484	47
48	620260	386537	241999	191806	152195	120897	961420	765388	48
49	614119	378958	234950	185320	146341	115691	915638	725486	49
50	608039	371528	228107	179053	140713	110710	872036	687664	**50**
n / p	1%	2%	3%	3,5%	4%	4,5%	5%	5,5%	p \ n

0, . . .   0,0 . . .

b) Abzinsungsfaktoren $\frac{1}{q^n} = v^n$

n \ p	6%	6,5%	7%	7,5%	8%	8,5%	9%	9,5%	10%	p / n
1	943396	938967	934579	930233	925926	921659	917431	913242	909091	1
2	889996	881659	873439	865333	857339	849455	841680	834011	826446	2
3	839619	827849	816298	804961	793832	782908	772183	761654	751315	3
4	792094	777323	762895	748801	735030	721574	708425	695574	683013	4
5	747258	729881	712986	696559	680583	665045	649931	635228	620921	5
6	704961	685334	666342	647961	630170	612945	596267	580117	564474	6
7	665057	643506	622750	602755	583490	564926	547034	529787	513158	7
8	627412	604231	582009	560702	540269	520669	501866	483824	466507	8
9	591898	567353	543934	521583	500249	479880	460428	441848	424098	9
10	558395	532726	508349	485194	463193	442285	422411	403514	385543	**10**
11	526787	500212	475093	451343	428883	407636	387533	368506	350494	11
12	496969	469683	444012	419854	397114	375702	355535	336535	318631	12
13	468839	441017	414964	390562	367698	346269	326179	307338	289664	13
14	442301	414100	387817	363313	340461	319142	299246	280674	263331	14
15	417265	388826	362446	337966	315242	294140	274538	256323	239392	15
16	393646	365095	338735	314387	291890	271097	251870	234085	217629	16
17	371364	342812	316574	292453	270269	249859	231073	213776	197845	17
18	350344	321890	295864	272049	250249	230284	211994	195230	179859	18
19	330513	302244	276508	253069	231712	212244	194490	178292	163508	19
20	311805	283797	258419	235413	214548	195616	178431	162824	148644	**20**
21	294155	266476	241513	218989	198656	180292	163698	148697	135131	21
22	277505	250212	225713	203711	183940	166167	150182	135797	122846	22
23	261797	234941	210947	189498	170315	153150	137781	124015	111678	23
24	246978	220602	197147	176277	157699	141152	126405	113256	101526	24
25	232999	207138	184249	163979	146018	130094	115968	103430	922960	25
26	219810	194496	172195	152539	135202	119902	106392	944567	839054	26
27	207368	182625	160930	141896	125187	110509	976077	862618	762776	27
28	195630	171479	150402	131997	115914	101851	895484	787779	693433	28
29	184557	161013	140563	122788	107327	938723	821545	719433	630394	29
30	174110	151186	131367	114221	993773	865182	753711	657016	573085	**30**
31	164255	141959	122773	106252	920160	797403	691478	600015	520986	31
32	154957	133295	114741	988391	852000	734934	634383	547959	473624	32
33	146186	125159	107235	919434	788889	677358	582003	500419	430567	33
34	137911	117520	100219	855287	730453	624293	533948	457003	391425	34
35	130105	110348	936629	795616	676345	575385	489860	417355	355841	35
36	122741	103613	875354	740108	626245	530309	449413	381146	323491	36
37	115793	972891	818088	688472	579857	488764	412305	348078	294083	37
38	109239	913513	764568	640439	536904	450474	378262	317880	267348	38
39	103055	857758	714549	595757	497134	415183	347029	290301	243044	39
40	972221	805407	667803	554193	460309	382657	318375	265115	220949	**40**
41	917190	756250	624115	515528	426212	352679	292087	242114	200863	41
42	865273	710094	583285	479561	394640	325050	267970	221109	182602	42
43	816296	666755	545126	446103	365408	299585	245844	201926	166002	43
44	770090	626061	509464	414980	338340	276115	225545	184407	150911	44
45	726500	587851	476134	386028	313278	254484	206922	168408	137192	45
46	685377	551972	444985	359096	290072	234548	189837	153797	124720	46
47	646582	518284	415874	334042	268585	216173	174162	140454	113382	47
48	609983	486652	388667	310737	248690	199238	159782	128269	103074	48
49	575456	456950	363240	289058	230269	183629	146589	117140		49
50	542883	429061	339477	268891	213212	169243	134485	106977		**50**
n / p	6%	6,5%	7%	7,5%	8%	8,5%	9%	9,5%	10%	n / p

0, . . . 0,0 . . .

b) Abzinsungsfaktoren $\frac{1}{q^n} = v^n$

p / n	1 %	2 %	3 %	3,5 %	4 %	4,5 %	5 %	5,5 %	p / n
1	1,01	1,02	1,03	1,035	1,04	1,045	1,05	1,055	1
2	2,0301	2,0604	2,0909	2,10623	2,1216	2,13703	2,1525	2,16803	2
3	3,06040	3,12161	3,18363	3,21494	3,24646	3,27819	3,31013	3,34227	3
4	4,10101	4,20404	4,30914	4,36247	4,41632	4,47071	4,52563	4,58109	4
5	5,15202	5,30812	5,46841	5,55015	5,63298	5,71689	5,80191	5,88805	5
6	6,21354	6,43428	6,66246	6,77941	6,89829	7,01915	7,14201	7,26689	6
7	7,28567	7,58297	7,89234	8,05169	8,21423	8,38001	8,54911	8,72157	7
8	8,36853	8,75463	9,15911	9,36850	9,58280	9,80211	10,02656	10,25626	8
9	9,46221	9,94972	10,46388	10,73139	11,00611	11,28821	11,57789	11,87535	9
10	10,56683	11,16872	11,80780	12,14199	12,48635	12,84118	13,20679	13,58350	**10**
11	11,68250	12,41209	13,19203	13,60196	14,02581	14,46403	14,91713	15,38559	11
12	12,80933	13,68033	14,61779	15,11303	15,62684	16,15991	16,71298	17,28680	12
13	13,94742	14,97394	16,08632	16,67699	17,29191	17,93211	18,59863	19,29257	13
14	15,09690	16,29342	17,59891	18,29568	19,02359	19,78405	20,57856	21,40866	14
15	16,25786	17,63929	19,15688	19,97103	20,82453	21,71934	22,65749	23,64114	15
16	17,43044	19,01207	20,76159	21,70502	22,69751	23,74171	24,84037	25,99640	16
17	18,61475	20,41231	22,41444	23,49969	24,64541	25,85508	27,13238	28,48120	17
18	19,81090	21,84056	24,11687	25,35718	26,67123	28,06356	29,53900	31,10267	18
19	21,01900	23,29737	25,87037	27,27968	28,77808	30,37142	32,06595	33,86832	19
20	22,23919	24,78332	27,67649	29,26947	30,96920	32,78314	34,71925	36,78608	**20**
21	23,47159	26,29898	29,53678	31,32890	33,24797	35,30338	37,50521	39,86431	21
22	24,71630	27,84496	31,45288	33,46041	35,61789	37,93703	40,43048	43,11185	22
23	25,97346	29,42186	33,42647	35,66653	38,08260	40,68920	43,50200	46,53800	23
24	27,24320	31,03030	35,45926	37,94986	40,64591	43,56521	46,72710	50,15259	24
25	28,52563	32,67091	37,55304	40,31310	43,31174	46,57064	50,11345	53,96598	25
26	29,82089	34,34432	39,70963	42,75906	46,08421	49,71132	53,66913	57,98911	26
27	31,12910	36,05121	41,93092	45,29063	48,96758	52,99333	57,40258	62,23351	27
28	32,45039	37,79223	44,21885	47,91080	51,96629	56,42303	61,32271	66,71135	28
29	33,78489	39,56808	46,57542	50,62268	55,08494	60,00707	65,43885	71,43548	29
30	35,13274	41,37944	49,00268	53,42947	58,32834	63,75239	69,76079	76,41943	**30**
31	36,49407	43,22703	51,50276	56,33450	61,70147	67,66625	74,29883	81,67750	31
32	37,86901	45,11157	54,07784	59,34121	65,20953	71,75623	79,06377	87,22476	32
33	39,25770	47,03380	56,73018	62,45315	68,85791	76,03026	84,06696	93,07712	33
34	40,66028	48,99448	59,46208	65,67401	72,65222	80,49662	89,32031	99,25136	34
35	42,07688	50,99437	62,27594	69,00760	76,59831	85,16397	94,83632	105,76519	35
36	43,50765	53,03425	65,17422	72,45787	80,70225	90,04134	100,62814	112,63727	36
37	44,95272	55,11494	68,15945	76,02889	84,97034	95,13820	106,70955	119,88732	37
38	46,41225	57,23724	71,23423	79,72491	89,40915	100,46442	113,09502	127,53613	38
39	47,88637	59,40198	74,40126	83,55028	94,02552	106,03032	119,79977	135,60561	39
40	49,37524	61,61002	77,66330	87,50954	98,82654	111,84669	126,83976	144,11892	**40**
41	50,87899	63,86222	81,02320	91,60737	103,81960	117,92479	134,23175	153,10046	41
42	52,39778	66,15947	84,48389	95,84863	109,01238	124,27640	141,99334	162,57599	42
43	53,93176	68,50266	88,04841	100,23833	114,41288	130,91384	150,14301	172,57267	43
44	55,48107	70,89271	91,71986	104,78167	120,02939	137,84997	158,70016	183,11917	44
45	57,04589	73,33056	95,50146	109,48403	125,87057	145,09821	167,68516	194,24572	45
46	58,62634	75,81718	99,39650	114,35097	131,94539	152,67263	177,11942	205,98423	46
47	60,22261	78,35352	103,40840	119,38826	138,26321	160,58790	187,02539	218,36837	47
48	61,83483	80,94059	107,54065	124,60185	144,83373	168,85936	197,42666	231,43363	48
49	63,46318	83,57940	111,79687	129,99791	151,66708	177,50303	208,34800	245,21748	49
50	65,10781	86,27099	116,18077	135,58284	158,77377	186,53566	219,81540	259,75944	**50**
n / p	1 %	2 %	3 %	3,5 %	4 %	4,5 %	5 %	5,5 %	n / p

c) Vorschüssige Endwertfaktoren s'_n

[Nachschüssige Endwertfaktoren $s_n = s'_{n-1} + 1$]

n \ p	6 %	6,5 %	7 %	7,5 %	8 %	9 %	10 %	p / n
1	1,06	1,065	1,07	1,075	1,08	1,09	1,1	1
2	2,1836	2,19923	2,2149	2,23063	2,2464	2,2781	2,31	2
3	3,37462	3,40717	3,43994	3,47292	3,50611	3,57313	3,641	3
4	4,63709	4,69364	4,75074	4,80839	4,86660	4,98471	5,1051	4
5	5,97532	6,06373	6,15329	6,24402	6,33593	6,52333	6,71561	5
6	7,39384	7,52287	7,65402	7,78732	7,92280	8,20043	8,48717	6
7	8,89747	9,07686	9,25980	9,44637	9,63663	10,02847	10,43589	7
8	10,49132	10,73185	10,97799	11,22985	11,48756	12,02104	12,57948	8
9	12,18079	12,49442	12,81645	13,14709	13,48656	14,19293	14,93742	9
10	13,97164	14,37156	14,78360	15,20812	15,64549	16,56029	17,53117	**10**
11	15,86994	16,37071	16,88845	17,42373	17,97713	19,14072	20,38428	11
12	17,88214	18,49981	19,14064	19,80551	20,49530	21,95338	23,52271	12
13	20,01507	20,76730	21,55049	22,36592	23,21492	25,01919	26,97498	13
14	22,27597	23,18217	24,12902	25,11836	26,15211	28,36092	30,77248	14
15	24,67253	25,75401	26,88805	28,07724	29,32428	32,00340	34,94973	15
16	27,21288	28,49302	29,84022	31,25804	32,75023	35,97370	39,54470	16
17	29,90565	31,41007	32,99903	34,67739	36,45024	40,30134	44,59917	17
18	32,75999	34,51672	36,37896	38,35319	40,44626	45,01846	50,15909	18
19	35,78559	37,82531	39,99549	42,30468	44,76196	50,16012	56,27500	19
20	38,99273	41,34895	43,86518	46,55253	49,42292	55,76453	63,00250	**20**
21	42,39229	45,10164	48,00574	51,11897	54,45676	61,87334	70,40275	21
22	45,99583	49,09824	52,43614	56,02790	59,89330	68,53194	78,54302	22
23	49,81558	53,35463	57,17667	61,30499	65,76476	75,78981	87,49733	23
24	53,86451	57,88768	62,24904	66,97786	72,10594	83,70090	97,34706	24
25	58,15638	62,71538	67,67647	73,07620	78,95442	92,32398	108,18177	25
26	62,70577	67,85688	73,48382	79,63192	86,35077	101,72313	120,09994	26
27	67,52811	73,33257	79,69769	86,67931	94,33883	111,96822	133,20994	27
28	72,63980	79,16419	86,34653	94,25526	102,96594	123,13536	147,63093	28
29	78,05819	85,37486	93,46079	102,39940	112,28321	135,30754	163,49402	29
30	83,80168	91,98923	101,07304	111,15436	122,34587	148,57522	180,94342	**30**
31	89,88978	99,03353	109,21815	120,56593	133,21354	163,03699	200,13777	31
32	96,34316	106,53571	117,93343	130,68338	144,95062	178,80032	221,25154	32
33	103,18375	114,52553	127,25876	141,55963	157,62667	195,98234	244,47670	33
34	110,43478	123,03469	137,23688	153,25161	171,31680	214,71075	270,02437	34
35	118,12087	132,09695	147,91346	165,82048	186,10215	235,12472	298,12681	35
36	126,26812	141,74825	159,33740	179,33201	202,07032	257,37595	329,03949	36
37	134,90421	152,02688	171,56102	193,85691	219,31595	281,62978	363,04343	37
38	144,05846	162,97363	184,64029	209,47118	237,94122	308,06646	400,44778	38
39	153,76197	174,63192	198,63511	226,25652	258,05652	336,88245	441,59256	39
40	164,04768	187,04799	213,60957	244,30076	279,78104	368,29187	486,85181	**40**
41	174,95054	200,27111	229,63224	263,69832	303,24352	402,52813	536,63699	41
42	186,50758	214,35373	246,77650	284,55069	328,58301	439,84566	591,40069	42
43	198,75803	229,35172	265,12085	306,96699	355,94965	480,52177	651,64076	43
44	211,74351	245,32459	284,74931	331,06452	385,50562	524,85873	717,90484	44
45	225,50812	262,33568	305,75176	356,96935	417,42607	573,18602	790,79532	45
46	240,09861	280,45250	328,22439	384,81706	451,90015	625,86276	870,97485	46
47	255,56453	299,74692	352,27009	414,75333	489,13216	683,28041	959,17234	47
48	271,95840	320,29547	377,99900	446,93483	529,34274	745,86565	1056,18957	48
49	289,33590	342,17967	405,52893	481,52995	572,77016	814,08356	1162,90853	49
50	307,75606	365,48635	434,98595	518,71969	619,67177	888,44108	1280,29938	**50**
n / p	6 %	6,5 %	7 %	7,5 %	8 %	9 %	10 %	n \ p

c) Vorschüssige Endwertfaktoren s'_n

[Nachschüssige Endwertfaktoren $s_n = s'_{n-1} + 1$]

p / n	1 %	2 %	3 %	3,5 %	4 %	4,5 %	5 %	5,5 %	p / n
1	0,99010	0,98039	0,97087	0,96618	0,96154	0,95694	0,95238	0,94787	1
2	1,97040	1,94156	1,91347	1,89969	1,88609	1,87267	1,85941	1,84632	2
3	2,94099	2,88388	2,82861	2,80164	2,77509	2,74896	2,72325	2,69793	3
4	3,90197	3,80773	3,71710	3,67308	3,62990	3,58753	3,54595	3,50515	4
5	4,85343	4,71346	4,57971	4,51505	4,45182	4,38998	4,32948	4,27028	5
6	5,79548	5,60143	5,41719	5,32855	5,24214	5,15787	5,07569	4,99553	6
7	6,72819	6,47199	6,23028	6,11454	6,00205	5,89270	5,78637	5,68297	7
8	7,65168	7,32548	7,01969	6,87396	6,73274	6,59589	6,46321	6,33457	8
9	8,56602	8,16224	7,78611	7,60769	7,43533	7,26879	7,10782	6,95220	9
10	9,47130	8,98259	8,53020	8,31661	8,11090	7,91272	7,72173	7,53763	**10**
11	10,36763	9,78685	9,25262	9,00155	8,76048	8,52892	8,30641	8,09254	11
12	11,25508	10,57534	9,95400	9,66333	9,38507	9,11858	8,86325	8,61852	12
13	12,13374	11,34837	10,63496	10,30274	9,98565	9,68285	9,39357	9,11708	13
14	13,00370	12,10625	11,29607	10,92052	10,56312	10,22283	9,89864	9,58965	14
15	13,86505	12,84926	11,93794	11,51741	11,11839	10,73955	10,37966	10,03758	15
16	14,71787	13,57771	12,56110	12,09412	11,65230	11,23402	10,83777	10,46216	16
17	15,56225	14,29187	13,16612	12,65132	12,16567	11,70719	11,27407	10,86461	17
18	16,39827	14,99203	13,75351	13,18968	12,65930	12,15999	11,68959	11,24607	18
19	17,22601	15,67846	14,32380	13,70984	13,13394	12,59329	12,08532	11,60765	19
20	18,04555	16,35143	14,87747	14,21240	13,59033	13,00794	12,46221	11,95038	**20**
21	18,85698	17,01121	15,41502	14,69797	14,02916	13,40472	12,82115	12,27524	21
22	19,66038	17,65805	15,93692	15,16712	14,45112	13,78442	13,16300	12,58317	22
23	20,45582	18,29220	16,44361	15,62041	14,85684	14,14777	13,48857	12,87504	23
24	21,24339	18,91393	16,93554	16,05837	15,24696	14,49548	13,79864	13,15170	24
25	22,02316	19,52346	17,41315	16,48151	15,62208	14,82821	14,09394	13,41393	25
26	22,79520	20,12104	17,87684	16,89035	15,98277	15,14661	14,37519	13,66250	26
27	23,55961	20,70690	18,32703	17,28536	16,32959	15,45130	14,64303	13,89810	27
28	24,31644	21,28127	18,76411	17,66702	16,66306	15,74287	14,89813	14,12142	28
29	25,06579	21,84438	19,18845	18,03577	16,98371	16,02189	15,14107	14,33310	29
30	25,80771	22,39646	19,60044	18,39205	17,29203	16,28889	15,37245	14,53375	**30**
31	26,54229	22,93770	20,00043	18,73628	17,58849	16,54439	15,59281	14,72393	31
32	27,26959	23,46833	20,38877	19,06887	17,87355	16,78889	15,80268	14,90420	32
33	27,98969	23,98856	20,76579	19,39021	18,14765	17,02286	16,00255	15,07507	33
34	28,70267	24,49859	21,13184	19,70068	18,41120	17,24676	16,19290	15,23703	34
35	29,40858	24,99862	21,48722	20,00066	18,66461	17,46101	16,37419	15,39055	35
36	30,10751	25,48884	21,83225	20,29049	18,90828	17,66604	16,54685	15,53607	36
37	30,79951	25,96945	22,16724	20,57053	19,14258	17,86224	16,71129	15,67400	37
38	31,48466	26,44064	22,49246	20,84109	19,36786	18,04999	16,86789	15,80474	38
39	32,16303	26,90259	22,80822	21,10250	19,58448	18,22966	17,01704	15,92866	39
40	32,83469	27,35548	23,11477	21,35507	19,79277	18,40158	17,15909	16,04612	**40**
41	33,49969	27,79949	23,41240	21,59910	19,99305	18,56611	17,29437	16,15746	41
42	34,15811	28,23480	23,70136	21,83488	20,18563	18,72355	17,42321	16,26300	42
43	34,81001	28,66156	23,98190	22,06269	20,37079	18,87421	17,54591	16,36303	43
44	35,45545	29,07996	24,25427	22,28279	20,54884	19,01838	17,66277	16,45785	44
45	36,09451	29,49016	24,51871	22,49545	20,72004	19,15635	17,77407	16,54773	45
46	36,72724	29,89231	24,77545	22,70092	20,88465	19,28837	17,88007	16,63292	46
47	37,35370	30,28658	25,02471	22,89944	21,04294	19,41471	17,98102	16,71366	47
48	37,97396	30,67312	25,26671	23,09124	21,19513	19,53561	18,07716	16,79020	48
49	38,58808	31,05208	25,50166	23,27656	21,34147	19,65130	18,16872	16,86275	49
50	39,19612	31,42361	25,72976	23,45562	21,48218	19,76201	18,25593	16,93152	**50**
n / p	1 %	2 %	3 %	3,5 %	4 %	4,5 %	5 %	5,5 %	n / p

d) Nachschüssige Barwertfaktoren a_n

[Vorschüssige Barwertfaktoren $a'_n = a_{n-1} + 1$]

n \ p	6%	6,5%	7%	7,5%	8%	8,5%	9%	9,5%	p / n
1	0,94340	0,93897	0,93458	0,93023	0,92593	0,92166	0,91743	0,91324	1
2	1,83339	1,82063	1,80802	1,79557	1,78326	1,77111	1,75911	1,74725	2
3	2,67301	2,64848	2,62432	2,60053	2,57710	2,55402	2,53129	2,50891	3
4	3,46511	3,42580	3,38721	3,34933	3,31213	3,27560	3,23972	3,20448	4
5	4,21236	4,15568	4,10020	4,04588	3,99271	3,94064	3,88965	3,83971	5
6	4,91732	4,84101	4,76654	4,69385	4,62288	4,55359	4,48592	4,41983	6
7	5,58238	5,48452	5,38929	5,29660	5,20637	5,11851	5,03295	4,94961	7
8	6,20979	6,08875	5,97130	5,85730	5,74664	5,63918	5,53482	5,43344	8
9	6,80169	6,65610	6,51523	6,37889	6,24689	6,11906	5,99525	5,87528	9
10	7,36009	7,18883	7,02358	6,86408	6,71008	6,56135	6,41766	6,27880	**10**
11	7,88687	7,68904	7,49867	7,31542	7,13896	6,96898	6,80519	6,64730	11
12	8,38384	8,15873	7,94269	7,73528	7,53608	7,34469	7,16073	6,98384	12
13	8,85268	8,59974	8,35765	8,12584	7,90378	7,69095	7,48690	7,29118	13
14	9,29498	9,01384	8,74547	8,48915	8,24424	8,01010	7,78615	7,57185	14
15	9,71225	9,40267	9,10791	8,82712	8,55948	8,30424	8,06069	7,82817	15
16	10,10590	9,76776	9,44665	9,14151	8,85137	8,57533	8,31256	8,06226	16
17	10,47726	10,11058	9,76322	9,43396	9,12164	8,82519	8,54363	8,27604	17
18	10,82760	10,43247	10,05909	9,70601	9,37189	9,05548	8,75563	8,47127	18
19	11,15812	10,73471	10,33560	9,95908	9,60360	9,26772	8,95011	8,64956	19
20	11,46992	11,01851	10,59401	10,19449	9,81815	9,46334	9,12855	8,81238	**20**
21	11,76408	11,28498	10,83553	10,41348	10,01680	9,64363	9,29224	8,96108	21
22	12,04158	11,53520	11,06124	10,61719	10,20074	9,80980	9,44243	9,09688	22
23	12,30338	11,77014	11,27219	10,80669	10,37106	9,96295	9,58021	9,22089	23
24	12,55036	11,99074	11,46933	10,98297	10,52876	10,10410	9,70661	9,33415	24
25	12,78336	12,19788	11,65358	11,14695	10,67478	10,23419	9,82258	9,43758	25
26	13,00317	12,39237	11,82578	11,29948	10,80998	10,35409	9,92897	9,53203	26
27	13,21053	12,57500	11,98671	11,44138	10,93516	10,46460	10,02658	9,61830	27
28	13,40616	12,74648	12,13711	11,57338	11,05108	10,56645	10,11613	9,69707	28
29	13,59072	12,90749	12,27767	11,69617	11,15841	10,66033	10,19828	9,76902	29
30	13,76483	13,05868	12,40904	11,81039	11,25778	10,74684	10,27365	9,83472	**30**
31	13,92909	13,20063	12,53181	11,91664	11,34980	10,82658	10,34280	9,89472	31
32	14,08404	13,33393	12,64656	12,01548	11,43500	10,90008	10,40624	9,94952	32
33	14,23023	13,45909	12,75379	12,10742	11,51389	10,96781	10,46444	9,99956	33
34	14,36814	13,57661	12,85401	12,19295	11,58693	11,03024	10,51784	10,04526	34
35	14,49825	13,68696	12,94767	12,27251	11,65457	11,08778	10,56682	10,08699	35
36	14,62099	13,79057	13,03521	12,34652	11,71719	11,14081	10,61176	10,12511	36
37	14,73678	13,88786	13,11702	12,41537	11,77518	11,18969	10,65299	10,15992	37
38	14,84602	13,97921	13,19347	12,47941	11,82887	11,23474	10,69082	10,19171	38
39	14,94907	14,06499	13,26493	12,53899	11,87858	11,27625	10,72552	10,22074	39
40	15,04630	14,14553	13,33171	12,59441	11,92461	11,31452	10,75736	10,24725	**40**
41	15,13802	14,22115	13,39412	12,64596	11,96723	11,34979	10,78657	10,27146	41
42	15,22454	14,29216	13,45245	12,69392	12,00670	11,38229	10,81337	10,29357	42
43	15,30617	14,35884	13,50696	12,73853	12,04324	11,41225	10,83795	10,31376	43
44	15,38318	14,42144	13,55791	12,78003	12,07707	11,43986	10,86051	10,33220	44
45	15,45583	14,48023	13,60552	12,81863	12,10840	11,46531	10,88120	10,34904	45
46	15,52437	14,53543	13,65002	12,85454	12,13741	11,48877	10,90018	10,36442	46
47	15,58903	14,58725	13,69161	12,88794	12,16427	11,51038	10,91760	10,37847	47
48	15,65003	14,63592	13,73047	12,91902	12,18914	11,53031	10,93358	10,39130	48
49	15,70757	14,68161	13,76680	12,94792	12,21216	11,54867	10,94823	10,40301	49
50	15,76186	14,72452	13,80075	12,97481	12,23348	11,56560	10,96168	10,41371	**50**
n / p	6%	6,5%	7%	7,5%	8%	8,5%	9%	9,5%	p \ n

d) Nachschüssige Barwertfaktoren a_n

[Vorschüssige Barwertfaktoren $a'_n = a_{n-1} + 1$]

n \ p	10%	11%	12%	13%	14%	15%	17%	20%	p / n
1	0,90909	0,90090	0,89286	0,88496	0,87719	0,86957	0,85470	0,83333	1
2	1,73554	1,71252	1,69005	1,66810	1,64666	1,62571	1,58521	1,52778	2
3	2,48685	2,44371	2,40183	2,36115	2,32163	2,28323	2,20958	2,10648	3
4	3,16987	3,10245	3,03735	2,97447	2,91371	2,85498	2,74324	2,58873	4
5	3,79079	3,69590	3,60478	3,51723	3,43308	3,35216	3,19935	2,99061	5
6	4,35526	4,23054	4,11141	3,99755	3,88867	3,78448	3,58918	3,32551	6
7	4,86842	4,71220	4,56376	4,42261	4,28830	4,16042	3,92238	3,60459	7
8	5,33493	5,14612	4,96764	4,79877	4,63886	4,48732	4,20716	3,83716	8
9	5,75902	5,53705	5,32825	5,13166	4,94637	4,77158	4,45057	4,03097	9
10	6,14457	5,88923	5,65022	5,42624	5,21612	5,01877	4,65860	4,19247	**10**
11	6,49506	6,20652	5,93770	5,68694	5,45273	5,23371	4,83641	4,32706	11
12	6,81369	6,49236	6,19437	5,91765	5,66029	5,42062	4,98839	4,43922	12
13	7,10336	6,74987	6,42355	6,12181	5,84236	5,58315	5,11828	4,53268	13
14	7,36669	6,98187	6,62817	6,30249	6,00207	5,72448	5,22930	4,61057	14
15	7,60608	7,19087	6,81086	6,46238	6,14217	5,84737	5,32419	4,67547	15
16	7,82371	7,37916	6,97399	6,60388	6,26506	5,95423	5,40529	4,72956	16
17	8,02155	7,54879	7,11963	6,72909	6,37286	6,04716	5,47461	4,77463	17
18	8,20141	7,70162	7,24967	6,83991	6,46742	6,12797	5,53385	4,81219	18
19	8,36492	7,83929	7,36578	6,93797	6,55037	6,19823	5,58449	4,84350	19
20	8,51356	7,96333	7,46944	7,02475	6,62313	6,25933	5,62777	4,86958	**20**
21	8,64869	8,07507	7,56200	7,10155	6,68696	6,31246	5,66476	4,89132	21
22	8,77154	8,17574	7,64465	7,16951	6,74294	6,35866	5,69637	4,90943	22
23	8,88322	8,26643	7,71843	7,22966	6,79206	6,39884	5,72340	4,92453	23
24	8,98474	8,34814	7,78432	7,28288	6,83514	6,43377	5,74649	4,93710	24
25	9,07704	8,42174	7,84314	7,32998	6,87293	6,46415	5,76623	4,94759	25
26	9,16095	8,48806	7,89566	7,37167	6,90608	6,49056	5,78311	4,95632	26
27	9,23722	8,54780	7,94255	7,40856	6,93515	6,51353	5,79753	4,96360	27
28	9,30657	8,60162	7,98442	7,44120	6,96066	6,53351	5,80985	4,96967	28
29	9,36961	8,65011	8,02181	7,47009	6,98304	6,55088	5,82039	4,97472	29
30	9,42691	8,69379	8,05518	7,49565	7,00266	6,56598	5,82939	4,97894	**30**
31	9,47901	8,73315	8,08499	7,51828	7,01988	6,57911	5,83709	4,98245	31
32	9,52638	8,76860	8,11159	7,53830	7,03498	6,59053	5,84366	4,98537	32
33	9,56943	8,80054	8,13535	7,55602	7,04823	6,60046	5,84928	4,98781	33
34	9,60857	8,82932	8,15656	7,57170	7,05985	6,60910	5,85409	4,98984	34
35	9,64416	8,85524	8,17550	7,58557	7,07005	6,61661	5,85820	4,99154	35
36	9,67651	8,87859	8,19241	7,59785	7,07899	6,62314	5,86171	4,99296	36
37	9,70592	8,89963	8,20751	7,60872	7,08683	6,62881	5,86471	4,99412	37
38	9,73265	8,91859	8,22099	7,61833	7,09371	6,63375	5,86727	4,99510	38
39	9,75696	8,93567	8,23303	7,62684	7,09975	6,63805	5,86946	4,99592	39
40	9,77905	8,95105	8,24378	7,63438	7,10504	6,64178	5,87133	4,99660	**40**
41	9,79914	8,96491	8,25337	7,64104	7,10969	6,64502	5,87294	4,99717	41
42	9,81740	8,97740	8,26194	7,64694	7,11376	6,64785	5,87430	4,99764	42
43	9,83400	8,98865	8,26959	7,65216	7,11733	6,65030	5,87547	4,99803	43
44	9,84909	8,99878	8,27642	7,65678	7,12047	6,65244	5,87647	4,99836	44
45	9,86281	9,00791	8,28252	7,66086	7,12322	6,65429	5,87733	4,99863	45
46	9,87528	9,01614	8,28796	7,66448	7,12563	6,65591	5,87806	4,99886	46
47	9,88662	9,02355	8,29282	7,66768	7,12774	6,65731	5,87868	4,99905	47
48	9,89693	9,03022	8,29716	7,67052	7,12960	6,65853	5,87922	4,99921	48
49	9,90630	9,03624	8,30104	7,67302	7,13123	6,65959	5,87967	4,99934	49
50	9,91481	9,04165	8,30450	7,67524	7,13266	6,66051	5,88006	4,99945	**50**
n / p	10%	11%	12%	13%	14%	15%	17%	20%	p \ n

d) Nachschüssige Barwertfaktoren a_n

[Vorschüssige Barwertfaktoren $a'_n = a_{n-1} + 1$]

n \ p	1%	2%	3%	3,5%	4%	4,5%	5%	5,5%	p / n
1	**1,01**	**1,02**	**1,03**	**1,035**	**1,04**	**1,045**	**1,05**	**1,055**	1
2	507512	515050	522611	526401	530196	533998	537805	541618	2
3	340022	346755	353530	356934	360349	363773	367209	370654	3
4	256281	262624	269027	272251	275490	278744	282012	285294	4
5	206040	212158	218355	221481	224627	227792	230975	234176	5
6	172548	178526	184598	187668	190762	193878	197017	200179	6
7	148628	154512	160506	163544	166610	169701	172820	175964	7
8	130690	136510	142456	145477	148528	151610	154722	157864	8
9	116740	122515	128434	131446	134493	137574	140690	143839	9
10	105582	111327	117231	120241	123291	126379	129505	132668	**10**
11	964541	102178	108077	111092	114149	117248	120389	123571	11
12	888488	945596	100462	103484	106552	109666	112825	116029	12
13	824148	881183	940295	970616	100144	103275	106456	109684	13
14	769012	826020	885263	915707	946690	978203	101024	104279	14
15	721238	778255	837666	868251	899411	931138	963423	996256	15
16	679446	736501	796108	826848	858200	890154	922699	955825	16
17	642580	699698	759525	790431	821985	854176	886991	920420	17
18	609820	667021	727087	758168	789933	822369	855462	889200	18
19	580518	637818	698139	729403	761386	794073	827450	861501	19
20	554153	611567	672157	703611	735818	768761	802426	836793	**20**
21	530308	587848	648718	680366	712801	746006	779961	814648	21
22	508637	566314	627474	659321	691988	725456	759705	794712	22
23	488858	546681	608139	640188	673091	706825	741368	776696	23
24	470735	528711	590474	622728	655868	689870	724709	760358	24
25	454068	512204	574279	606740	640120	674390	709525	745494	25
26	438689	496992	559383	592054	625674	660214	695643	731931	26
27	424455	482931	545642	578524	612385	647195	682919	719523	27
28	411244	469897	532932	566026	600130	635208	671225	708144	28
29	398950	457783	521147	554454	588799	624146	660455	697686	29
30	387481	446499	510193	543713	578301	613915	650514	688054	**30**
31	376757	435964	499989	533724	568554	604434	641321	679167	31
32	366709	426106	490466	524415	559486	595632	632804	670952	32
33	357274	416865	481561	515724	551036	587445	624900	663347	33
34	348400	408187	473220	507597	543148	579819	617554	656296	34
35	340037	400022	465393	499983	535773	572704	610717	649749	35
36	332143	392329	458038	492842	528869	566058	604345	643663	36
37	324680	385068	451116	486132	522396	559840	598398	637999	37
38	317615	378206	444593	479821	516319	554017	592842	632722	38
39	310916	371711	438439	473877	510608	548557	587646	627799	39
40	304556	365557	432624	468273	505235	543431	582782	623203	**40**
41	298510	359719	427124	462982	500174	538616	578223	618909	41
42	292756	354173	421917	457983	495402	534087	573947	614893	42
43	287274	348899	416981	453254	490899	529823	569933	611134	43
44	282044	343879	412298	448777	486645	525807	566163	607613	44
45	277051	339096	407852	444534	482625	522020	562617	604313	45
46	272278	334534	403625	440511	478820	518447	559282	601218	46
47	267711	330179	399605	436692	475219	515073	556142	598313	47
48	263338	326018	395778	433065	471806	511886	553184	595585	48
49	259147	322040	392131	429617	468571	508872	550396	593023	49
50	255127	318232	388655	426337	465502	506021	547767	590615	**50**
n / p	1%	2%	3%	3,5%	4%	4,5%	5%	5,5%	p / n

0, . . . 0,0 . . .

e) Annuitätenfaktoren

n \ p	6%	6,5%	7%	7,5%	8%	8,5%	9%	9,5%	p / n
1	**1,06**	**1,065**	**1,07**	**1,075**	**1,08**	**1,085**	**1,09**	**1,095**	1
2	545437	549262	553092	556928	560769	564616	568469	572327	2
3	374110	377576	381052	384538	388034	391539	395055	398580	3
4	288592	291903	295228	298568	301921	305288	308669	312063	4
5	237396	240635	243891	247165	250456	253766	257092	260436	5
6	203363	206568	209796	213045	216315	219607	222920	226253	6
7	179135	182331	185553	188800	192072	195369	198690	202036	7
8	161036	164237	167468	170727	174015	177331	180674	184046	8
9	147022	150238	153486	156767	160080	163424	166799	170205	9
10	135868	139105	142378	145686	149029	152408	155820	159266	**10**
11	126793	130055	133357	136697	140076	143493	146947	150437	11
12	119277	122568	125902	129278	132695	136153	139651	143188	12
13	112960	116283	119651	123064	126522	130023	133567	137152	13
14	107585	110940	114345	117797	121297	124842	128433	132068	14
15	102963	106353	109795	113287	116830	120420	124059	127744	15
16	989521	102378	105858	109391	112977	116614	120300	124035	16
17	954448	989063	102425	106000	109629	113312	117046	120831	17
18	923565	958546	994126	103029	106702	110430	114212	118046	18
19	896209	931558	967530	100411	104128	107901	111730	115613	19
20	871846	907564	943929	980922	101852	105671	109546	113477	**20**
21	850045	886133	922890	960294	998323	103695	107617	111594	21
22	830456	866912	904058	941869	980321	101939	105905	109928	22
23	812785	849608	887139	925353	964222	100372	104382	108449	23
24	796790	833977	871890	910501	949780	989698	103023	107134	24
25	782267	819815	858105	897107	936788	977117	101806	105959	25
26	769043	806948	845610	884996	925071	965802	100715	104909	26
27	756972	795229	834257	874020	914481	955603	997349	103969	27
28	745926	784531	823919	864052	904889	946391	988520	103124	28
29	735796	774744	814487	854981	896185	938058	980557	102364	29
30	726489	765774	805864	846712	888274	930506	973364	101681	**30**
31	717922	757539	797969	839163	881073	923652	966856	101064	31
32	710023	749966	790729	832260	874508	917425	960962	100507	32
33	702729	742992	784081	825940	868516	911759	955617	100004	33
34	695984	736561	777967	820146	863041	906598	950766	995494	34
35	689739	730623	772340	814829	858033	901894	946358	991376	35
36	683948	725133	767153	809945	853447	897601	942351	987644	36
37	678574	720053	762368	805453	849244	893680	938703	984260	37
38	673581	715348	757951	801320	845389	890097	935382	981190	38
39	668938	710985	753868	797512	841851	886819	932356	978403	39
40	664615	706937	750091	794003	838602	883820	929596	975872	**40**
41	660589	703178	746596	790766	835615	881074	927079	973572	41
42	656834	699684	743359	787779	832868	878558	924781	971480	42
43	653331	696435	740359	785020	830341	876251	922684	969578	43
44	650061	693412	737577	782471	828015	874136	920767	967848	44
45	647005	690597	734996	780115	825873	872196	919017	966273	45
46	644149	687974	732600	777935	823899	870415	917416	964839	46
47	641477	685530	730374	775919	822080	868781	915952	963533	47
48	638977	683251	728307	774053	820403	867280	914614	962344	48
49	636636	681124	726385	772325	818856	865901	913389	961260	49
50	634443	679139	724598	770724	817429	864633	912269	960273	**50**
n / p	6%	6,5%	7%	7,5%	8%	8,5%	9%	9,5%	n / p

0,... 0,0...

e) Annuitätenfaktoren

p / n	10%	11%	12%	13%	14%	15%	17%	20%	p / n
1	**1,10**	**1,11**	**1,12**	**1,13**	**1,14**	**1,15**	**1,17**	**1,20**	1
2	576190	583934	591698	599484	607290	615116	630829	654545	2
3	402115	409213	416349	423522	430731	437977	452574	474725	3
4	315471	322326	329234	336194	343205	350265	364533	386289	4
5	263797	270570	277410	284315	291284	298316	312564	334380	5
6	229607	236377	243226	250153	257157	264237	278615	300706	6
7	205405	212215	219118	226111	233192	240360	254947	277424	7
8	187444	194321	201303	208387	215570	222850	237690	260609	8
9	173641	180602	187679	194869	202168	209574	224691	248079	9
10	162745	169801	176984	184290	191714	199252	214657	238523	**10**
11	153963	161121	168415	175841	183394	191069	206765	231104	11
12	146763	154027	161437	168986	176669	184481	200466	225265	12
13	140779	148151	155677	163350	171164	179110	195378	220620	13
14	135746	143228	150871	158667	166609	174688	191230	216893	14
15	131474	139065	146824	154742	162809	171017	187822	213882	15
16	127817	135517	143390	151426	159615	167948	185004	211436	16
17	124664	132471	140457	148608	156915	165367	182662	209440	17
18	121930	129843	137937	146201	154621	163186	180706	207805	18
19	119547	127563	135763	144134	152663	161336	179067	206462	19
20	117460	125576	133879	142354	150986	159761	177690	205357	**20**
21	115624	123838	132240	140814	149545	158417	176530	204444	21
22	114005	122313	130811	139479	148303	157266	175550	203690	22
23	112572	120971	129560	138319	147231	156278	174721	203065	23
24	111300	119787	128463	137308	146303	155430	174019	202548	24
25	110168	118740	127500	136426	145498	154699	173423	202119	25
26	109159	117813	126652	135655	144800	154070	172917	201762	26
27	108258	116989	125904	134979	144193	153526	172487	201467	27
28	107451	116257	125244	134387	143664	153057	172121	201221	28
29	106728	115605	124660	133867	143204	152651	171810	201016	29
30	106079	115025	124144	133411	142803	152300	171545	200846	**30**
31	105496	114506	123686	133010	142453	151996	171318	200705	31
32	104972	114043	123280	132656	142147	151733	171126	200587	32
33	104499	113629	122920	132345	141880	151505	170961	200489	33
34	104074	113259	122601	132071	141646	151307	170821	200407	34
35	103690	112927	122317	131829	141442	151135	170701	200339	35
36	103343	112630	122064	131616	141263	150986	170599	200283	36
37	103030	112364	121840	131428	141107	150857	170512	200235	37
38	102747	112125	121640	131262	140970	150744	170437	200196	38
39	102491	111911	121462	131116	140850	150647	170373	200163	39
40	102259	111719	121304	130986	140745	150562	170319	200136	**40**
41	102050	111546	121163	130872	140653	150489	170273	200113	41
42	101860	111391	121037	130771	140573	150425	170233	200095	42
43	101688	111251	120925	130682	140502	150369	170199	200079	43
44	101532	111126	120825	130603	140440	150321	170170	200066	44
45	101391	111014	120736	130534	140386	150279	170145	200055	45
46	101263	110912	120657	130472	140338	150242	170124	200046	46
47	101147	110821	120586	130417	140297	150211	170106	200038	47
48	101041	110739	120523	130369	140260	150183	170091	200032	48
49	100946	110666	120467	130327	140228	150159	170078	200026	49
50	100859	110599	120417	130289	140200	150139	170066	200022	**50**
n / p	10%	11%	12%	13%	14%	15%	17%	20%	n / p

e) Annuitätenfaktoren

0, . . .

	Nominalzinsfuß $p = 3\%$				Nominalzinsfuß $p = 4\%$				
n \ $\mathfrak{p}$	2%	4%	5%	6%	3%	5%	6%	7%	$\mathfrak{p}$ / n
5	102,92	97,21	94,54	91,98	102,87	97,25	94,62	92,10	5
10	105,30	95,08	90,52	86,28	105,17	95,20	90,74	86,59	10
15	107,64	93,13	86,95	81,36	107,37	93,36	87,35	81,92	15
20	109,91	91,35	83,77	77,10	109,47	91,70	84,40	77,95	20
25	112,12	89,71	80,94	73,41	111,46	90,22	81,83	74,59	25
30	114,27	88,22	78,43	70,23	113,35	88,90	79,60	71,76	30
35	116,34	86,86	76,20	67,47	115,12	87,73	77,68	69,37	35
40	118,34	85,63	74,23	65,09	116,78	86,69	76,02	67,35	40
45	120,29	84,51	72,49	63,04	118,33	85,78	74,59	65,66	45
50	122,14	83,49	70,95	61,26	119,77	84,98	73,37	64,24	50

	Nominalzinsfuß $p = 5\%$				Nominalzinsfuß $p = 6\%$				
n \ $\mathfrak{p}$	4%	6%	7%	8%	5%	7%	8%	9%	$\mathfrak{p}$ / n
5	102,83	97,30	94,70	92,22	102,78	97,34	94,79	92,34	5
10	105,04	95,32	90,96	86,90	104,91	95,43	91,17	87,20	10
15	107,12	93,57	87,75	82,46	106,87	93,78	88,13	83,00	15
20	109,05	92,04	85,01	78,78	108,65	92,36	85,60	79,59	20
25	110,84	90,70	82,60	75,74	110,25	91,16	83,51	76,84	25
30	112,49	89,54	80,72	73,23	111,68	90,15	81,79	74,64	30
35	113,99	88,54	79,07	71,18	112,94	89,31	80,39	72,88	35
40	115,35	87,69	77,69	69,49	114,04	88,60	79,25	71,50	40
45	116,57	86,96	76,55	68,12	115,00	88,03	78,34	70,40	45
50	117,67	86,34	75,60	67,01	115,82	87,56	77,61	69,55	50

	Nominalzinsfuß $p = 7\%$				Nominalzinsfuß $p = 8\%$				
n \ $\mathfrak{p}$	6%	8%	9%	10%	7%	9%	10%	11%	$\mathfrak{p}$ / n
5	102,74	97,38	94,87	92,45	102,69	97,42	94,94	92,57	5
10	104,79	95,54	91,37	87,49	104,67	95,64	91,57	87,77	10
15	106,64	93,98	88,50	83,51	106,41	94,17	88,86	84,01	15
20	108,27	92,68	86,17	80,36	107,90	92,98	86,71	81,11	20
25	109,69	91,60	84,29	77,89	109,17	92,02	85,03	78,89	25
30	110,93	90,72	82,79	75,97	110,23	91,26	83,74	77,22	30
35	111,98	90,01	81,61	74,59	111,10	90,67	82,75	75,98	35
40	112,86	89,45	80,69	73,35	111,80	90,21	82,01	75,06	40
45	113,60	89,00	79,98	72,49	112,36	89,86	81,45	74,39	45
50	114,21	88,64	79,43	71,84	112,81	89,60	81,05	73,91	50

f) Kurse für Annuitätenanleihen

	Nominalzinsfuß $p = 3\%$				Nominalzinsfuß $p = 4\%$				
n \ $\mathfrak{p}$	2%	4%	5%	6%	3%	5%	6%	7%	$\mathfrak{p}$ / n
1	100,98	99,04	98,10	97,17	100,97	99,05	98,11	97,20	1
2	101,94	98,11	96,28	94,50	101,91	98,14	96,33	94,58	2
3	102,88	97,22	94,55	91,98	102,83	97,28	94,65	92,13	3
4	103,81	96,37	92,91	89,60	103,72	96,45	93,07	89,84	4
5	104,71	95,55	91,34	87,36	104,58	95,67	91,57	87,70	5
6	105,60	94,76	89,85	85,25	105,42	94,92	90,17	85,70	6
7	106,47	94,00	88,43	83,25	106,23	94,21	88,84	83,83	7
8	107,33	93,27	87,07	81,37	107,02	93,54	87,58	82,09	8
9	108,16	92,56	85,78	79,59	107,79	92,89	86,40	80,45	9
10	108,98	91,89	84,56	77,92	108,53	92,28	85,28	78,93	10

	Nominalzinsfuß $p = 5\%$				Nominalzinsfuß $p = 6\%$				
n \ $\mathfrak{p}$	4%	6%	7%	8%	5%	7%	8%	9%	$\mathfrak{p}$ / n
1	100,96	99,06	98,13	97,22	100,95	99,07	98,15	97,25	1
2	101,87	98,17	96,38	94,65	101,86	98,19	96,43	94,72	2
3	102,78	97,33	94,75	92,27	102,72	97,38	94,85	92,41	3
4	103,63	96,53	93,23	90,06	103,55	96,61	93,38	90,28	4
5	104,45	95,79	91,80	88,02	104,33	95,90	92,01	88,33	5
6	105,24	95,08	90,47	86,13	105,08	95,23	90,75	86,54	6
7	106,00	94,42	89,22	84,38	105,79	94,61	89,59	84,90	7
8	106,73	93,79	88,06	82,76	106,46	94,03	88,51	83,40	8
9	107,44	93,20	86,97	81,26	107,11	93,48	87,51	82,01	9
10	108,11	92,64	85,95	79,87	107,72	92,98	86,58	80,75	10

	Nominalzinsfuß $p = 7\%$				Nominalzinsfuß $p = 8\%$				
n \ $\mathfrak{p}$	6%	8%	9%	10%	7%	9%	10%	11%	$\mathfrak{p}$ / n
1	100,94	99,07	98,17	97,27	100,93	99,08	98,18	97,30	1
2	101,83	98,22	96,48	96,53	101,81	98,24	96,53	94,86	2
3	102,67	97,42	94,94	92,54	102,62	97,47	95,03	92,67	3
4	103,47	96,69	93,52	90,49	103,39	96,76	93,66	90,69	4
5	104,21	96,01	92,22	88,63	104,10	96,11	92,42	88,91	5
6	104,92	95,38	91,03	86,93	104,77	95,51	91,29	87,31	6
7	105,58	94,79	89,93	85,39	105,39	94,97	90,26	85,86	7
8	106,21	94,25	88,93	84,00	105,97	94,47	89,33	84,56	8
9	106,80	93,75	88,01	82,72	106,52	94,00	88,48	83,39	9
10	107,36	93,29	87,16	81,57	107,02	93,58	87,71	82,33	10

g) Kurse für Zinsanleihen

Zusammenstellung wichtiger Formeln

		Formel-Nr.	Seite
Arithmetische Reihe	$L = a + (n-1) \cdot d$	(4)	2
	$s = \frac{n}{2} \cdot (a + L)$	(5)	3
Geometrische Reihe	$s = a \cdot \frac{q^n - 1}{q - 1}$	(6)	4
Einfache Zinsen	$K_n = K_0 \cdot (1 + n \cdot i)$	(7)	7
Kaufmännische Diskontierung	$K_0 = K_n \cdot (1 - n \cdot i)$	(9)	12
Amtliche Diskontierung	$K_0 = \frac{K_n}{1 + n \cdot i}$	(10)	13
Zinseszinsformel	$K_n = K_0 \cdot q^n$ mit $q = 1 + i$	(11)	18
Konformer Aufzinsungsfaktor $\bar{q}$ für $1/m$ Jahr	$\bar{q} = \sqrt[m]{q}$	(13)	31
Stetige Verzinsung	$K_n = K_0 \cdot e^{i \cdot n}$	(14)	33
Vorschüssige Aufzinsung	$K_n = \frac{K_0}{(1-i)^n}$	(15)	34
Dekursiver Zinssatz i und antizipativer Zinssatz j	$i = \frac{j}{1-j}$	(16)	34
Arithmetisch degressive AfA	$d = \frac{2 \cdot [n \cdot Q_1 - (K_0 - K_n)]}{n \cdot (n-1)}$	(18)	38
Digitale AfA	$d = \frac{K_0 - K_n}{1 + 2 + \ldots + n}$	(19)	40
Geometrisch degressive AfA	$K_n = K_0 \cdot (1-i)^n$	(20)	41
	$Q_n = K_0 \cdot i \cdot (1-i)^{n-1}$	(21)	41
Abgeschwächte geometrisch degressive AfA	$K_n + W = (K_0 + W) \cdot (1-i)^n$	(22)	43

		Formel-Nr.	Seite
Nachschüssige Rente	$R_n = r \cdot s_n$ mit $s_n = \frac{q^n - 1}{q - 1}$	(23)	53
	$R_0 = r \cdot a_n$ mit $a_n = \frac{1}{q^n} \cdot \frac{q^n - 1}{q - 1}$	(24)	53
Vorschüssige Rente	$R'_n = r' \cdot s'_n$ mit $s'_n = q \cdot \frac{q^n - 1}{q - 1}$	(25)	54
	$R'_0 = r' \cdot a'_n$ mit $a'_n = q \cdot \frac{1}{q^n} \cdot \frac{q^n - 1}{q - 1}$	(27)	54
Nachschüssige Jahresrate r und nachschüssige Monatsrente $\bar{r}$	$r = \bar{r}\left(12 + \frac{11}{12} \cdot i\right)$	(29)	65
Barwert einer arithmetisch fortschreitenden Rente	$R_0 = r \cdot a_n + \frac{d}{i} \cdot (a_n - n \cdot v^n)$	(32)	73
Ewige Rente	$K = \frac{1}{i} \cdot r$	(33)	75
Kapitalwert einer Investition	$K_0 = \ddot{U}_0 + \ddot{U}_1 v + \ldots + \ddot{U}_n v^n$	(35)	81
Annuitätentilgung	$T_k = T_1 \cdot q^{k-1}$	(39)	100
	$K_k = K_0 - T_1 \cdot s_k$	(40)	100
	$K_0 = T_1 \cdot s_n$	(41)	100
	$K_0 = A \cdot a_n$	(42)	101
	$K_k = K_0 \cdot q^k - A \cdot s_k$	(43)	101
	$q^n = \frac{A}{T_1}$	(45)	101
Monatsrate ohne Bearbeitungsgebühr	$\bar{A} = \frac{A}{12 + \frac{11i}{2}}$	(46)	118
	$\bar{A} = \frac{K_0 \cdot q^N}{(q^N - 1) \cdot \left(\frac{12}{i} + \frac{11}{2}\right) + \left(1 + \frac{m-1}{24} \cdot i\right) \cdot \frac{12m}{12 + mi}}$	(49)	118

	Formel-Nr.	Seite
$\frac{1}{M}+\frac{p(mon)}{100}=\frac{q^N}{(q^N-1)\cdot\left(\frac{12}{i}+\frac{11}{2}\right)+\left(1+\frac{m-1}{24}\cdot i\right)\cdot\frac{12m}{12+mi}}$	(50)	119
Monatsrate mit Bearbeitungsgebühr $\frac{1+\frac{\alpha}{100}}{M}+\frac{p(mon)}{100}=\frac{q^N}{(q^N-1)\cdot\left(\frac{12}{i}+\frac{11}{2}\right)+\left(1+\frac{m-1}{24}\cdot i\right)\cdot\frac{12m}{12+mi}}$	(52)	119
Ersatzzinsfuß p' $\quad p'=\frac{p}{1+\frac{\alpha}{100}}$	(54)	123
Kurs $\quad C=\frac{K(real)}{K(nom)}\cdot 100$	(55)	142
Kurs einer Zinsschuld $\quad C=p(nom)\cdot a_n(real)+100\cdot v^n(real)$	(56)	144
Kurs einer ewigen Rente $\quad C_0=\frac{p(nom)}{p(real)}\cdot 100$	(58)	146
Kurs einer Annuitätenanleihe $\quad C_0=\frac{a_n(real)}{a_n(nom)}\cdot 100$	(59)	147
Kurs einer Ratenschuld $C_0=100\left[\frac{a_n}{n}+\frac{p(nom)}{p}\cdot\left(1-\frac{a_n}{n}\right)\right]$	(62)	153

Literaturverzeichnis

Altrogge, Günter: Investitionen, München, Wien 1988 (Oldenburg).

Bosch, Karl: Finanzmathematik, München, Wien 1987 (Oldenburg).

Bussmann, Karl Ferdinand: Kaufmännisches Rechnen und Finanzmathematik, 4. Auflage, Stuttgart 1980 (Poeschel).

Hass Otto: Finanzmathematik, 2. Auflage, München, Wien 1988 (Oldenburg).

Kahle, Egbert und *Dieter Lohse:* Grundkurs Finanzmathematik, 2. Auflage, München, Wien 1989 (Oldenburg).

Kobelt, Helmut und *Peter Schulte:* Finanzmathematik, 4. Auflage, Herne, Berlin 1987 (Neue Wirtschafts-Briefe).

Köhler Harald: Finanzmathematik, München, Wien 1981 (Hanser).

Kosiol, Erich: Finanzmathematik, 10. Auflage, Wiesbaden 1973 (Gabler).

Kruschwitz, Lutz: Finanzmathematik, München 1989 (Vahlen).

Nicolas, Marcel: Finanzmathematik, 2. Auflage, Berlin 1967 (de Gruyter).

Rahmann, John: Praktikum der Finanzmathematik, 5. Auflage, Wiesbaden 1976 (Gabler).

Swoboda, Peter: Investition und Finanzierung, 3. Auflage, Göttingen 1986 (Vandenhock und Ruprecht).

Ziethen, Rüdiger E.: Finanzmathematik, München, Wien 1986 (Oldenburg).

Tabellenwerke

Schaefer, Werner: Fünfstellige Logarithmen und Zahlentafeln, 9. Auflage, München 1973 (Lindauer).

Däumler, Klaus Dieter: Finanzmathematisches Tabellenwerk für Praktiker und Studierende, 2. Auflage, Herne, Berlin 1983.

Sachverzeichnis

WiSo-Kurzlehrbücher

Volkswirtschaftslehre (Auswahl)

Blankart, Ökonomie der öffentlichen Unternehmen
Eine institutionelle Analyse der Staatswirtschaft.
Von Prof. Dr. *Charles Beat Blankart*. 1980. X, 205 Seiten 8^0. Kartoniert DM 29,80

Carlberg, Makroökonomik der offenen Wirtschaft
Von Prof. Dr. *Michael Carlberg*. 1989. VIII, 197 Seiten 8^0. Kartoniert DM 39,50

Carlberg, Theorie der Arbeitslosigkeit
Von Prof. Dr. *Michael Carlberg*. 1988. VIII, 159 Seiten 8^0. Kartoniert DM 38,–

Frerichs/Kübler, Gesamtwirtschaftliche Prognoseverfahren
Von Prof. Dr. *Walter Frerichs* und Dr. *Knut Kübler*. 1980. XIII, 293 Seiten 8^0. Kartoniert DM 38,–

Frey, Internationale Politische Ökonomie
Von Prof. Dr. *Bruno S. Frey*. 1985. VII, 168 Seiten 8^0. Kartoniert DM 36.–

Grass/Stützel, Volkswirtschaftslehre
Eine Einführung auch für Fachfremde.
Von Dr. *Rolf-Dieter Grass* und Prof. Dr. h. c. *Wolfgang Stützel*. 2. Auflage. 1988. XIV, 373 Seiten 8^0. Kartoniert DM 36,–

Hanusch, Nutzen-Kosten-Analyse
Von Prof. Dr. *Horst Hanusch*. 1987. XII, 195 Seiten 8^0. Kartoniert DM 42,–

Helmstädter, Wirtschaftstheorie
Von Prof. Dr. *Ernst Helmstädter*
Band I: Mikroökonomische Theorie. 4. Auflage. In Vorbereitung für 1990
Band II: Makroökonomische Theorie. 3. Auflage. 1986. X, 282 Seiten 8^0. Kartoniert DM 29,80

Heubes, Finanztheorie
Eine Einführung in die normative Finanzwissenschaft.
Von Prof. Dr. *Jürgen Heubes*. 1985. X, 164 Seiten 8^0. Kartoniert DM 29,80

Heubes, Grundzüge der Konjunkturtheorie
Von Prof. Dr. *Jürgen Heubes*. 1986. VIII, 140 Seiten 8^0. Kartoniert DM 34,–

Heubes, Inflationstheorie
Von Prof. Dr. *Jürgen Heubes*. 1989. IX, 174 Seiten 8^0. Kartoniert DM 38,–

Heubes, Makroökonomie
Von Prof. Dr. *Jürgen Heubes*. 1982. IX, 126 Seiten 8^0. Kartoniert DM 24,50

Hujer/Cremer, Methoden der empirischen Wirtschaftsforschung
Verfahren zur Diagnose und Prognose makroökonomischer Prozesse.
Von Prof. Dr. *Reinhard Hujer* und Dr. *Rolf Cremer*. 1978. XI, 292 Seiten 8^0. Kartoniert DM 34,50

Issing, Einführung in die Geldtheorie
Von Prof. Dr. *Otmar Issing*. 7. Auflage. 1990. IX, 234 Seiten 8^0. Kartoniert ca. DM 29,50

Issing, Einführung in die Geldpolitik
Von Prof. Dr. *Otmar Issing*. 3. Auflage. 1990. X, 279 Seiten 8^0. Kartoniert DM 36,–